Reinhard Scholl

Seealpen

Alpes-Maritimes: Mercantour – Merveilles

49 ausgewählte Berg- und Talwanderungen

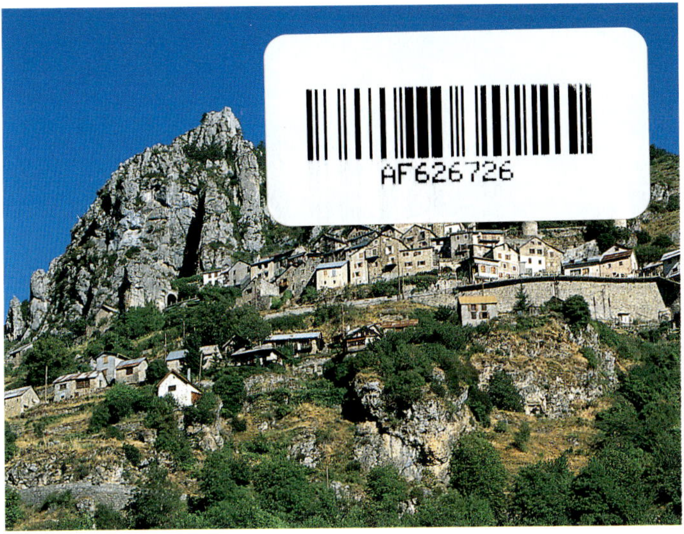

ROTHER
BERGVERLAG

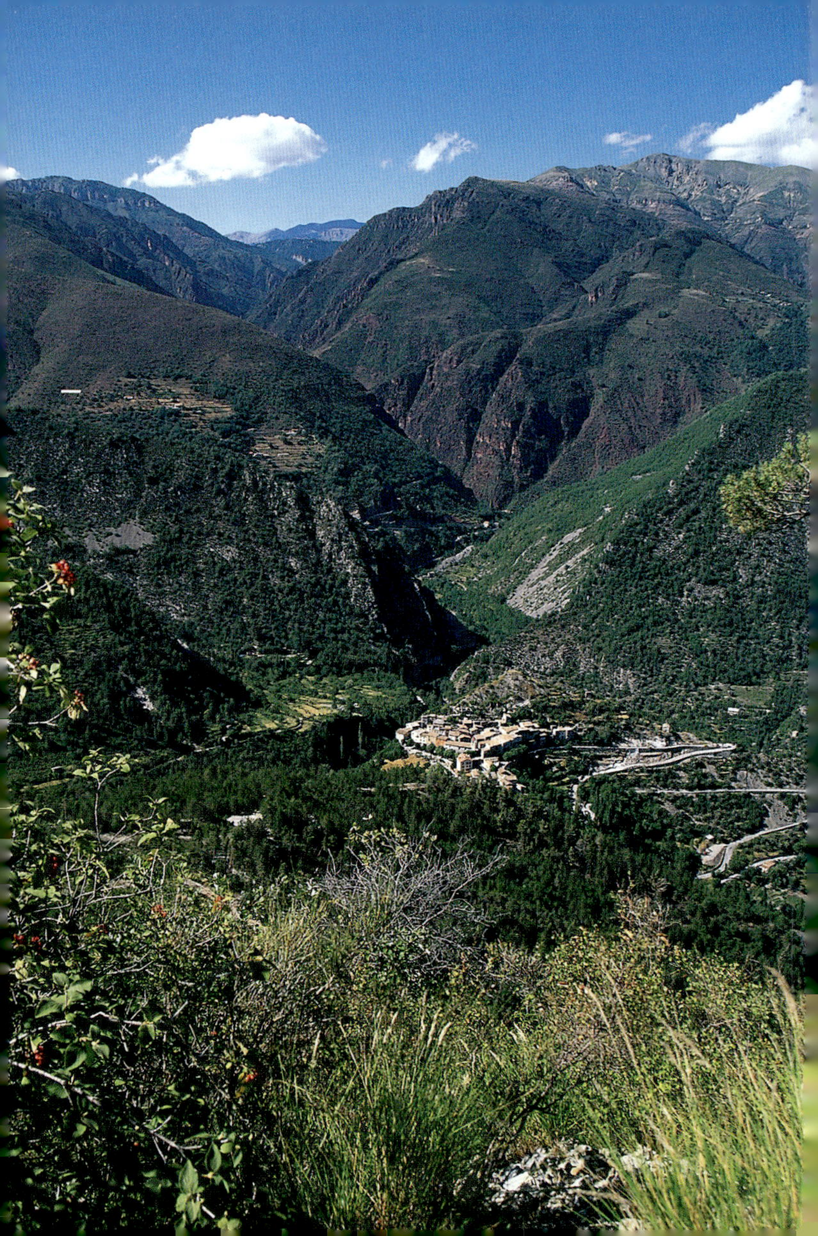

Vorwort

Wenn es denn ein Wanderparadies auf Erden gibt, dann gehört das Département Alpes-Maritimes, die Region der französischen Seealpen bei Nizza in der südöstlichen Ecke Frankreichs, ganz sicher dazu. Die Landschaft zwischen Meer und Dreitausendern ist ungemein wechselvoll. Ein fantastisches Wegenetz von mehreren tausend Kilometern ist vorzüglich gekennzeichnet. Wandern lässt es sich das ganze Jahr unter meist azurblauem Himmel. Während sich der Strandurlauber sonnt, badet der Wanderer in Wohlgerüchen von Rosmarin, Thymian, Ginster und Lavendel.

Der Küstenstreifen, die Côte d'Azur, mit Küstenorten wie Cannes, Antibes, Nizza oder Monaco, ist weltberühmt. Während im Sommer Heerscharen von Touristen über die Côte einfallen, beginnt nur wenige Kilometer Luftlinie vom Mittelmeer die Einsamkeit des arrière pays (Hinterland). Und diese andere Welt ist es, die vorliegender Wanderführer beschreibt, grob aufgeteilt in Moyen Pays (Mittelgebirge, 700 bis 1500 m) und Haut Pays (Hochgebirge, 1500 bis 3100 m), einschließlich des Zipfels des Nationalparks Mercantour, der in das Département Alpes-de-Haute-Provence reicht. Im Moyen Pays ist die Synthese von Alpinem und Mediterranem am ausgeprägtesten. Der Haut Pays hat hochalpinen Charakter. Bis auf wenige Ausnahmen wie Madone de Fenestre, der Vallée des Merveilles, dem Col de la Bonette oder dem Lac d'Allos herrscht eine Abgeschiedenheit, die sich der Augusttourist der französischen Riviera nur schwer vorstellen kann.

Wandern ist immer auch Reisen in die Vergangenheit. Die roten Steinplättchen in den Gorges (Schluchten) du Cians und den Gorges du Daluis sind vor etwa 260 Millionen Jahren entstanden. Der kümmerliche Gletscherrest am Nordhang des Gélas, mit 3143 m höchster Berg der Alpes-Maritimes, ist der noch letzte »lebende« Beweis der Eiszeit, die an den Tälern und Bergen in den letzten hunderttausend Jahren geschliffen hat. Der Einfluss des Menschen, der vor etwa sechstausend Jahren in dieser Gegend Fuß gefasst hat, ist allgegenwärtig. Jeder Flecken kultivierbarer Erde wurde zu nutzen versucht. Heute liegen die Terrassen meist brach. Ende des 19. Jahrhunderts begann eine Landflucht, die zum Teil bis zum heutigen Tage andauert. Verlassene Häuser, oft nur noch Ruinen, auf die der Wanderer ständig stößt, stimmen melancholisch. Doch Restaurierungsarbeiten in so manchem »village perché«, einem Bergdorf einem Adlerhorst gleich, sind Zeugnisse, dass mancherorts wieder Leben einkehrt.

Das Geheimnis der Alpes-Maritimes ist nicht ihre blaue Küste, die Côte d'Azur. Das Geheimnis sind ihre blauen Berge, die Alpes d'Azur. Dieses »Schatzkästlein« möchte Sie dazu anregen, Kleinode in den Seealpen zu entdecken.

Genf, im Sommer 2023 — Reinhard Scholl

Das Dorf Rigaud (Tour 7).

Inhaltsverzeichnis

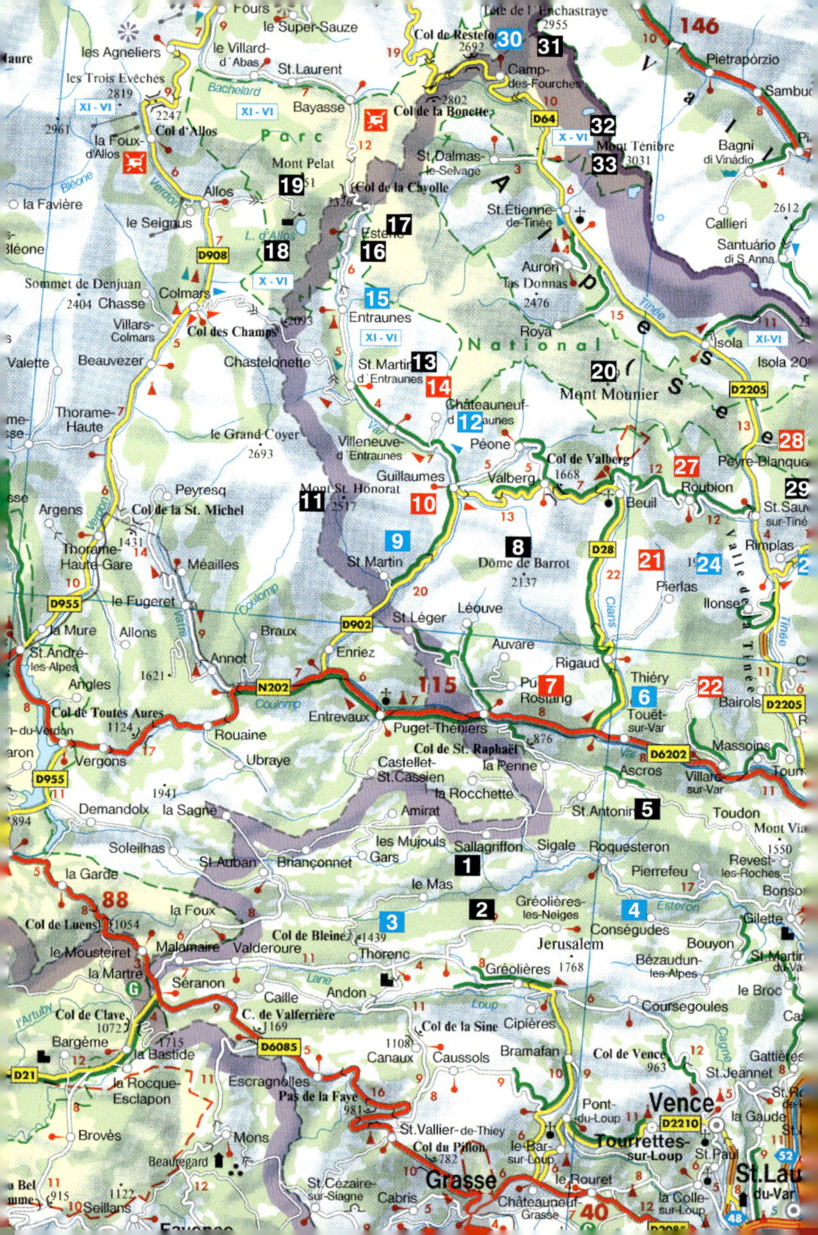
Fours
le Super-Sauze
les Agneliers
le Villard-d'Abas
St.Laurent
Bachelard
les Trois Evêchés
2819
XI - VI
2247
2961
Col d'Allos
la Foux-d'Allos
Bayasse
Col de Restefond
2692
30
31
Tête de l'Enchastraye
2955
146
Pietrapórzio
Sambuc
Camp-des-Fourches
2802
Col de la Bonette
D64
32
X - VI
Mont Ténibre
3031
33
Bagni di Vinádio
Parc
Mont Pelat
19
Col de la Cayolle
2326
St.Dalmas-le-Selvage
Allos
la Favière
le Seignus
L. d'Allos
Estenc
17
16
18
D908
St.Etienne-de-Tinée
Callieri
2612
Santuário di S.Anna
Auron
las Donnas
2476
Sommet de Denjuan
2404
Chasse
Colmars
Villars-Colmars
Col des Champs
2093
15
Entraunes
XI - VI
Roya
Tinée
Isola
XI-VI
Isola 2000
Valette
Beauvezer
Chastelonette
St.Martin d'Entraunes
13
National
20
Mont Mounier
D2205
14
Châteauneuf-d'Entraunes
12
Thorame-Haute
le Grand Coyer
2693
Villeneuve-d'Entraunes
Péone
28
Peyre-Blanque
Col de Valberg
1668
Valberg
27
Roubion
Guillaumes
Beuil
29
St.Sauveur-sur-Tinée
Peyresq
Mont St. Honorat
2517
11
10
Argens
Col de la St. Michel
1431
Thorame-Haute-Gare
Méailles
9
St.Martin
8
Dôme de Barrot
2137
D28
21
24
Rimplas
Pierlas
Ilonse
le Fugeret
Coulomp
D955
la Mure
Allons
Braux
D902
St.Léger
Léouve
Auvare
St.André-les-Alpes
Annot
Enriez
Rigaud
Thiéry
Angles
1621
N202
115
Puget-Rostang
7
Coulomp
6
22
Bairols
D2205
Col de Toutes Aures
1124
Entrevaux
Puget-Théniers
Touët-sur-Var
Rouaine
Vergons
Ubraye
Col de St. Raphaël
876
la Penne
D6202
Massoins
Ascros
Villars-sur-Var
Tournefort
Castellet-St.Cassien
D955
1941
Demandolx
la Sagne
la Rocchette
Amirat
St.Antonin
5
Toudon
Mont Vial
Soleilhas
les Mujouls
Sallagriffon
Sigale
Roquesteron
1550
St.Auban
Gars
Branchonnet
1
Pierrefeu
Revest-les-Roches
la Garde
le Mas
Bonson
88
la Foux
Gréolières-les-Neiges
2
4
Estéron
Gilette
Col de Luens
1054
3
Col de Bleine
1439
Conségudes
le Mousteiret
Malamaire
Valderoure
Thorenc
Jerusalem
Bouyon
la Martre
Lane
Gréolières
1768
Bézaudun-les-Alpes
St.Martin-du-Var
Séranon
Caille
Andon
le Broc
Loup
Coursegoules
l'Artuby
Col de Clave
1072
C. de Valferrière
1169
Col de la Sine
Cipières
1715
1108
Bargème
la Bastide
D6085
Canaux
Caussols
Bramafan
Col de Vence
963
Gattières
Cagne
St.Jeannet
D21
la Rocque-Esclapon
Escragnolles
Pas de la Faye
981
Pont-du-Loup
Vence
D2210
la Gaude
Brovès
Mons
St.Vallier-de-Thiey
le Bar-sur-Loup
Tourrettes-sur-Loup
St.Paul
Beauregard
Col du Pilon
782
St.Laurent-du-Var
52
Bel
915
1122
Seillans
St.Cézaire-sur-Siagne
Cabris
Grasse
le Rouret
Châteauneuf-Grasse
40
la Colle-sur-Loup
48

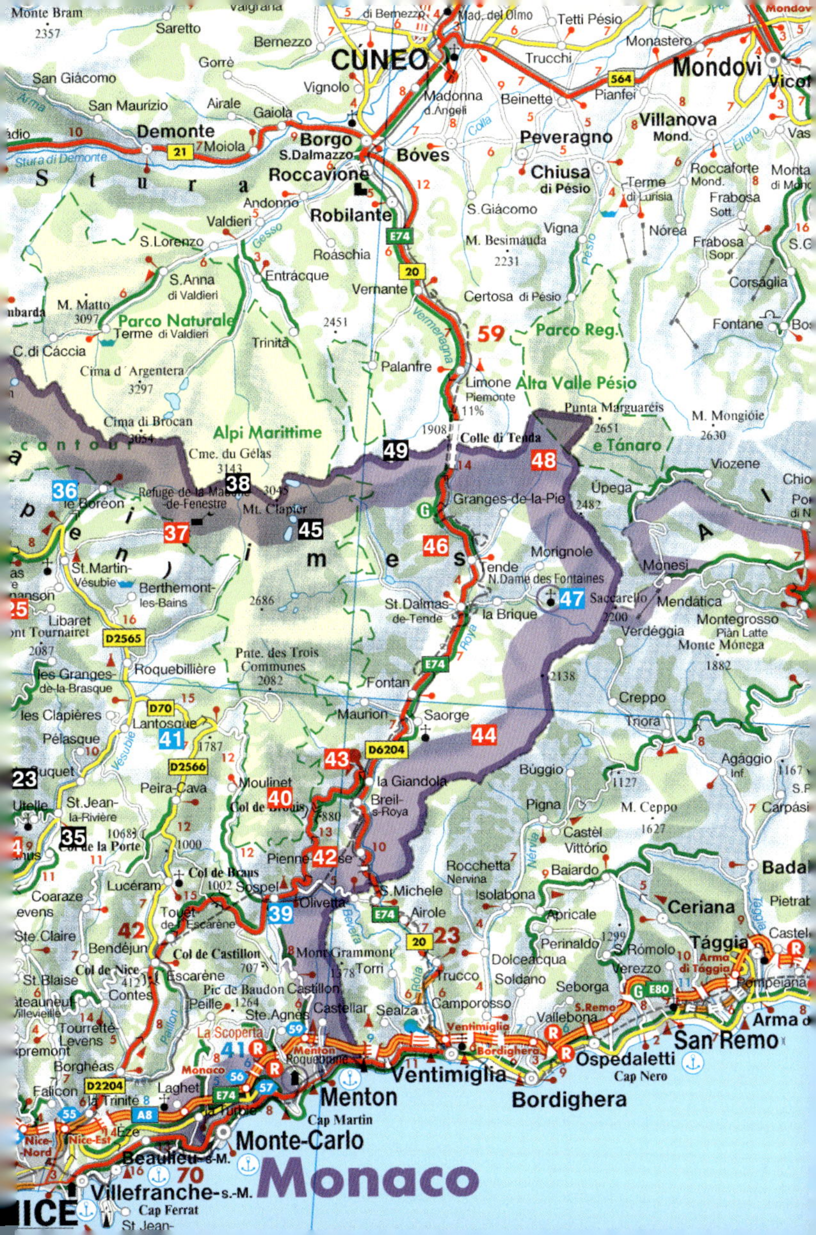

Monte Bram
2357
Saretto
Bernezzo
Cúneo
Mad. del Olmo
Tetti Pésio
Monastero
Mondovì
Trucchi
San Giácomo
Gorrè
Vignolo
Madonna d.Angeli
Beinette
Pianfei
Airale
San Maurízio
Gaiola
Demonte
Moiola
Borgo S.Dalmazzo
Bóves
Peveragno
Villanova Mond.
Stura di Demonte
Roccavione
Chiusa di Pésio
Roccaforte Mond.
Terme di Lurisia
Andonno
Robilante
Frabosa Sott.
Valdieri
S.Giácomo
Vigna
Nórea
Frabosa Sopr.
S.Lorenzo
Roáschia
M. Besimauda
2231
S.Anna di Valdieri
Entrácque
Vernante
Certosa di Pésio
Corságlia
M. Matto
3097
Parco Naturale
Terme di Valdieri
Trinità
2451
Parco Reg.
Fontane
C.di Cáccia
Palanfre
Limone Piemonte
Alta Valle Pésio
Cima d´Argentera
3297
Punta Marguaréis
2651
M. Mongióie
2630
Cima di Brocan
3054
Alpi Marittime
1908
Colle di Tenda
e Tánaro
Cme. du Gélas
3143
Viozene
Refuge de la Madone de-Fenestre
Mt. Clapier
Úpega
Le Boréon
Granges-de-la-Pie
2482
St.Martin-Vésubie
Morignole
Tende
Monesi
N.Dame des Fontaines
Berthemont-les-Bains
2686
St.Dalmas-de-Tende
la Brique
Saccarello
2200
Mendática
Libaret
Verdéggia
Montegrosso Piàn Latte
Monte Mónega
1882
Roquebillière
Pnte. des Trois Communes
2082
Fontan
2138
les Granges-de-la-Brasque
Creppo
les Clapières
Lantosque
Maurion
Saorge
Triora
Pélasque
1787
Agággio Inf
Moulinet
la Giandola
Búggio
1127
Peira-Cava
Col de Brouis
Breil-s-Roya
Pigna
M. Ceppo
1627
Carpasi
St.Jean-la-Rivière
Castèl Vittório
Col de la Porte
Piene
Rocchetta Nervina
Baiardo
Badalucco
Col de Braus
Lucéram
Sospel
Olivetta
S.Michele
Isolabona
Ceriana
Coaraze
Touët-de-l'Escarène
Airole
Apricale
Ste.Claire
Bendéjun
Col de Castillon
Mont Grammont
Perinaldo
S.Rómolo
Tággia
Col de Nice
Escarène
Torri
Dolceácqua
Verezzo
Arma di Tággia
St.Blaise
Contes
Pic de Baudon
Castillon
Trucco
Soldano
Seborga
Pompeiana
Peille
Castellar
Sealza
Camporosso
S.Remo
Tourrette-Levens
Ste.Agnès
Ventimiglia
Vallebona
Arma
La Scoperta
Bordighera
San Remo
Menton
Roquebrune
Ospedaletti
Cap Nero
Borghéas
Monaco
Falicon
Laghet
la Trinité
la Turbie
Menton
Cap Martin
Bordighera
Nice-Nord
Nice-Est
Èze
Monte-Carlo
Beaulieu-s-M.
Villefranche-s.-M.
Monaco
Nice
Cap Ferrat
St.Jean-

Touristische Hinweise

Anforderungen

Die meisten Touren verlaufen auf deutlich markierten und gut gepflegten Wanderwegen. Auf technische Herausforderungen wie Trittsicherheit, Schwindelfreiheit oder Orientierungssinn wird hingewiesen. Zur Einschätzung der Schwierigkeit sind die Touren farblich in drei Kategorien unterteilt, die sich wie folgt erklären:

Leicht Einfache Wanderungen bis etwa 4 Stunden. Keine technischen Schwierigkeiten. Wege gut markiert.

Mittel Wanderungen bis etwa 6 Stunden. Wege gut markiert. Höhenunterschiede bis etwa 1000 m. Teilweise Trittsicherheit notwendig, da es über Geröll geht.

Schwierig Wanderungen länger als 6 Stunden, Höhenunterschiede über 1000 m, zum Teil auch außerhalb markierter Wege. Trittsicherheit, in wenigen Fällen Gebrauch von Händen im felsigen Gelände notwendig.

Vielfach sind bei langen Touren auch kürzere und einfachere Varianten angegeben. Deshalb finden sich auch bei Routen, die in diesem Wanderführer mit roten und schwarzen Nummern gekennzeichnet sind, Varianten, die »blauen« Charakter haben.

Wegzeiten

Die angegebenen reinen Gehzeiten sind Anhaltspunkte. Trainierte Wanderer werden schneller sein und können z. B. eine Tour, für die 8 Stunden angegeben sind, in 7 Stunden machen. Die Höhenmeter beziehen sich nur auf den Aufstieg.

Wegenetz, Wegmarkierungen und Wanderkarten

Alle drei Angaben, Wegenetz, Wegmarkierungen und Wanderkarten, sind in ihrer Qualität zusammengenommen wahrscheinlich einmalig in der Welt. Einige tausend Kilometer Wanderwege werden im Département Alpes-Maritimes gepflegt. Etwa 4000 nummerierte Wegweiser (»poteaux«) sorgen dafür, dass man immer ans Ziel kommt. Im Parc National du Mercantour geht man dazu über, anstelle der »poteaux« gelbe Wegweisschilder aufzustellen.
Die topografischen Wanderkarten des IGN (Institut Géographique National, ign.fr) im Maßstab 1:25.000, kurz TOP 25 genannt, sind ausgezeichnet und an den Tälern der Flüsse Tinée, Var, Cians, Estéron, Vésubie, Bévéra und Roya ausgerichtet. Jeder Wegweiser (»poteau«) im Département Alpes-Mari-

times ist mit einer Nummer versehen, die auf den TOP-25-Karten in einem kleinen, gelben Rechteck abgebildet ist – einfach und genial. In diesem Wanderführer sind die Wegweiser-Nummern in den Karten als gelbe Rechtecke zu finden, im Text und den Höhenprofilen mit »#« gekennzeichnet.

In der Natur sind die sogenannten Weitwanderwege (*GR*, grandes randonnées) in ganz Frankreich einheitlich mit rot-weißen Strichen markiert. Im Département Alpes-Maritimes sind die übrigen gepflegten Wanderwege (weitaus die Mehrzahl) mit breiten gelben Strichen versehen. Sowohl die GRs als auch die gelb markierten Wanderwege sind in den TOP-25-Karten rot gekennzeichnet. Alle offiziellen Wanderwege in den Alpes-Maritimes werden alle drei Jahre offiziell abgewandert, wobei auch Markierungen überprüft und erneuert werden. Darüber hinaus gibt es natürlich auch weniger markante Wanderpfade, im Hochgebirge entweder mit Steinmännchen gekennzeichnet oder gar nicht.

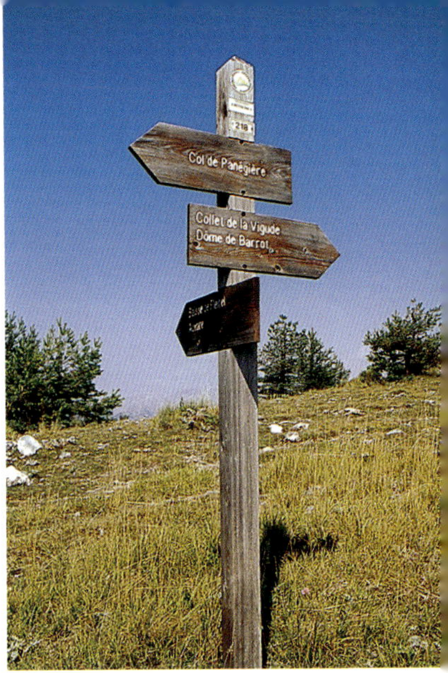

Einer der etwa 4000 Wegweiser im Département Alpes-Maritimes.

GPS-Tracks und Koordinaten der Ausgangspunkte

Auf **gps.rother.de** stehen zu diesem Wanderführer GPS-Tracks und die Koordinaten der Ausgangspunkte zum kostenlosen Download bereit. Dieser QR-Code führt direkt zum Download.
5. Auflage, Passwort: 414605agk
Die GPS-Tracks können in die **Rother App** importiert werden. In der App kann man unterwegs stets sehen, wo man gerade ist und wo es langgeht. **Anleitungen dazu: rother.de/gps**
Trotz sorgfältiger Prüfung können wir Fehler und zwischenzeitliche Veränderungen nicht ausschließen. Verlassen Sie sich für die Orientierung niemals einzig und allein auf die GPS-Daten, sondern beurteilen Sie die Verhältnisse vor Ort.

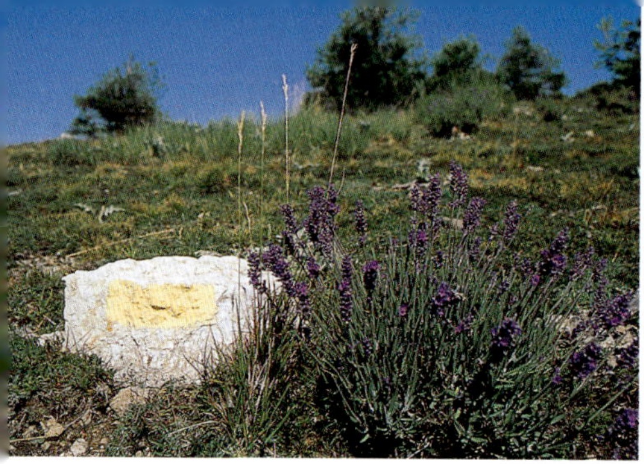

Gelbe Wegmarkierung.

Wenn Wanderungen im Nationalpark Mercantour verlaufen, wird in diesem Führer darauf hingewiesen. Für den Nationalpark gelten besondere Verhaltensregeln (siehe Kapitel »Nationalpark Mercantour«, S. 22).

Für die wunderbaren »gelben« Wanderwege einschließlich der »poteaux« zeichnet der Conseil Général des Alpes-Maritimes verantwortlich. Trotz der großen Mühen, die der Conseil Général für die Instandhaltung der Wege aufbringt, können Überraschungen in der Wegführung, z.B. durch Erdrutsche oder Eigentümerwechsel, nicht immer ausgeschlossen werden.

Die Einteilung der Touren in diesem Wanderbuch geschieht nach den wichtigsten Flüssen in den Alpes-Maritimes und den nach diesen benannten Tälern (siehe auch Kasten rechts unten).

Rucksacklektüre

Zum Schmökern sei »Zwischen Boule und Bettenmachen« (Kiepenheuer & Witsch, Paperback, 2009) von Christiane Dreher empfohlen. Vor einigen Jahren probeweise für ein Jahr das Landleben in den Seealpen geschnuppert, brach sie ihre Zelte in Deutschland ab und lebte einige Zeit in dem Dorf Châteauneuf d'Entraunes (Tour 13). Liebevoll und mit Augenzwinkern schildert sie das Leben in ihrer neuen Heimat. Unter dem Namen Christine Cazon schreibt sie Kriminalromane, die in Cannes spielen.

Verpflegung unterwegs

In den Bergdörfern hat auch sonntags immer eine Boulangerie (Bäckerei) oder eine Épicerie (Lebensmittelladen), sofern vorhanden, offen (an der Küste sowieso). Auf den Wanderungen in den Mittel- und Hochgebirgen gibt es aber in der Regel unterwegs selten Verpflegungsmöglichkeiten mit Ausnahme von Hütten im Hochgebirge. Daher ist es ratsam, den Tagesbedarf in den Rucksack zu packen und vor allem genügend Flüssigkeit mitzunehmen (1–4 l, je nach Tour).

Unterkünfte

Sechs verschiedene Arten von Unterkünften stehen dem Wanderer zur Verfügung:

- Gîte d'étape: Unterkünfte für Wanderer. Schlafräume, zum Teil Zimmer. Bewirtung.
- Refuge d'altitude: in der Regel in Höhen über 2000 m und nur zu Fuß zu erreichen. Meist vom französischen Alpenverein geleitet. Ähnlich dem Gîte d'étape, aber spartanischer.
- Gîte rural: Ferienwohnung auf dem Land für Wochenend-, ein- oder mehrwöchige Urlaube. Es gibt etwa 600 solcher gîtes ruraux im Département Alpes-Maritimes.
- Hôtel / Auberge: gibt es in zahlreichen Dörfern des Moyen und Haut Pays. In einer Auberge kann man immer essen, aber ob Unterkunft angeboten wird, ist von Fall zu Fall verschieden.
- Chambre d'hôtes: »Bed and Breakfast« à la française. Bei Privatpersonen wird für eine oder mehrere Nächte ein Zimmer mit Frühstück gemietet. Häufig werden dort auch Komplettmahlzeiten angeboten (table d'hôte).
- Camping.

In diesem Wanderführer werden Gîte d'étape, Refuge d'altitude sowie Hôtels/Auberges angegeben. Zum Teil habe ich sie selbst ausprobiert, zum Teil mich auf andere Quellen verlassen. Schlechte Erfahrungen habe ich nie gemacht. Die Unterkünfte sind einfach (Hôtels haben in der Regel bis zu zwei Sterne). Wer Luxus haben möchte, muss an die Küste gehen. Es empfiehlt sich immer, vorher anzurufen, insbesondere in der Hochsaison Juli/August und an Wochenenden. In der Nebensaison sind Unterkünfte, auch Hotels, häufig geschlossen.

»Gîtes de France« (Tel. 04 92 15 21 30, gites-de-france.com bzw. gites-de-france-alpes-maritimes.com) bietet eine große Auswahl an meist privaten Unterkünften im Département Alpes-Maritimes (gîtes ruraux, chambres d'hôtes, gîtes d'étape und camping à la ferme).

Die private Internetseite gites-refuges.com zählt über 4000 Gîtes d'Etape und Refuges in Frankreich auf.

Wanderkarten

Estéron:

3642 ET, Vallée de l'Estéron (Touren 1, 2, 4, 5)
3542 ET, Haut Estéron (Touren 1–3)

Tinée:

3641 ET, Moyenne Tinée (Touren 6, 21–29)
3639 OT, Haute Tinée 1 (Touren 30–33)

Var und Cians:

3641 OT, Moyen Var (Touren 6–8, 22)
3540 ET, Haute Vallée du Var (Touren 9–19)
3640 OT Haut Cians (Touren 12, 20, 21)

Vésubie:

3741 OT, Vallée de la Vésubie (Touren 23, 25, 34–38, 41)

Bévéra und Roya:

3741 ET, Vallée de la Bévéra (Touren 34, 35, 39–43)
3841 OT, Vallée de la Roya (Touren 40, 42–49)

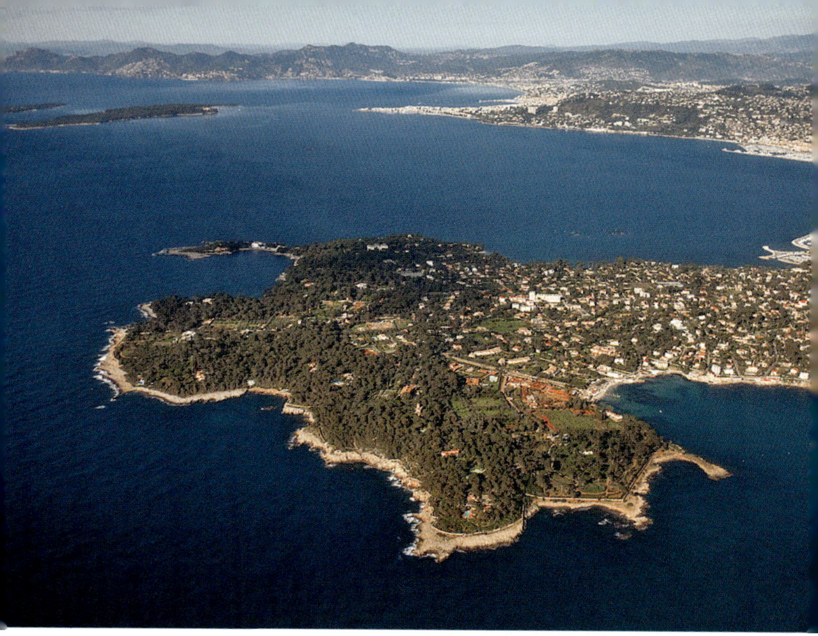

Das Cap d'Antibes mit Antibes.

Wanderausrüstung

Stabile Bergschuhe mit rutschfestem Profil sind das beste Schuhwerk. Kopfbedeckung und Sonnencreme dürfen nicht fehlen. Obwohl man selbst an manchen Wintertagen in kurzen Hosen wandern kann, schützen lange Hosen gegen Sonne und Buschwerk. Wer vom »Basislager« an der Küste, wo

Symbole

🚌	mit Bahn/Bus erreichbar	†	Gipfel
🍴	Einkehrmöglichkeit unterwegs	)(	Pass/Sattel
👪	für Kinder geeignet	⛪	Kirche, Kapelle, Bildstock
		♜	Schloss, Ruine
	Ort mit Einkehrmöglichkeit		Aussichtsturm
	Einkehrmöglichkeit, Café		Picknickplatz
	Bahnanschluss		Aussichtsplatz
P	eingerichteter Parkplatz		Wasserfall

es vielleicht schon in der Badehose zu heiß ist, zu einer Bergtour auf 3000 m Höhe aufbricht, sollte auch im Hochsommer unbedingt daran denken, warme Kleidung dabei zu haben. Stöcke bei Touren mit großen Höhenunterschieden helfen nicht nur beim Hochgehen, sondern wirken für die Knie angenehm dämpfend beim Bergabgehen. Für Übernachtungen in Hütten ist es ratsam, einen Hüttenschlafsack einzupacken.

Kinder

Die meisten Wanderungen sind auch mit Kindern zu unternehmen. Die mit dem Symbol »für Kinder geeignet« bezeichneten Routen wurden in erster Linie daraufhin ausgewählt, ob die Wege für Kinder genug Abwechslung bieten (Bäche, Seen, Höhlen). Erst danach wurden die Länge und der Schwierigkeitsgrad berücksichtigt – Eltern können am besten einschätzen, was sie ihren Sprösslingen zumuten können. Auf Touren mit ausgesetzten Stellen oder Kletterpassagen ist es ratsam, Kinder ans Seil zu nehmen.

Anreise

- **Flugzeug:** Nizza ist nach Paris die Stadt mit dem meisten Flugverkehr Frankreichs. Von Nizza gibt es Verbindungen zu allen großen europäischen Flughäfen.

Die alte Salzstraße (Route de sel) auf den Col de Tende.

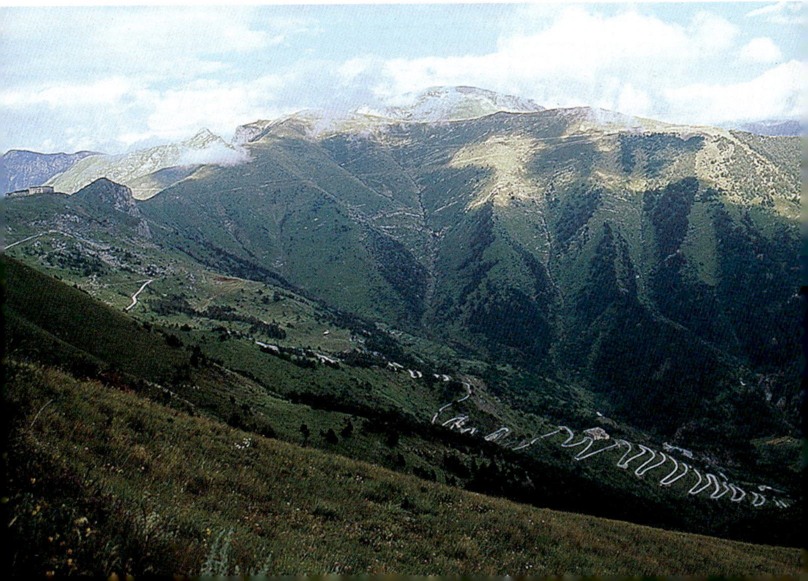

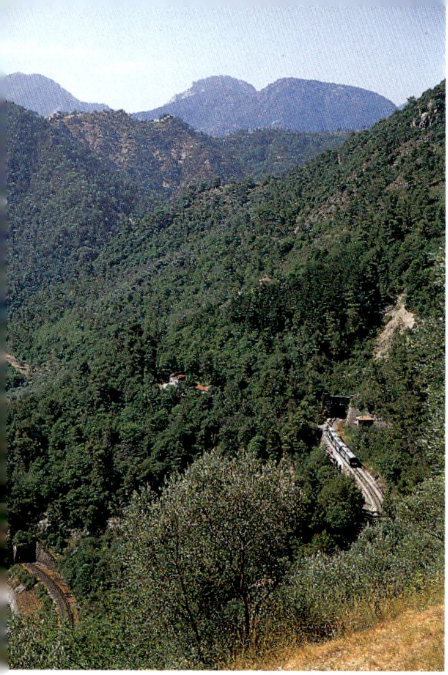

Zug bei Breil-sur-Roya.

- **Bahn:** Mit dem Zug kommt man aus verschiedenen Richtungen nach Nizza. Über Mailand, Genua und Ventimiglia, über Turin, Cuneo, Col de Tende und Sospel, durch das Rhônetal bis nach Marseille und die Küste entlang sowie über Grenoble nach Digne und von dort mit der hübschen Bummelbahn, dem Train des Pignes.
- **Auto:** Autobahnen in Frankreich sind in der Regel gebührenpflichtig (»péage«). Anreise über Autobahn A8 (Marseille–Nizza); Autobahn Genua–Nizza (keine einfache Strecke, zum Teil recht scharfe Kurven und eine Unmenge von Tunneln mit ständigem Wechsel von Hell und Dunkel); Route de Napoléon nach Grasse; von Digne über Puget-Théniers in die Vallée du Moyen Var. Von Italien aus über den Col de Tende in die Vallée de la Roya. Von Barcelonette aus über den Col de la Cayolle in die Vallée du Haut Var oder von Barcelonette aus über den Col de la Bonette in die Vallée de la Haute Tinée. Oder wiederum von Italien über den Col de la Lombarde und Isola 2000 in die Vallée de la Moyenne Tinée.

Mit dem Zug oder dem Bus in die Berge

Es gibt zwei Bahnlinien in die Berge (beide lohnende Erlebnisse):

- Um zu Ausgangspunkten für Wanderungen im Tal der Bévéra und im Tal der Roya zu gelangen, entweder von Nizza über Sospel nach Breil-sur-Roya, Fontan-Saorge, St-Dalmas-de-Tende, La Brigue, Tende, Viévola und weiter nach Italien (nicht jeder Zug hält an allen Orten), oder von Nizza nach Ventimiglia in Italien und dann das Tal der Roya aufwärts nach Breil-sur-Roya etc. Gare SNCF, Avenue Thiers, 06049 Nice Cedex, voyages-sncf.com.
- »Train des Pignes« von Nizza über Puget-Théniers und Entrevaux bis nach Digne. Für Ziele in der Vallée du Moyen Var geeignet. Chemin de Fer de Provence, Gare – 4 bis, rue Alfred Binet, 06000 Nice, Tel. 04 97 03 80 80, trainprovence.com oder cpzou.fr.
- Mit öffentlichen Bussen an Ausgangspunkte von Bergwanderungen zu gelangen, ist meist nicht praktisch. Eine gute Übersicht der Buslinien (Lignes départementales) ist unter lignesdazur.com zu finden.

Tourismusbüros (Office du Tourisme, Syndicat d'Initiative)

Nizza (Nice)

Tel. 04 92 14 46 14, nicetourisme.com Büros: Bahnhof (gare SNCF), Flughafen, Terminal 1, und auf der Promenade des Anglais, Hausnr. 5; departement06.fr bietet viele nützliche Informationen (»06« ist das Autokennzeichen für das Département Alpes-Maritimes).

Estéron

Umfasst die Dörfer des Haut Estéron zusammengefasst: Collongues, Aiglun, Amirat, Gars, Briançonnet, Saint-Auban, Valderoure, Séranon, Caille, Thorenc, Sallagriffon und Le Mas.
Aiglun, aiglun06.fr

Var und Cians

Puget-Théniers, Tel. 04 93 05 05 05, puget-theniers.fr
Valberg, Tel. 04 93 23 24 25, valberg.com
Beuil, Tel. 04 93 02 32 58, beuil.com.
Entraunes, Tel. 04 93 05 51 40 (Juli/August), ansonsten Tel. 04 93 05 51 26 (Mairie), entraunes.fr.
Guillaumes mit den Dörfern des Haut Var, Tel. 04 93 05 57 76, guillaumes.fr

Tinée

Saint-Étienne-de-Tinée, saintetiennedetinee.fr, Tel. 04 93 02 41 96
Auron, Tel. 04 93 23 02 66, auron.com
Saint-Sauveur-sur-Tinée (Mairie), Tel. 04 93 02 00 22, saintsauveursurtinee.fr
Roubion, Tel. 04 93 02 10 30, roubion.com
Roure, Tel. 04 93 03 41 78, roure.fr
Saint-Dalmas-le-Selvage, saintdalmasleselvage.org, Tel. 04 93 02 46 40

Vésubie

Saint-Martin Vésubie, saintmartinvesubie.fr, Tel. 04 93 03 21 28
Valdeblore-La Colmiane, Tel. 04 93 23 25 90, colmiane.com

Bévéra und Roya

Breil-sur-Roya, ville-breil-sur-roya.fr, Tel. 04 83 93 98 34
La Brigue, Tel. 04 83 93 95 49, labrigue.fr
Tende, Tel. 04 83 93 98 82, tendemerveilles.com
Sospel, Tel. 04 83 93 95 70, menton-riviera-merveilles.fr/mercantour-roya-bevera/vallee-de-la-bevera/sospel/
Saorge, Tel. 04 03 04 51 23 (Mairie), saorge.fr

Autofahren in den Seealpen

In den Bergen liegen die Ausgangspunkte unserer Wanderungen häufig am Ende von engen Sträßchen. Diese sind im Allgemeinen in gutem Zustand und Ausweichstellen gibt es immer. An unübersichtlichen Stellen hupen. Insbesondere nach starken Regenfällen sollte man immer mit Steinen auf der Straße rechnen, die sich von den Hängen gelöst haben. Das Département tut viel, um diese Gefahr mit Drahtnetzen, die an Felsen hochgezogen werden, möglichst gering zu halten.

Conseil Général des Alpes-Maritimes

Der Conseil Général des Alpes-Maritimes zeichnet für die wunderbaren »gelben« Wanderwege einschließlich der »poteaux« verantwortlich. Ein fantastisches Angebot bieten Les guides RandOxygène (departement06.fr/au-naturel/les-guides-randoxygene-2517.html; alles kostenlos zum Herunterladen) und zum Teil auch als gedruckte Broschüren bei den Tourismusbüros und

Mairies (Bürgermeisterämtern). Broschüren mit Tourenvorschlägen gibt es für Wanderer: Pays Côtier (Küstengebiet); Moyen Pays (Mittelgebirge), Haut Pays (Hochgebirge), Grande Taversée du Mercantour (Mercantourdurchquerung in 17 Tagesetappen, auch auf Englisch); für Klettersteigler: Via Ferrata; für Schneeschuhwanderer: Raquette à Neige; für »Canyonisten«: Clues et canyons; für Mountainbiker: VTT (vélo tout terrain); für Reiter: Randonnée Equestre.

Nationalpark Mercantour

Hauptsitz: Parc National du Mercantour; 23, rue d'Italie; B.P. 1316; 06006 Nice Cedex 1; Tel. 04 93 16 78 88; mercantour.eu.

Französischer Alpenverein in Nizza

Club Alpin Français de Nice-Mercantour; 14, Avenue Mirabeau; 06000 Nice; Tel. 04 93 62 59 99, cafnice.ffcam.fr, auch mit Hütteninformationen.
In den Alpes-Maritimes unterstehen acht Hütten der Fédération française des clubs alpins et de montagne (FFCAM), früher CAF (Club Alpin Français). In diesem Wanderführer werden fünf erwähnt: Refuge de la Madone de Fenestre (Touren 37, 38), Refuge de Vens (Tour 32), Refuge de Rabuons (Tour 33), Refuge des Merveilles und Refuge de Valmasque (Tour 45). Reservierungen müssen über das Internet vorgenommen werden.
Diese Hütten sind stark frequentiert, eine rechtzeitige Reservierung ist empfehlenswert.

Wettervorhersage

Wettervorhersagen können z. B. über meteofrance.com abgefragt werden. Météo-France ist der nationale französische Wetterdienst.

Telefon

- Europaweite Notrufnummer: 112
- Polizei/Police: 17; Feuerwehr/Pompiers: 18

Ländervorwahl für Frankreich: 0033, dann die Null der Ortskennzahl weglassen. Beispiel: Wenn innerhalb Frankreichs die Telefonnummer 04 92 94 42 00 zu wählen ist, wäre sie von Deutschland, Österreich oder der Schweiz aus 0033 4 92 94 42 00.
Mobilfunkabdeckung: Auf den Berggipfeln hat der Autor nie Probleme mit dem Empfang gehabt. In den Haupttälern ist die Netzabdeckung häufig gegeben. In Seitentälern herrscht dagegen in der Regel Funkstille.
Telefonnummern können über das Internet ausfindig gemacht werden: pagesjaunes.fr (Gelbe Seiten) mit Link auf die Weißen Seiten (pages blanches).

Saorge, eines der schönsten Bergdörfer in den Alpes-Maritimes (Tour 44).

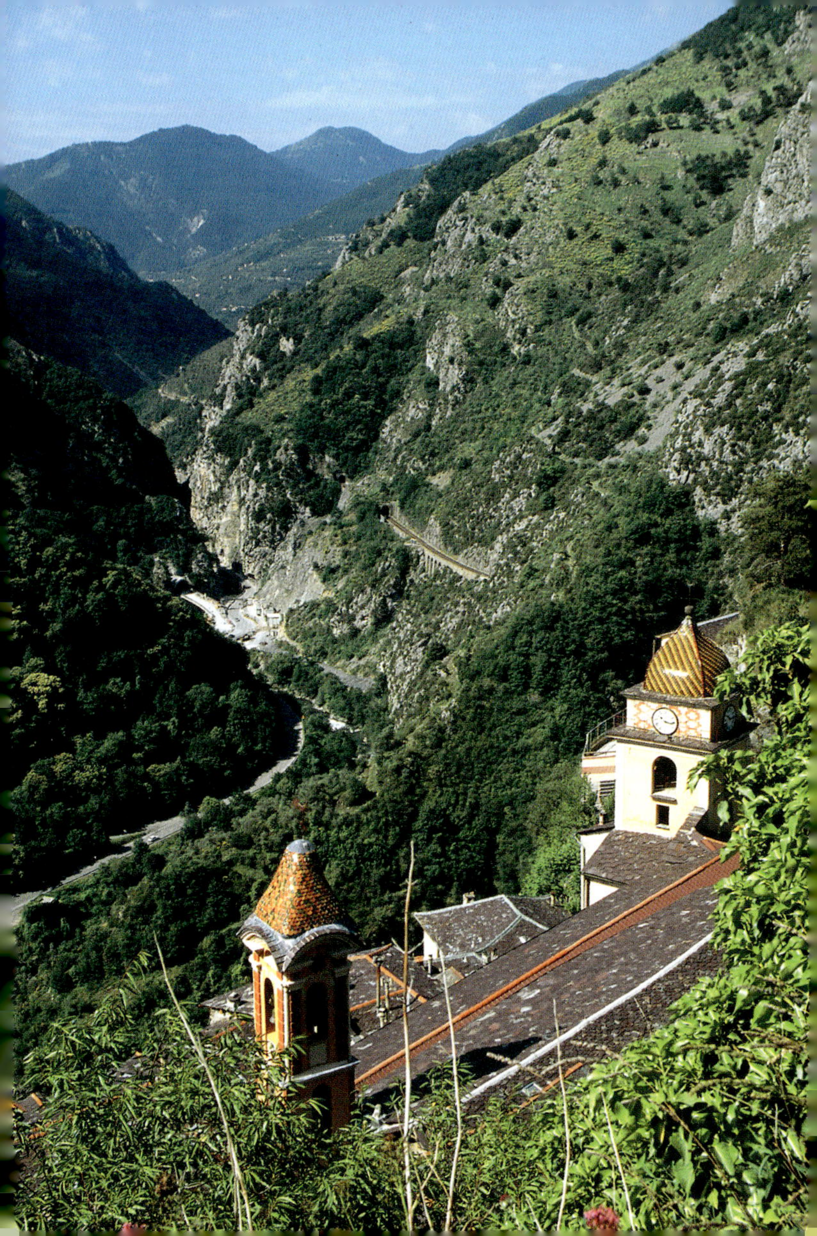

Wandern in den Seealpen

Wandergebiet

Das Wandergebiet dieses Führers deckt den Moyen Pays (Mittelgebirge) und den Haut Pays (Hochgebirge) des Département Alpes-Maritimes ab einschließlich des Parc National du Mercantour. Dieser liegt zu vier Fünfteln im Département Alpes-Maritimes und zu einem Fünftel im benachbarten Département Alpes-de-Haute-Provence. Das Département Alpes-Maritimes ist das südöstlichste der knapp hundert Départements in Frankreich. Im Osten grenzt es an Ligurien (Italien), im Norden an Piemont (Italien). Im Norden dominiert das in Ost-Westrichtung verlaufende Massif du Mercantour die Alpes-Maritimes, vom Marguareis, 2650 m, bis zum Col de la Bonette, mit nicht ganz 3000 m eine der höchsten Passstraßen Europas. Einige Dreitausender wie der Mont Ténibre, 3031 m, der Mont Clapier, 3045 m (südlichster Dreitausender) oder der mit 3143 m höchste Gipfel der Alpes-Maritimes, der Gélas, spicken dieses Massiv.

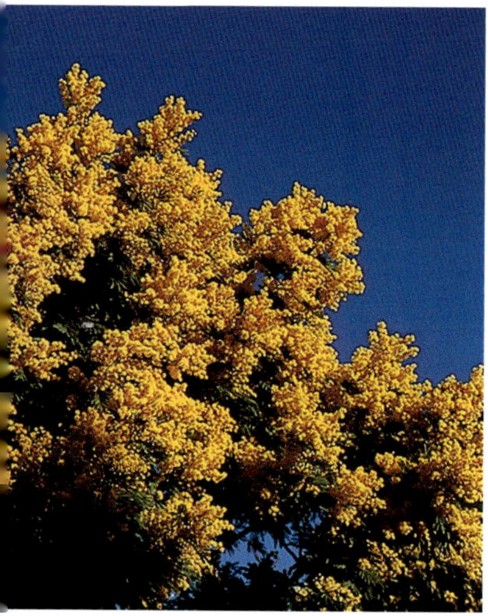

Blühende Mimosen.

Nahezu senkrecht zum Massif du Mercantour erstrecken sich drei Bergkämme in Nord-Süd-Richtung: zwischen den Flüssen Var und Tinée mit dem schön geschwungenen Mont Mounier, 2817 m, und der Côte de l'Âne, 2916 m; zwischen Tinée und Vésubie (Mont Tournairet, 2086 m, Caïre Gros, 2087 m); zwischen Vésubie und Roya (Authion, 2087 m). Die beiden letzteren Bergrücken gehen in die Voralpen von Nizza über und stürzen direkt ins Mittelmeer.

Die »Touristendichte pro Tal« nimmt grob von Westen nach Osten hin zu. Das Var-Tal im Westen war in vergangenen Jahrhunderten eines der isoliertesten Gebiete der Region. Die Bewohner lebten nahezu autark und konnten sich auch gewisser politischer Freiheiten erfreuen. Auch heute noch zählt es zu den am wenigsten frequentierten Tälern des Département. Im Tal der Roya im östlichen Teil der Alpes-Maritimes herrscht dagegen reger Verkehr – meist Italiener, die von der Poebene über den Col de Tende zum Meer brausen.

Top-Touren in den Seealpen

Alles in einer Tour

An Abwechslung schwer zu überbieten ist Tour 1 auf den Mont Saint Martin. Vorzüglicher Aussichtsgipfel trotz der bescheidenen Höhe von 1257 m, Schluchten, pittoreske Brücke, Grotte, Düfte, zwei Bergdörfer, Einsamkeit – die Seealpen par excellence.

Nationalpark

40.000 Gravuren im Gebiet um den Mont Bégo. Warum? Die Vallée des Merveilles ist die Hauptattraktion in den Seealpen (Tour 45), anspruchsvolle Haupttour oder einfache Tour zu den Felszeichnungen.

Se(h)en(swürdigkeiten)

Übernachtung direkt am See kann bei Tour 18, Lac d'Allos, eingeplant werden. Mancher Leser hält die höher gelegenen Lacs de l'Encombrette für gar noch schöner – auf alle Fälle sind sie weitaus einsamer gelegen.

Wasserfälle

Die Schluchten der Maglia bieten eine willkommene Abkühlung für diejenigen, die die Touren im Sommer unternehmen. Die Wanderung kann auf 2–3.30 Std. gekürzt werden und führt auf fast ebenem Weg ins Tal (Tour 43).

Bergdörfer

Selbst wer die Wanderschuhe nicht schnüren möchte, Dörfer wie Vieux Pierrefeu (Tour 5), Roure und Roubion (Tour 27) oder Saorge (Tour 44) verdienen auf alle Fälle einen Besuch. Für Wanderer empfehlen wir an dieser Stelle rund um Roure und Roubion.

Hoch hinaus

Für jeden mit Ausdauer ist mit dem Mont Pelat (Tour 19) ein Dreitausender zu erklimmen. Zwar fast schon Karawanenverkehr beim Anstieg auf der ersten Hälfte, doch höchstens nur noch Steinböcke auf der zweiten Hälfte.
Der schön geschwungene Mont Mounier, 2817 m (Tour 20), ist der markanteste Berggipfel der Seealpen und von vielen Gipfeln zu sehen.
Nicht hoch, aber dennoch eine fantastische Sicht genießt, wer auf den Brec d'Utelle, 1604 m (Tour 23), klettert.

Mittelmeer und Alpen

Blicken um die Welt mit Meer und Bergen kann sich derjenige erfreuen, der die einfache Tour 34 (Madone d'Utelle) unternimmt.

Schluchten

Spektakulär sind die kurvenreichen Fahrten durch die Gorges du Cians und die Gorges de Daluis. Ein einstündiger Spaziergang (Tour 9) inmitten der Schluchtenwelt vertieft die Eindrücke.

Ruinen

Allgegenwärtig sind die Folgen der Landflucht, die zahlreiche Häuser zu Ruinen verkommen lässt. Wer sich auf Tour 35 (Cime de Roccassièra) begibt, wird sich nicht nur wundern, wie man ein fast schon kleines Städtlein in die Bergwelt setzen konnte, sondern sich auch an schönen Auf- und Abstiegen weiden.

Ende der Welt

Tour 44 liegt mir besonders am Herzen: Wer sich von Saorge in das Vallon de la Bendola begibt, könnte wirklich meinen, sich auf den Weg an eines der Enden der Welt begeben zu haben. Wie im Dschungel schlängelt sich der Weg auf und ab ins Tal hinein, begleitet vom Rauschen des Baches. Obwohl man hin und wieder auch auf Häuser trifft, die wiederhergestellt wurden, ist man hier alleine unterwegs, wie so oft in den Seealpen.

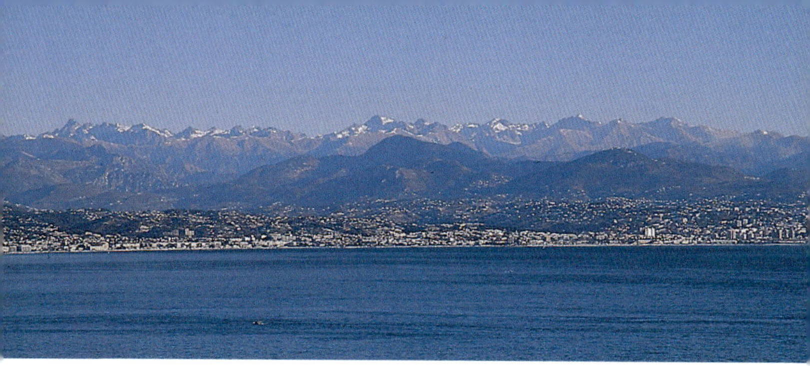

Seealpen, vom Cap d'Antibes aus.

Wandersaison: immer

Zwar sind Wandertouren im Hochgebirge (> 1800 m) für den Sommer und Herbst reserviert, doch in den mittleren Höhenlagen kann man in der Regel auch im Winter wandern, ohne im Schnee stapfen zu müssen.

Die Winter sind trocken. Januar und Februar sind die trockensten Monate im Jahr und eine ausgezeichnete Zeit für einen Urlaub. Mit Regen muss man in den Alpes-Maritimes einschließlich Küste im Herbst (Oktober oder November) sowie im Frühjahr (April oder Mai) rechnen. Ende Januar bis Anfang März blenden an der Küste die goldgelben Mimosensträucher und -bäume, die man auch noch in den unteren Lagen der Mittelgebirge antrifft, und die Olivenbäume tragen Früchte. Im Frühling betört die Duft- und Farbpracht der Blumenwiesen. Auch die »heißen« Sommermonate Juli und August eignen sich vorzüglich zum Wandern. In der Bergwelt merkt man nichts vom Chaos an der Küste. Einen besonderen Reiz haben Juli und August auch deshalb, weil dann jedes Dorf sein jährliches Fest feiert und oft auch kostenlose Musikdarbietungen in Kirchen oder auf Dorfplätzen stattfinden, zum Teil von professionellen Orchestern (»Les Soirées Estivales« – die Sommerabende). Und nicht zuletzt kann man im Hochsommer selbst in Bergseen auf 2300 m Höhe ein Bad wagen. Im Herbst legen die Wälder ihr farbenprächtiges Kleid an, während die Gipfel des Mercantour schon mit weißem Zuckerguss garniert werden. Im Winter genießt man die beste Fernsicht.

Obwohl die mediterranen Alpen oft auch als Sonnenalpen bezeichnet werden, darf nichts darüber hinwegtäuschen, dass sich Wetterbedingungen sehr schnell ändern und zu fürchterlichen Gewittern Anlass geben können. Das Klima in den Seealpen ist gekennzeichnet durch die Kürze der Unwetter, durch die Heftigkeit der Niederschläge und durch die Wirkung der Winde »Mistral« (von Westen) und »Lombard« (von Osten). Das Relief der Seealpen hilft, die Mikroklimate zu verstehen: das Tal des Estéron und das Tal des Moyen Var sind west-ost orientiert und somit in erster Näherung nicht dem

Einfluss des Mittelmeers ausgesetzt. Das Tal des Estéron ist im Sommer sehr heiß und im Winter sehr kalt. Die Täler der Roya, der Vésubie, der Tinée und des Haut-Var sind dagegen nord-süd orientiert. Insbesondere das Tal der Roya und das Tal der Vésubie stehen stark unter dem Einfluss des Mittelmeers und sind Sommergewittern ausgesetzt. Das Klima in St-Martin Vésubie ist im Sommer nahezu tropisch. Vormittags steigen Luftfeuchtigkeit tragende Mittelmeerbrisen das Tal hoch, die gegen Mittag zur Formation von Kumuluswolken führen und sich sehr schnell zu Gewitterwolken wandeln und heftig entladen können. Das Tal der Haute Tinée mit dem Col de la Bonette, auch der Mont Pelat, sind weniger von Sommergewittern heimgesucht, weil sie nicht so stark im Wirkungsbereich des Mittelmeers stehen.

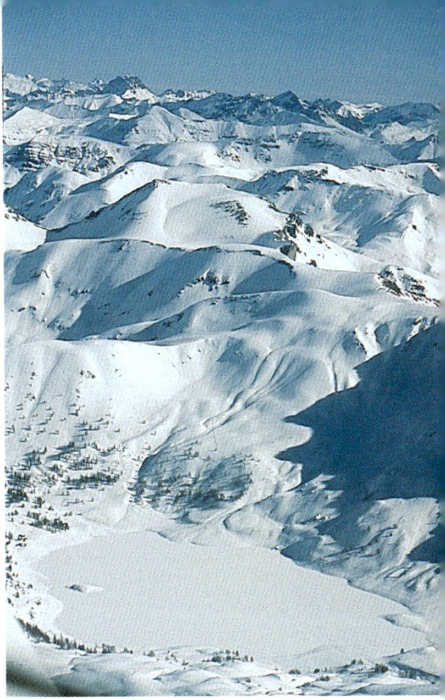

Lac d'Allos im Winter ...

Bei 500–600 Höhenmetern (Olivengrenze) gibt es etwa 1–3 Tage im Jahr circa 10 cm Schnee. Auf 1200 m ist 3–4 Mal im Jahr mit einer Schneedecke von 20–30 cm zu rechnen, die einige Tage hält. Auf 1500 m beobachtet man etwa seit dem Jahr 1980 Unregelmäßigkeiten: während früher in dieser Höhenlage von November bis März eine kontinuierliche Schneedecke herrschte, taut diese heutzutage durch häufige Regenfälle öfters vollständig weg, bevor neue Schneefälle die Landschaft in diesen Höhen wieder weiß machen. Auf 1800 m ist die Schneedecke im Winter kontinuierlich (beim Authion ab 2000 m; auch die Südseite des Mangiabo ist sehr schnell schneefrei). Bei 2200 m liegt ab Dezember etwa durchschnittlich 1 m Schnee. Im Sommer sind alle Gipfel in der Regel schneefrei. Je nach Winter kann es gelegentlich vorkommen, dass in Schattenplätzen etwas Schnee auch mal »übersommert« (merci an Météo France).

... und Lac d'Allos im Sommer.

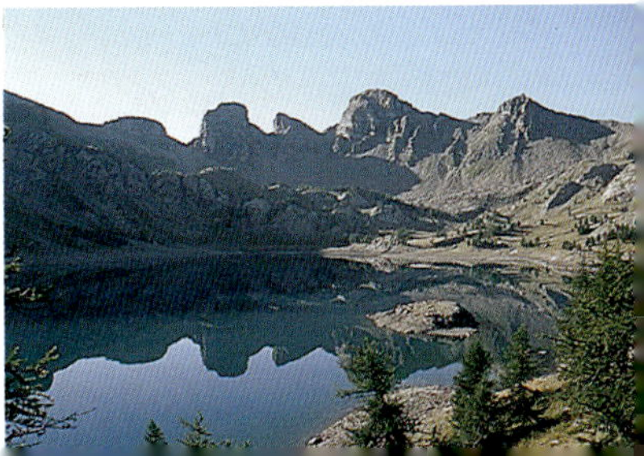

Nationalpark Mercantour (Parc National du Mercantour)

Der Nationalpark Mercantour ist einer der sechs französischen Nationalparks und, 1979 geschaffen, der jüngste. Er ist ein alpiner Nationalpark, liegt zwischen 500 m und 3143 m (Gélas, der höchste Berg des Département Alpes-Maritimes) und erstreckt sich vom Col de Tende im Osten bis zum Col d'Allos im Westen. Die Nationalparks bestehen aus einer inneren und einer äußeren Zone. Die innere Zone ist unbewohnt, die äußere Zone besitzt Infrastruktur (Unterkünfte). Der größte Teil seiner inneren Zone von 68.500 ha liegt im Département Alpes-Maritimes, ein kleiner Zipfel erstreckt sich ins Département Alpes-de-Haute-Provence. Der Mercantour kann mehrere Erfolge aufweisen: In seinem westlichen Teil wurde 1987 der Steinbock ausgesetzt, 1993 der Bartgeier, eine Geierart mit 3 m Flügelweite, und 1992 kam selbstständig der Wolf zurück in den Mercantour. Was jeder Wanderer zwischen 1500 m und 2500 m zu Gehör (und zu Gesicht) bekommt, sind Murmeltiere. Auch Gämsen kann man mitunter aus kurzer Distanz beobachten, hauptsächlich frühmorgens oder bei Einbruch der Dunkelheit.

Das Spektrum der 2000 Blumenarten schließt 200 seltene Arten ein und 40 endemische, darunter die endemische *Saxifraga florulenta*, die nur einmal nach ein paar Jahrzehnten blüht und sich in steilen Felsen oberhalb 2300 m findet.

Für die innere Zone des Parc National du Mercantour gelten besondere Verhaltensregeln:

- Keine Hunde, auch nicht an der Leine.
- Keine Blumen pflücken.
- Keine Waffen und damit keine Jagd.
- Keine Abfälle hinterlassen.
- Kein Feuer machen.
- Kein Zelten. Biwakieren dagegen ist erlaubt, definiert als »Zelt aufschlagen von 19 bis 9 Uhr, sofern man mehr als eine Stunde Fußmarsch vom Rande des Nationalparks oder von einer Zufahrtsstraße entfernt ist.«
- Keine Fahrzeuge, weder Autos noch Mountainbikes. Stattdessen den Park zu Fuß entdecken.
- Keinen Lärm machen.
- Kein Drachenfliegen oder Paragleiten. Sportflugzeuge müssen mindestens 1000 Meter über dem Boden fliegen.

Für das Gebiet der Felsgravuren um den Mont Bégo in der Vallée des Merveilles gelten zusätzliche Regeln (siehe Tour 45).

Weitwanderwege (Sentiers de Grande Randonnée)

- 6 Weitwanderwege (Grande Randonnée, kurz »*GR*« genannt) verlaufen in den Alpes-Maritimes.
- *GR 4*, »La Provence par les gorges du Verdon«, 3 Tage davon in den Alpes-Maritimes von Grasse nach Pont-Saint-Esprit.

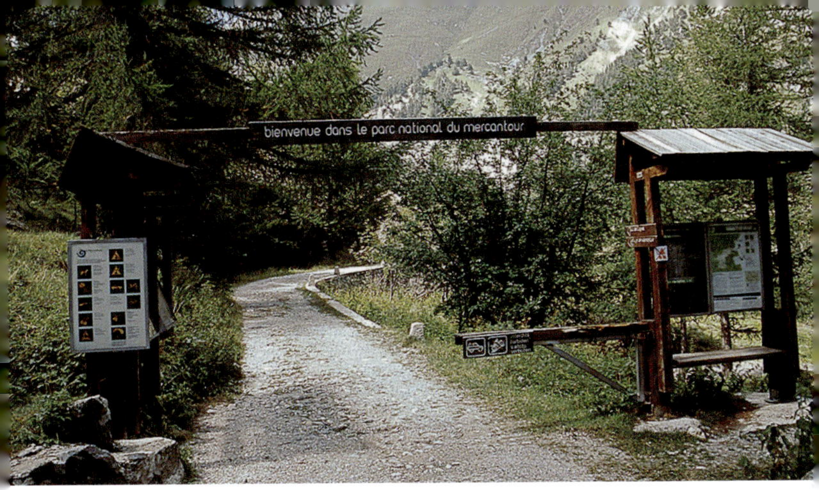

Oben: Eingangs»pforte« des Nationalparks bei Casterino.
Nächste Seite: Blick über einen kleinen See, nur wenige Meter entfernt vom Ursprung des Var bei Estenc (Tour 16), in Richtung Col de la Cayolle.

- *GR 5* von Amsterdam nach Nizza. 4–5 Tage davon verlaufen in den Alpes-Maritimes vom Pas de la Cavale, dem nördlichsten Punkt der Alpes-Maritimes, bis nach Nizza.
- *GR 52* von Saint-Dalmas-de-Valdeblore bis nach Menton. Die alpine Variante des *GR* 5 in den Alpes-Maritimes, 4–5 Tage.
- *GR 52A* »Panoramique du Mercantour« vom Col de Tende bis nach Colmar im Département Alpes de-Haute-Provence, 15 Tage.
- *GR 51* »Balcons de la Méditerranée« von Menton bis Marseille nahe der Mittelmeerküste, jedoch nördlich der Ballungsgebiete. 7 Tage davon in den Alpes-Maritimes von Menton bis Théoule-sur-Mer.
- *GR 510* »Sentier des 8 Vallées«, der 8-Tälerweg. 12 Tagesmärsche. Die acht Täler der Flüsse Roya, Bévéra, Vésubie, Tinée, Cians, Var, Estéron, Siagne werden durchquert. Der *GR 510* liegt vollständig im Département Alpes-Maritimes.

Für die Weitwanderwege gibt es für die jeweiligen Regionen einen Topo-Guide des Sentiers de Grande Randonnée, herausgegeben von der Fédération Française de la Randonnée Pédestre. Für das Département Alpes-Maritimes werden der *GR 52A*, Panoramique du Mercantour, sowie der *GR 510*, Sentier des Huit Vallées, in einem Büchlein beschrieben (Réf. 500). Der *GR 5*, Tinée-Vésubie, und *GR 52*, Vallée des Merveilles, werden ebenfalls in einem gemeinsamen Band behandelt (Réf. 507).

Bonne balade!

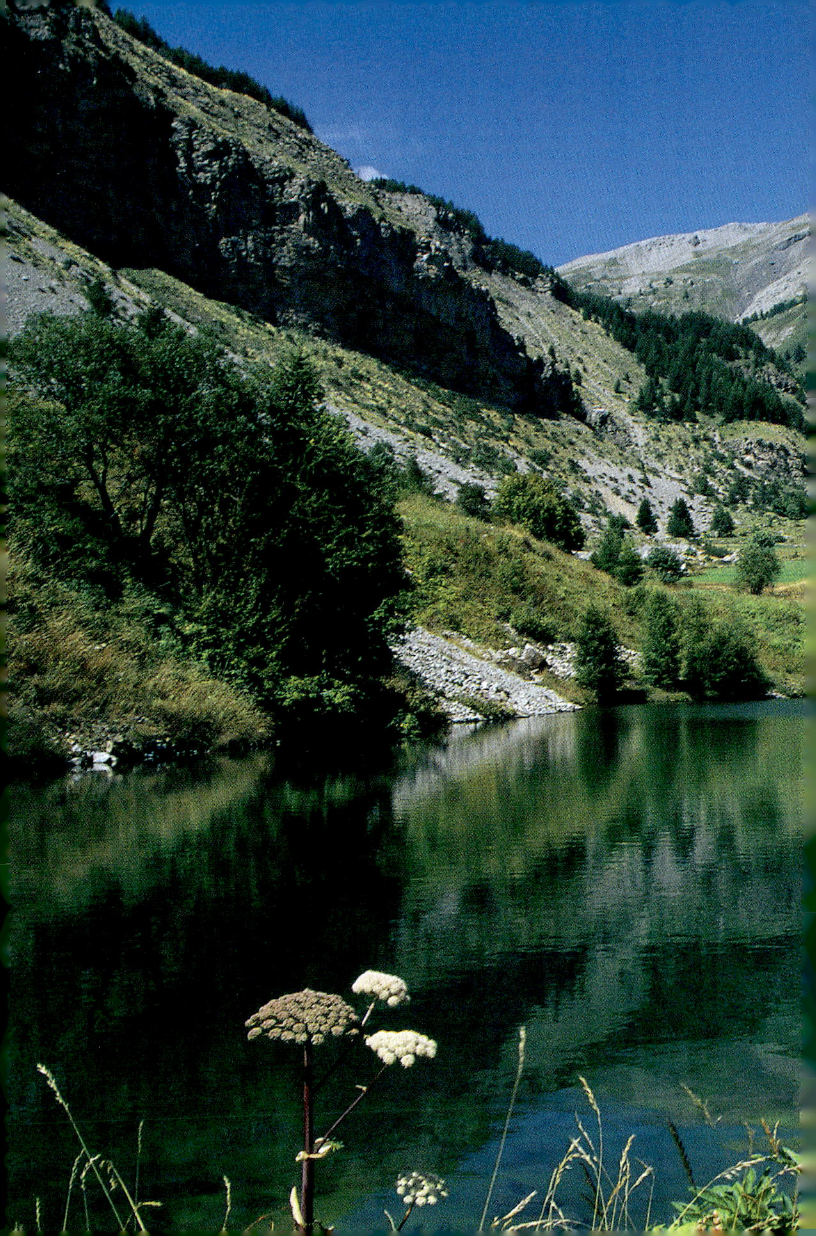

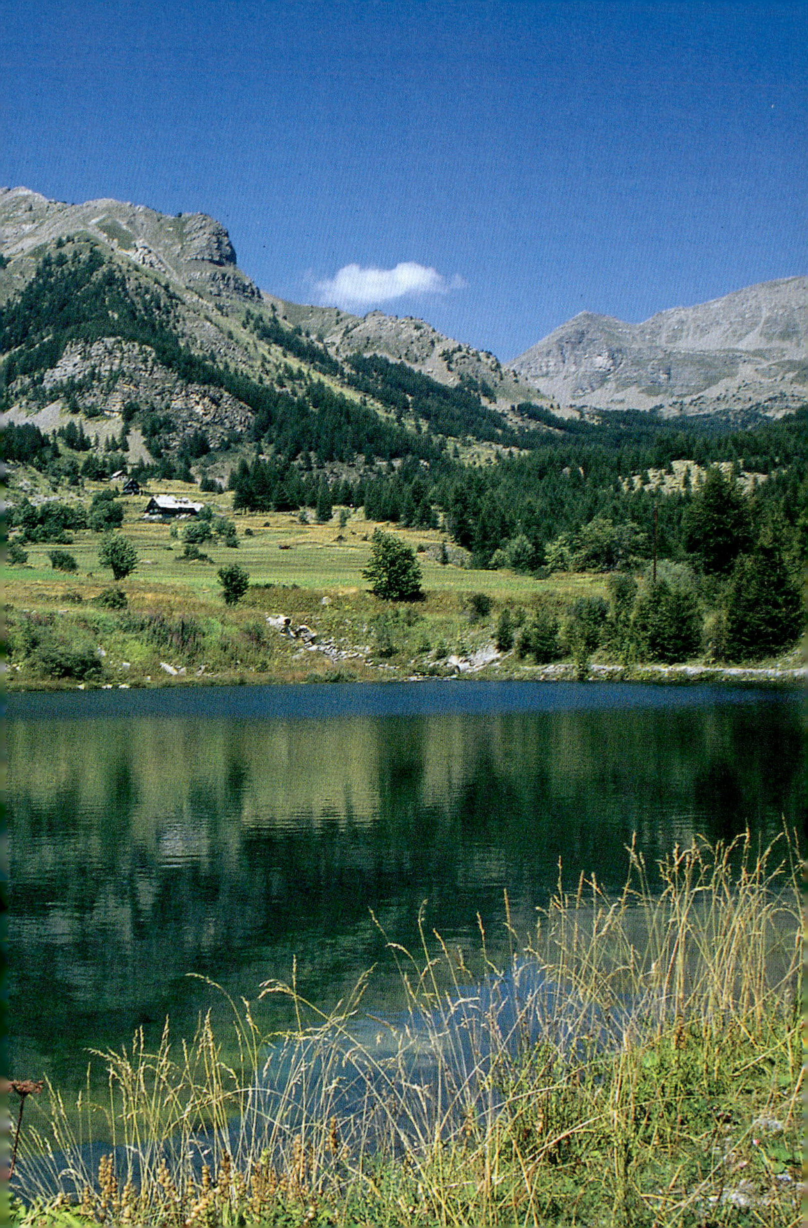

Estéron

Gar mancher Einheimische an der Côte d'Azur wird mit dem Namen Estéron nichts anzufangen wissen. Dabei ist das Estérontal nur einen Katzensprung von der Küste entfernt. Der Estéron verläuft von Westen nach Osten, parallel zum nördlicher liegenden mittleren Abschnitt des Var, und mündet unweit von Nizza in den Var.

Das Tal des Estéron bietet erstklassige Schluchten zum Canyoning: la Clue de Saint-Auban (die wasserreichste Schlucht), la Clue des Mujouls (für Schnupperer), la Clue d'Aiglun (der vielleicht bekannteste Canyon der Alpes-Maritimes und der seit langer Zeit frequentiert wird), la Clue du Riolan (für viele die schönste Strecke in den Alpes-Maritimes), Riou de Pierrefeu, la Clue de la Cerise. Auch mit dem Auto lassen sich gemütliche Spazierfahrten machen. Entweder können die Dörfer der Ebene (Séranon, Caille, Andon, Thorenc, Valderoure) erkundet werden, die Villages perchés (Gréolières, Cipières, Coursegoules, Bézaudun-les-Alpes) oder die Villages de l'Estéron (Saint-Auban, Le Mas, Aiglun, Roquésteron-Grasse, Sallagriffon, Collongues, Les Mujouls, Amirat, Gars, Briançonnet).

Wandern lässt es sich im Estérontal das ganze Jahr. Im Sommer ist es sehr heiß, sodass mancher die Fluten des Estéron oder das Canyoning bevorzugt. Begibt man sich dennoch im Sommer auf Schusters Rappen, dann viel Flüssiges mitnehmen. Wer sich ohne Trinkbares einen Berg hochschleppt, halluziniert bald, den Estéron leer trinken zu können.

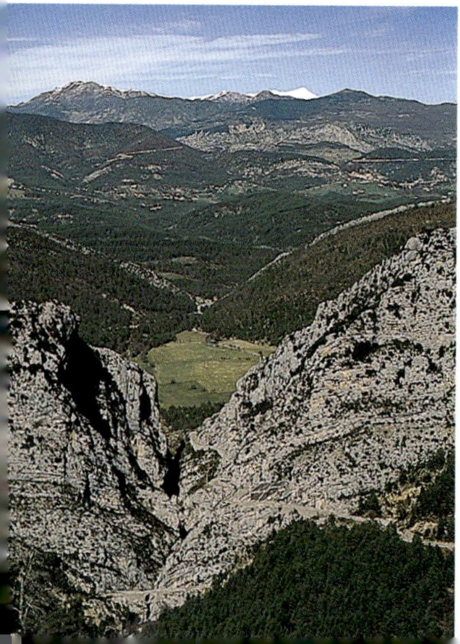

So wie es im Sommer heiß ist, ist es im Winter kalt im Estérontal. Das Klima in Gréolières-les-Neiges, auf etwa 1400 m gelegen, ist winters genauso hart wie das des wesentlich höheren Isola 2000. Und wenn der Mistral um die Cime du Cheiron, 1778 m, pfeift, den Hausberg von Gréolières-les-Neiges, dann fliegen im wahrsten Sinne des Wortes die Fetzen. Doch meistens scheint sowieso die Sonne. Beginnen wir also unseren Tourencocktail in diesem bezaubernden Winkel.

Links: Blick in die Schluchten des Riolan. Rechts: Die Schlucht von Aiglun und das Dorf Aiglun vor dem Mont Saint Martin. Der schneebedeckte Gipfel am rechten Bildrand ist der Mont Mounier.

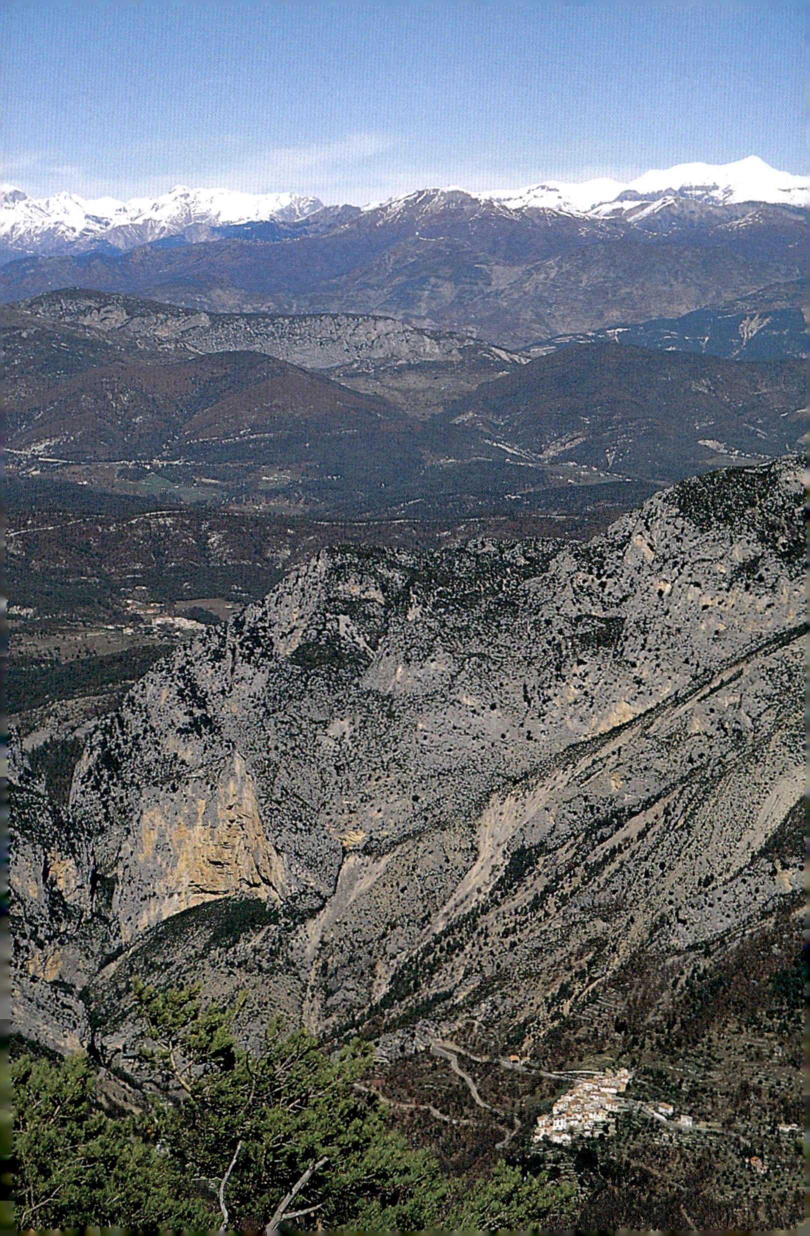

TOP

1 Mont Saint Martin, 1257 m, und die Schluchten des Riolan

6.15 Std.

Aiglun – Juwel im Tal des Estéron

Aiglun wird im Gedicht »Calendal« (1867) des späteren Literaturnobelpreisträgers Frédéric Mistral besungen, das die Liebesgeschichte der Prinzessin Esterelle und des Fischers Calendal erzählt. Verlieben in diese Landschaft können wir uns allemal: in den Mont St-Martin, trotz seiner relativ geringen Höhe ein vorzüglicher Aussichtsberg; in die wilden Schluchten für Canyoning-Liebhaber und Felsenkletterer; in die Fußgängerbrücke über den Riolan, die bis 1860 die Grenze zwischen Frankreich und dem Savoyenreich markierte; in eine verborgene Grotte am Wegesrand. Und wie das im Mai duftet! Die Côte d'Azur scheint Welten entfernt zu sein, zumal, wie ein Wirt der Auberge de Calendal einst sagte, wir in Aiglun die Autos nicht pro Tag, sondern pro Woche zählen. Mit Ausnahme allerdings an den Tagen der Rallye Monte Carlo oder Rallye d'Antibes bei den Etappen vom Col de Bleine durch Aiglun.

Ausgangspunkt: Aiglun, 619 m. Parkplatz nördlich des Torbogens.
Höhenunterschied: 1000 m. Aiglun – Mont St-Martin und zurück: 630 m. Weitere 100 Hm spart man, wenn man den Gipfelanstieg auslässt.
Anforderungen: Wer von der Brèche den Gipfel erklimmt, muss eine Kletterstelle überwinden. Ansonsten hätte die Tour den Schwierigkeitsgrad »rot«. Gelbe Markierung, auf der Teilstrecke des *GR 510* rot-weiß. Zu jeder Jahreszeit zu begehen; sehr heiß im Sommer.
Variante: Zu einer Grotte (»Bau des Champs« auf der IGN-Karte), umgeben von einer Schutzmauer aus dem Mittelalter, führt ein Fußpfad vom offenen, überdachten Gemeindeplatz beim Parkplatz. Eine knappe Stunde hin und zurück, 130 Hm. Von Aiglun auf den Mont St-Martin und zurück sind es 3 Std., von Aiglun auf den Minigipfel im Osten und zurück 2.15 Std.
Einkehr/Unterkunft: Auberge de Calendal (Hotel, Restaurant und Gîte d'étape), Tel. 09 81 96 66 23, aubergedecalendal.com. Gîtes Ruraux: sich erkundigen bei der Mairie, Tel. 04 93 05 85 35. In Sigale im kleinen Hôtel-Bar-Restaurant, ganzjährig, 6 Zimmer, Tel. 04 93 05 89 43, sigale.fr.
Karte: TOP 25, Vallée de l'Estéron oder TOP 25, Haut Estéron.

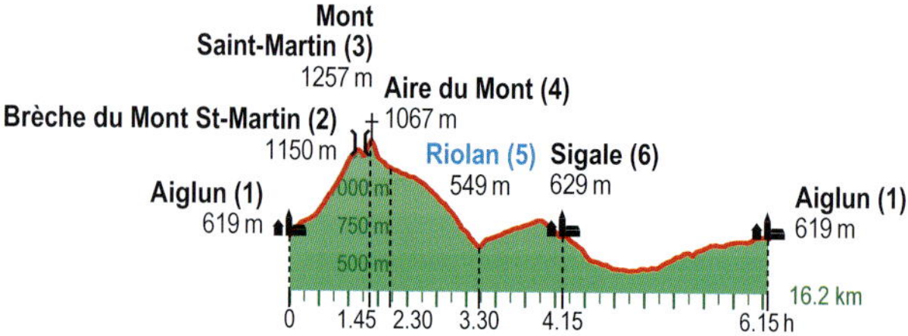

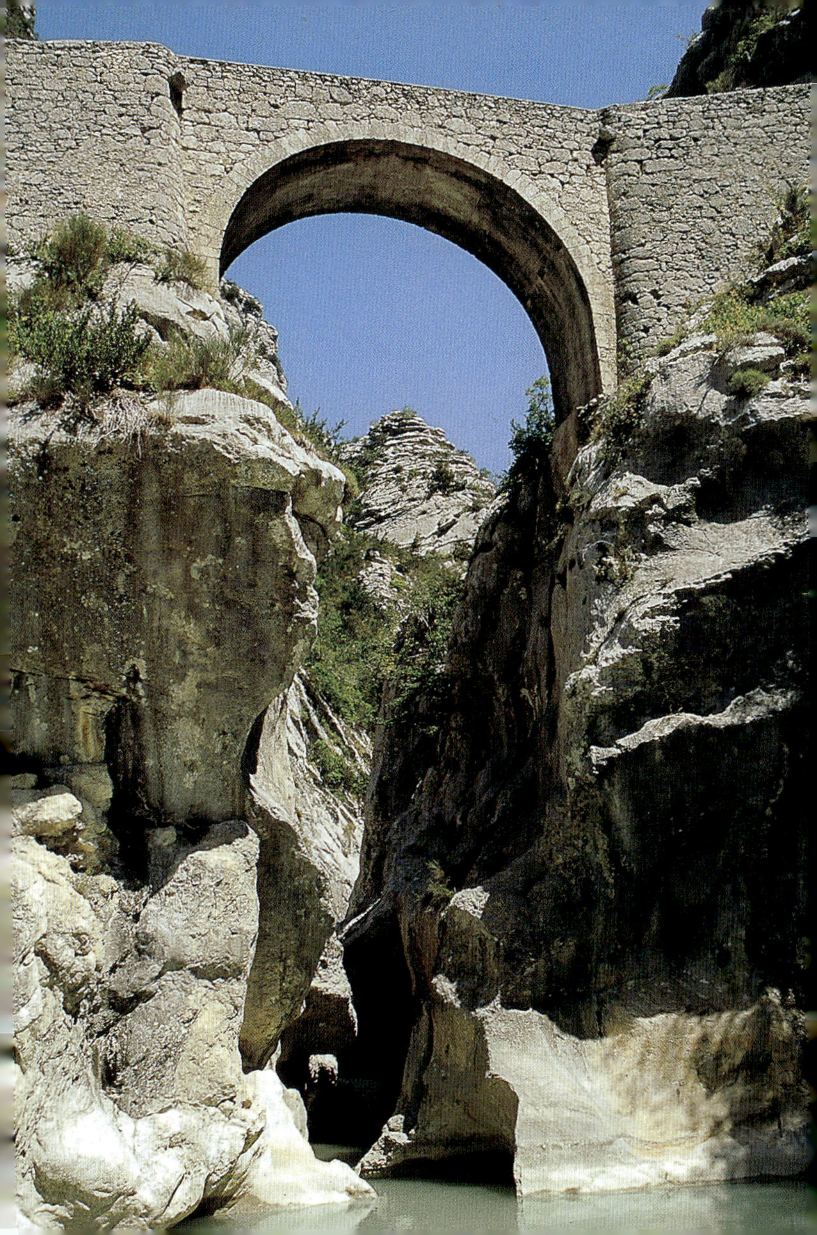

Am Torbogen von **Aiglun (1)**, 619 m, in dem sich die Auberge befindet, geht ein gepflasterter Weg hinauf (*#80)*. Etwa 20 Min. im Mittel nach Osten, dann beginnt in nördlicher Richtung der kurvenreiche Anstieg inmitten zahlreicher Schatten spendender Bäume. Auf der **Brèche du Mont St-Martin** (**2**, *#76a*), 1150 m, angelangt, können wir in westlicher Richtung auf den **Mont St-Martin (3)** steigen. Nicht versäumen sollten wir, uns von der Brèche 3 Min. in entgegengesetzte Ostrichtung zu schlagen (20 Hm), mit fast genauso freiem Blick wie vom Gipfel.
Von der Brèche erfolgt der Abstieg nach Norden. Nach einer Viertelstunde erreichen wir die Lichtung **Aire du Mont** (**4**, 1067 m, *#76*) – wir gehen rechts. Nach ziemlich genau 10 Min. – der Weg macht zum zweiten Mal eine schärfere Rechtskurve – können wir eine mannshohe Grotte hinter Buschwerk entdecken (nicht auf der IGN-Karte). Die Kuhle ist häufig mit Wasser angefüllt. Nur 10 m vom Weg entfernt ist die Grotte doch sehr gut versteckt. Eine gute Viertelstunde weiter in östlicher Richtung, dann macht der Weg eine scharfe Kehre (auf gelbe Markierungszeichen achten), und es geht alsbald steil bergab. Im Tal erreichen wir die Stelle, wo der Bach Estrech in den **Riolan (5)** fließt, 549 m. Im Sommer und Herbst führt der Riolan an dieser Stelle wenig Wasser, sodass man ihn problemlos überqueren kann (gelbe Markierung an einem Baum am anderen Ufer sichtbar). Nach wenigen Metern treffen wir dann auf den *GR 510*. Falls der Wasserstand ein Durchwaten nicht zulässt, 20 m bevor man auf den Bach Estrech trifft (20 m weiter mündet dieser in den Riolan), knappe 30 m nach links gehen und über das Bächlein

Vorige Seite: Brücke über den Riolan.
Unten: Bau des Champs, angegeben in der Variante.

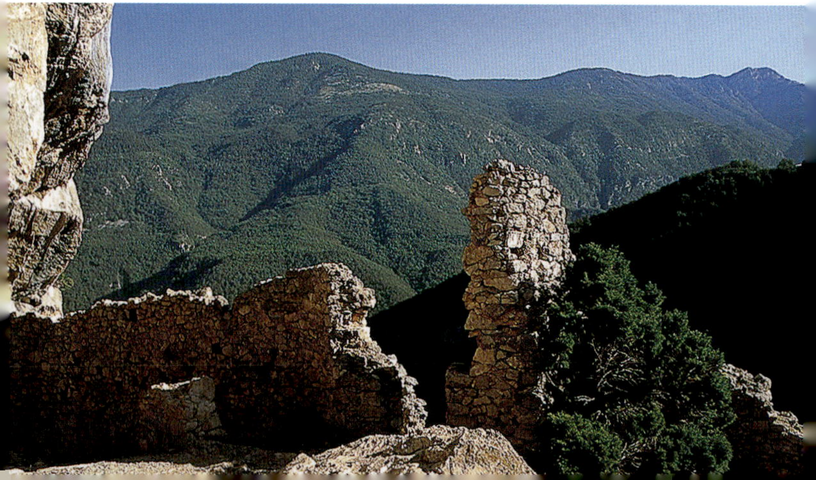

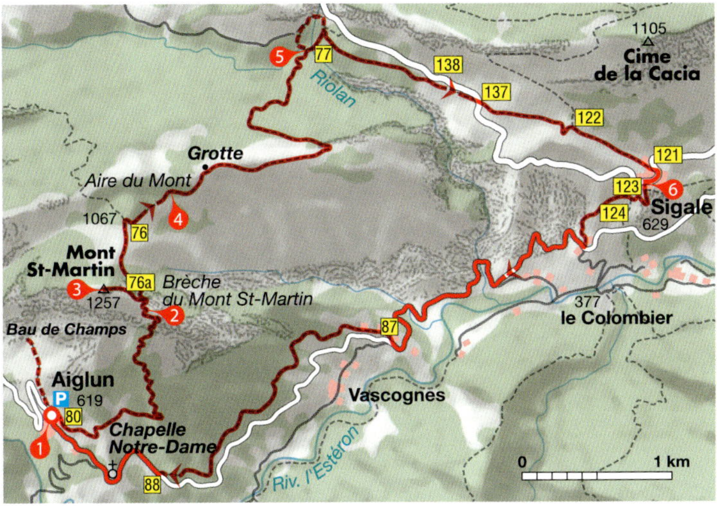

setzen. Eine Wegspur geht zunächst schräg links bergauf, gefolgt von einer Rechtskurve, und trifft nach 5 Min. auf den *GR 510*. Dann geht es 150 m abwärts und über die Riolanbrücke.

Auf dem *GR 510* (rot-weiße Markierung also) wandern wir nach Sigale. Der Weg steigt leicht an und trifft auf eine Straße (*#138*), auf der wir knappe 200 m gehen, dann direkt nach der Kurve am Haus vorbei weiter (*#137*). Nach 10 Min. gelangen wir auf ein geteertes Sträßchen. Ihm folgen wir links aufwärts, passieren Wegzeiger *#122* und erreichen in wenigen Minuten Sigale, 629 m. Mit seinem 1583 errichteten Brunnen war **Sigale (6)** den übrigen Bergdörfern in den Alpes-Maritimes weit voraus; erst im Laufe des 19. Jahrhunderts waren die meisten mit Brunnen ausgestattet. Fließendes Wasser wurde in den Häusern von Sigale aber erst 1957 installiert.

In Sigale verläuft der Weg an der Kirche vorbei (*#123*; nicht den Weg hinter dem Brunnen an der Post nehmen) bergab durch einen Torbogen. Kurvig geht es bergab, zunächst noch betoniert, dann mit Steinen ausgelegt und von Gras überwachsen. Wir passieren *#124* und treffen auf die Straße, die Sigale und Aiglun verbindet. Hier verlassen wir den *GR 510* und folgen der kaum befahrenen Straße eine gute halbe Stunde, bis wir an einer Kurve auf einen Bildstock (Kleindenkmal) stoßen (*#87*). Nach rechts aufwärts führt ein zunächst betonierter Weg, der aber schnell in einen Wanderweg übergeht. Nach einer Dreiviertelstunde treffen wir wieder auf die Straße, auf der es nur noch wenige Minuten bis nach **Aiglun (1)** sind.

2 Cascade de Végay (bis 1541 m)

7.30 Std.

Was die Gemeinden Grasse und Vence nicht an Wasser verbrauchen

Der in Kaskaden mehr als 100 m in die Tiefe tosende Wasserfall von Végay ist schon von Aiglun aus außerordentlich beeindruckend. Um wie viel imposanter ist er aber, wenn wir fast direkt unter ihm stehen. Im Plateau oberhalb des Wasserfalls sprudelt eine wasserreiche Quelle, welche die Gemeinden Grasse und Vence an der Côte d'Azur versorgt. Was nicht mehr in die Kanalrohre passt, stürzt als »Überschusswasser« dieser Quelle ins Tal.

Ausgangspunkt: Aiglun, 619 m. Parkplatz nördlich des Torbogens.
Höhenunterschied: Etwa 1350 m. Kurzvariante etwa 220 m.
Anforderungen: Technisch keine große Schwierigkeiten, jedoch lang. Gelbe Wegmarkierung, rot-weiß auf dem *GR 4*.
Kurzvariante: Aiglun – Cascade de Végay – Aiglun: Gesamtzeit 2 Std. (»rote Tour«).
Unterkunft: Siehe Tour 1.
Karte: TOP 25, Vallée de l'Estéron oder TOP 25, Haut Estéron.

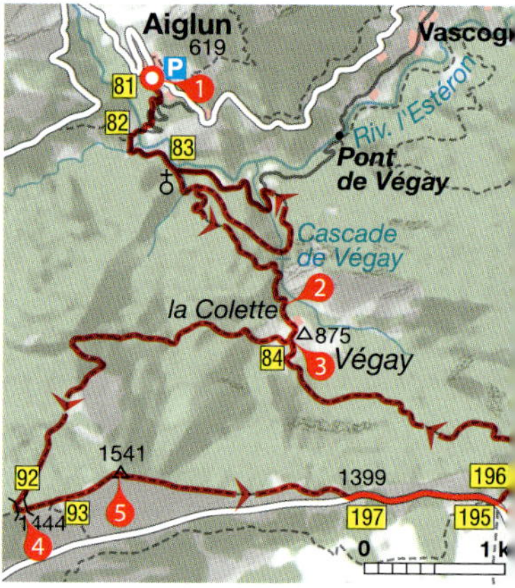

Auf dieser Tour wird eine Kurz- und eine Langvariante angeboten. Auf letzterer stehen wir auf einem Gipfel, der zwar keinen Namen hat, jedoch schon allein der Sicht wegen einen verdient hätte. Der Blick geht nicht nur über die ganze Bergwelt der Seealpen; in südlicher Richtung können wir über das Plateau de Calern hinweg durch die Gorges du Loup sogar einen Zipfel Meer erhaschen.
Am Torbogen von **Aiglun (1)**, 619 m, geht es in südlicher Richtung bergab (*#81*) zur Brücke über den Fluss Estéron, wobei teilweise die Schotterstraße abgekürzt werden kann. Einige Meter nach der Brücke, 454 m, treffen wir auf den *GR 4* (rot-weiß ab jetzt); kurz danach führt der Weg über eine zweite Brücke. Knappe 10 Min. gehen wir dem Estéron entlang, biegen an *#83* auf dem *GR 4* nach rechts und beginnen mit dem Anstieg. Nach knapp 10 Min. passieren wir ein Wegkreuz (Bildstock), und 30 m weiter signalisiert eine gelbe Markierung auf einem Baum einen Weg, der horizontal vom *GR 4* links abzweigt (nicht auf der IGN-Karte). Diesen nehme jetzt, wer die Kurzvariante machen möchte (siehe letzten Absatz unten). Der Wegeinstieg ist nicht

offensichtlich, aber nach 5 Metern ist man auf dem Weg (nach ein paar Minuten an einer Gabelung geradeaus weitergehen). Von denjenigen, die die lange Tour machen, wird dieser Weg bei der Rückkehr eingeschlagen.
Folgen wir also weiter den rot-weißen *GR*-Markierungen. Nach einer guten halben Stunde führt der Weg an ein »klein wenig Wasserfall« vorbei. Wenige Minuten später passieren wir die **Ruinen von La Colette (2)** und kommen in das mit »**Végay**« **(3)** bezeichnete Gebiet, 875 m (*#84*). Wer einen 10-minütigen Abstecher nach Westen macht, kann einen 1,5 m breiten, 2 m hohen und 1,5 km langen Tunnel bestaunen, unter dem der Canal de Végay verläuft.
In Végay verlassen wir den *GR 4* und nehmen den Weg, der direkt am zerfallenen Haus vorbeiführt (*#84*, gelbe Markierung an der Ruine; nicht den direkt bergauf führenden Weg nehmen). Mit zunehmender Höhe wird der Blick frei auf den Mont St-Martin, die Schlucht von Aiglun sowie die Bergkette des Mercantour. Bei ***#92* (4)**, 1444 m, erreichen wir einen Pass und sehen in südlicher Richtung eine Sternwarte. Auf dem Kamm nach Osten, vorbei an *#93*, bis zum **P. 1541 (5)**.
Wir folgen dem Kamm weiter in östlicher Richtung (gelbe Markierungen) und gelangen nach einer halben Stunde auf die Straße, 1399 m (*#197*), die Winterurlauber nach Gréolières-les-Neiges bringt, die fast südlichste Skistation der Seealpen. Auf ihr laufen wir ca. eine Viertelstunde bis zur Rechtskurve bei ***#195* (6)**, 1428 m, und biegen links ab. Nach 5 Min. zweigen wir an *#196* links ab, gefolgt von einem kurzen Aufstieg bis ***#94* (7)**, 1459 m. Wir befinden uns wieder auf dem *GR 4*, dem wir abwärts folgen bis Végay, und dann auf bekanntem Weg zurück zu der oben erwähnten Weggabelung.
An der Weggabelung den gelb markierten, ebenen Weg nehmen. Nach 5 Min. die Abzweigung bergab ignorieren und geradeaus weitergehen, und nach weiteren 10 Min. – wobei wir etwa 30 m am etwas abschüssigen Hang entlang balancieren – stehen wir fast direkt unter der **Cascade de Végay (8)**. Wir schreiten über den Bach und kommen nach 10 Min. auf den Schotterweg, auf dem wir flussaufwärts entlang des Estéron bis zu den beiden Brücken gehen. Jetzt könnten wir vielleicht noch ein Bad nehmen, bevor wir in einem letzten Anstieg **Aiglun (1)** erreichen.

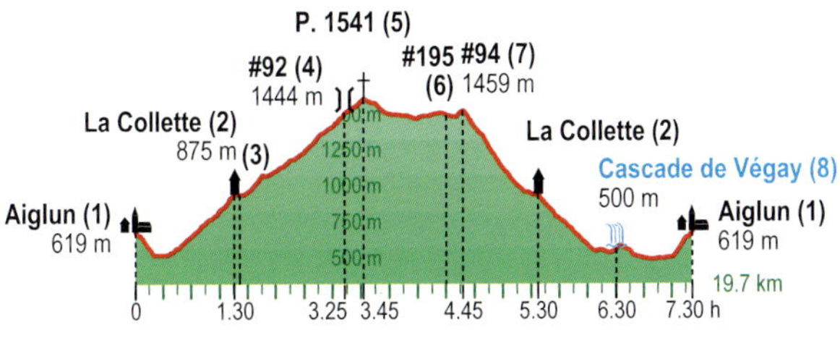

3 Pic de l'Aiglo, 1644 m

2.15 Std.

Viel sehen, wenig gehen

Diese Wanderung ist mehr ein »Bergbummel«. Bis wir zum Ausgangspunkt dieser Tour gelangt sind, kurvt man allerdings schon etwas mit dem Auto – und das, obwohl es Luftlinie nicht einmal 40 km zum mediterranen Blau sind. Doch fernab von Küstenautobahn und Durchgangsstraße des Tals des Var ist das Autofahren hier, egal aus welcher Himmelsrichtung kommend, ebenso genussvoll wie das Wandern – wenn nicht gerade Rallyezeit ist.

Ausgangspunkt: Col de Bleine, 1439 m, knapp 30 km von Saint-Vallier-de-Thiey. Passstraße wenig befahren. Parkmöglichkeit am Pass.
Höhenunterschied: Etwa 250 m.
Anforderungen: Keine. Gelbe Markierung. Je nach Schneefall auch im Winter, evtl. mit Schneeschuhen.
Unterkunft: In Thorenc, dem »Suisse provençale«, einer kleinen Langlaufstation, 2,5 km Autostraße südlich des Col de Bleine: Auberge Les Merisiers, 18 Zimmer, Tel. 06 16 33 03 07.
Karte: TOP 25, Haut Estéron.

Zunächst gehen wir auf dem vom **Col de Bleine** (**1**, *#104*), 1439 m, aus nach Nordosten ansteigenden geteerten Sträßchen etwa 5 Min. bis zur

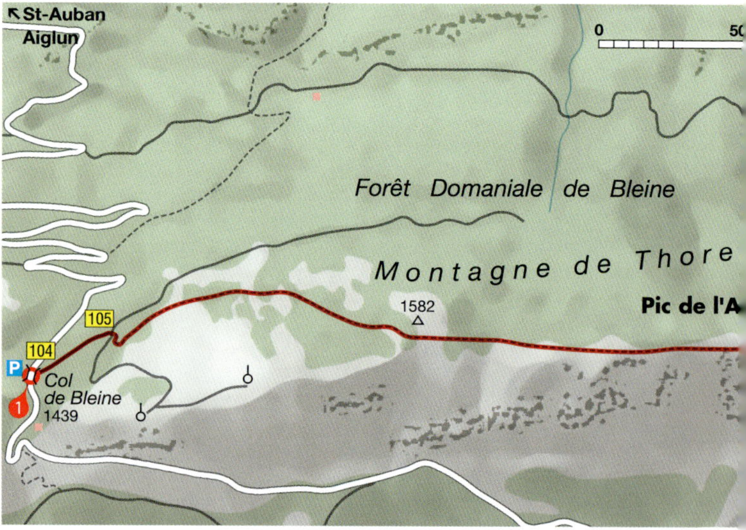

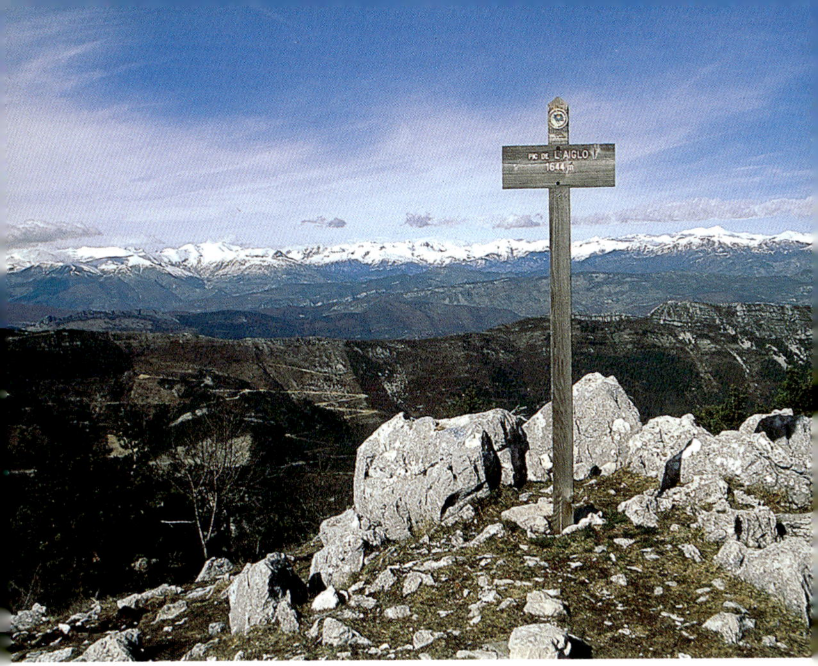

Auf dem Gipfel des Pic de l'Aiglo.

Haarnadelkurve. Hier biegen wir 90 Grad nach rechts auf einen Wanderweg (*#105*). Durch Wald steigt der Weg eine knappe halbe Stunde auf der nördlichen Seite der Montagne de Thorenc, danach geht es jeweils ein paar Minuten bergab, bergauf, bergab bis zu einer freien Fläche (Hubschrauberlandemöglichkeit im Falle von Waldbrand).

Ein letzter 10-minütiger Anstieg führt uns auf den **Pic de l'Aiglo (2)**. Auf der anderen Talseite im Norden ragt der wuchtige Rocher de l'Arpille, 1686 m, hervor mit der Montagne de Charamel, darüber hinaus kann unser Auge die gesamten südlichen Alpen abtasten. Im Süden erstreckt sich hinter der gegenüberliegenden Talseite das Plateau de Caussols, das zweitgrößte karstige Plateau Europas. Wem es gar so gut gefallen hat, der geht vom Pic de l'Aiglo noch weiter auf dem Kamm zum Pic de Fourneuby, 1607 m. Der Rückweg zum **Col de Bleine (1)** verläuft auf dem Anstiegsweg.

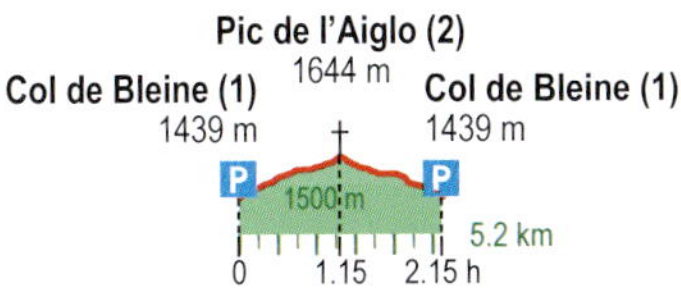

4 Mont Saint Paul, 797 m

4.00 Std.

So nah an der Côte d'Azur – und doch so weit weg

Conségudes und der Mont St-Paul sind nur einen Katzensprung von Meer und Trubel entfernt – und doch wird man sie in kaum einem Reiseführer beschrieben finden. Im 12. Jahrhundert wird erstmals ein »castrum« auf dem Mont St-Paul erwähnt, das aber in späteren Jahrhunderten zerstört wird. Im 16. Jahrhundert wird das Dorf (neu) gegründet, und die Bevölkerung wächst bis kurz vor Ende des 19. Jahrhunderts. Dann erfährt auch Conségudes dasselbe Schicksal wie all die anderen Dörfer und Siedlungen des Berglands in den Alpes-Maritimes: die Menschen verlassen Haus, Hof und Heimat. Heute hat Conségudes nur wenig mehr als 50 permanente Einwohner.

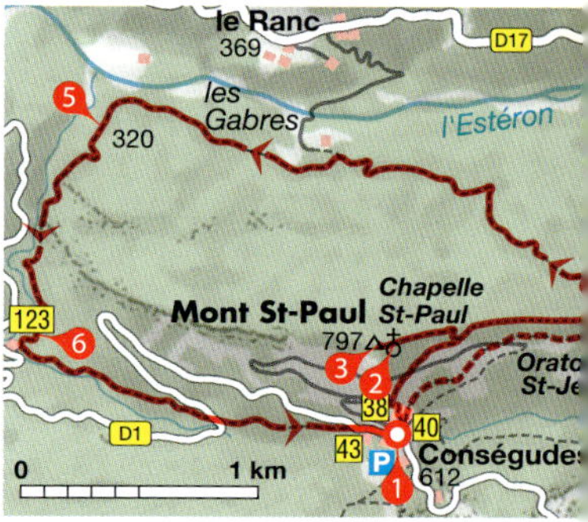

Ausgangspunkt: Conségudes, 612 m, 10 km von Roquesteron, 40 km von Nizza. Parken entweder an der Kirche, die an der D1 liegt, oder nach der Haarnadelkurve, wenn man den Ort hinauffährt.
Höhenunterschied: Knapp über 500 m.
Anforderungen: Einfache Wanderung. Gelb markiert. Zu jeder Jahreszeit, aber heiß im Sommer.
Variante: Conségudes – Mont St-Paul – Oratoire St-Jean – Conségudes: Am Bildstock (Oratoire) St-Jean gehen wir nicht nach links wie in der Haupttour angegeben, sondern nach rechts. Nach 10 Min. treffen wir auf einen Schotterweg. Wir gehen 30 Schritte rechts bergan, dann zweigen wir links bergab und kehren zurück zum Dorf. Gesamtzeit 1.15 Std., Höhenunterschied hier 200 m.
Karte: TOP 25, Vallée de l'Estéron.

Von der an der Landstraße liegenden Kirche von **Conségudes** (**1**, *#40*) die breiten betonierten Stufen empor. Nach etwa 100 m an der Gabelung (*#38*) links weitere etwa 40 Stufen durch den Ort nehmen, an der ersten Abbiegung nach rechts, nach sieben Stufen nach links, und wir sind auf dem Dorfplatz mit der Mairie. Nochmals etwa 50 Stufen hoch und – der Ort ist durchquert – rechts auf den steil ansteigenden Wanderweg. Er überquert nach wenigen Minuten einen Schotterweg, wird nach ein paar steilen Metern flacher und geht gen Osten. 5 Min. nach Querung des vorherigen Fahrwegs gelangen wir an eine Gabelung, an welcher der Weg zur Kapelle eine Haarnadelkurve macht (den Weg, der geradeaus weitergeht, nehmen wir, wenn wir vom Mont St-Paul zurückkehren). Einige kurz gehaltene Serpentinen,

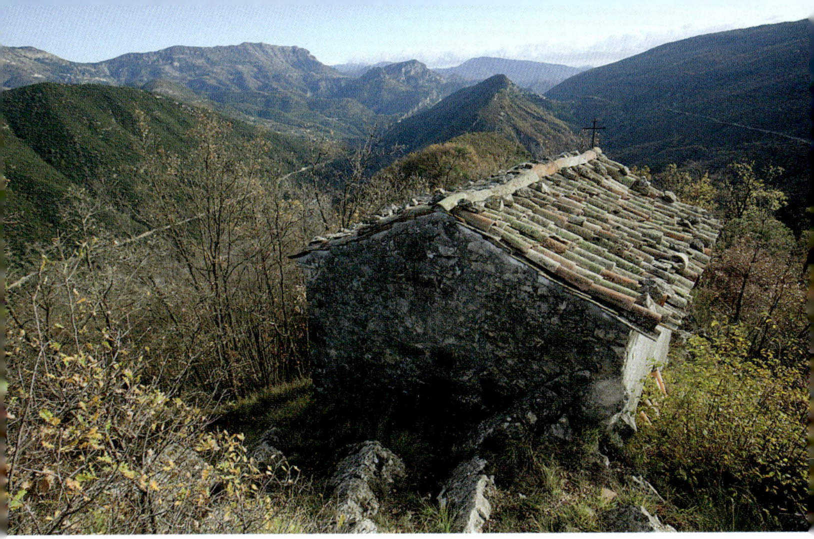

Blick vom Mont St. Paul.

dann ein gerades Stück nach Westen zur **Chapelle St-Paul (2)** und dahinter in wenigen Schritten auf den **Mont St-Paul (3)**.
Auf demselben Weg zurück bis zur oben erwähnten Gabelung (5 Min.), wo wir weiter Richtung Osten gehen. Zunächst geht es etwa 100 m leicht bergab, dann nochmals etwa 100 m sanft bergauf. Auf dem breiten Grat – mit gelben Punkten markiert – geht es jetzt zum Teil wie in einer Baumallee weiter nach Osten bis zum **Wegkreuz St-Jean (4)**. Links bergab gehen, nach ein paar Metern wieder links und die Haarnadelkurve auslaufen. An der danach folgenden Weggabelung nochmals links und weiter bergab. Wir nähern uns dem Fluss Estéron **(Les Gabres)**. An der Stelle, wo der Weg dem Estéron am nächsten ist **(5)**, 320 m (von hier aus können wir in 5 Min. zu der Mündung des Bachs **Bouisse** in den Estéron absteigen), führt der Weg links bergauf. Es geht auf eine Felskanzel, dahinter wieder bergab. Ein Gehöft wird passiert; gleich darauf sind wir bei ***#123* (6)**, wenige Meter von der Straße *D1*; kleiner Wasserfall. Nach Osten knicken und nach weiteren 20 Min. die *D1* überqueren, dann auf breitem Schotterweg weiter. Bei *#43* sind wir auf der *D1*, und es sind nur noch wenige Meter bis zum Ausgangspunkt nach **Conségudes (1)**.

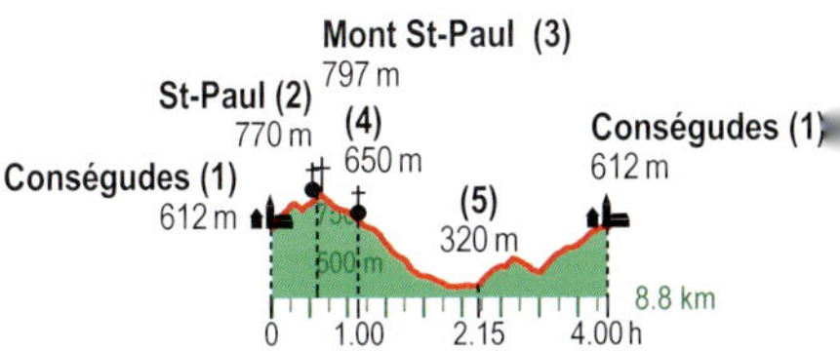

TOP

5 Mont Brune, 1518 m, von Vieux Pierrefeu

7.45 Std.

Heiße Tour auf Aussichtsgipfel zwischen den Flüssen Estéron und Var

Pierrefeu war für die Römer ein Punkt in ihrem Telekommunikationsnetz: Sie bauten hier einen Beobachtungsturm, der gleichzeitig auch »Transmissionsturm« war, um Nachrichten zwischen Schottland und Rom per Signal auszutauschen. Heute hat der in unmittelbarer Nachbarschaft des Mont Brune gelegene Mont Vial, 1550 m, die Rolle einer Sende- und Empfängerstation übernommen (Telekommunikation, Radio, Wetterstation). Vieux Pierrefeu ist eines der noch – sehr wenigen – Dörfer in den Alpes-Maritimes, die weitgehend »aufgepäppelt« sind durch die »résidences secondaires« (Ferienwohnsitze) und Fröhlichkeit ausstrahlen. Die Kirche St-Martin-et-St-Sébastien beherbergt seit 1981 ein Museum mit Werken zeitgenössischer Künstler zum Thema Entstehungsgeschichte – ein weiterer Schritt, um dem Dorf zu neuem Leben zu verhelfen.

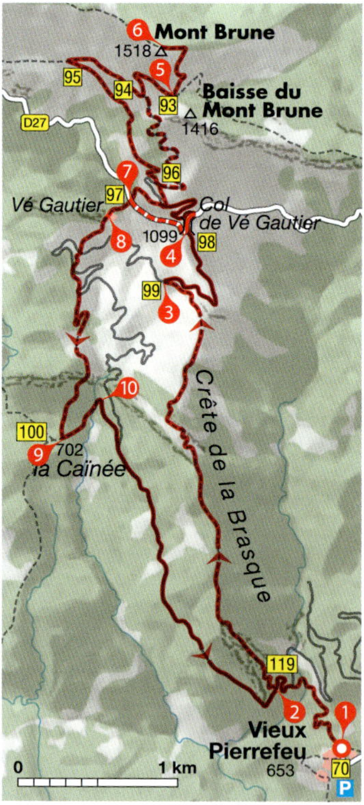

Ausgangspunkt: Vieux Pierrefeu, 653 m, 4 km von der *D 17* entfernt, auf halbem Wege zwischen Gilette und Roquesteron. Parkplätze am Ortseingang.
Höhenunterschied: Knapp 1200 m.
Anforderungen: Puste. Von *#119*, 30 Min. von Vieux Pierrefeu, geht es etwa 15 Min. steil und schweißtreibend bergauf. Gelbe Markierung. Auch im Winter zu begehen. Im Sommer macht Pierrefeu seiner zweiten Silbe (feu = Feuer) alle Ehre: Heiß ist's wie im Backofen.
Unterkunft: La Maison aux Oliviers, chambre d'hôtes, 3 Zimmer, in Mortisson auf halbem Weg zwischen Pierrefeu im Tal und le Vieux Pierrefeu, Tel. 06 28 22 78 94, lamaisonauxoliviers.com.
Variante: Von Vieux Pierrefeu nur bis zum Col de Vé Gautier, 1099 m, gehen, die Straße einige Hundert Meter nach links leicht bergab bis Wegzeiger *#97* und weiter wie unten beschrieben. Gesamtzeit 5.30 Std.; 750 Hm.
Karte: TOP 25, Vallée de l'Estéron.

Vom Parkplatz durch einen ersten Torbogen zum »Place de Village« von **Vieux Pierrefeu (1)**. Wir gehen durch den zweiten Torbogen (sowohl davor als auch dahinter Wegzeiger *#70*) und erblicken im Norden den Mont Brune. In Serpentinen geht es zunächst bergab (15 Min.). Über zwei Bäche (keine Brücken; gelbe Markierung), nach dem zweiten Bach steigen wir kurz steil bergauf. Der Weg stößt nach 5 Min. auf eine Forststraße. Links und nach zwei Haarnadelkurven zu ***#119* (2)**. Hier verlassen wir die Forststraße und beginnen den anfänglich sehr steilen Anstieg der **Crête de la Brasque**. Der Weg führt durch Mischwald und verläuft zunächst leicht unterhalb des Kamms auf der östlichen Seite.

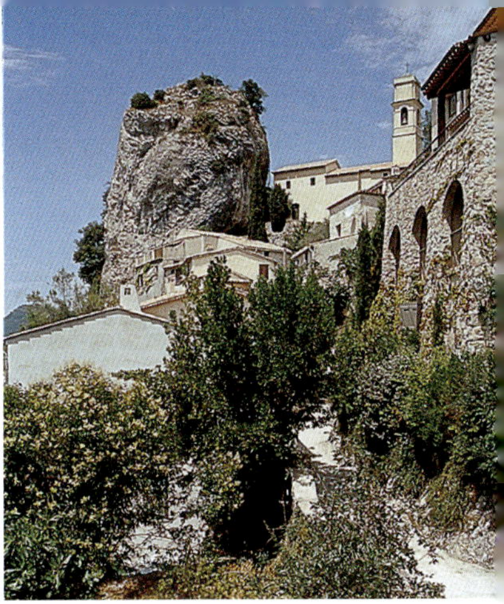

Pierrefeu mit dem charakteristischen Felsen im Dorf.

Nach knapp 1.30 Std. auf dem Kamm öffnet sich der Blick in den Westen des Estérontals. Bei ***#99* (3)** trifft der Kammweg auf eine Forststraße. Rechts in 15 Min. auf den **Col de Vé Gautier** (**4**, *#98*), 1099 m.

Auf der Landstraße *D27* rechts und nach 150 Metern links in die Forststraße einbiegen. Sie führt in zahlreichen Haarnadelkurven bis zur **Baisse du Mont Brune (5)**. Es gibt jedoch auch einen Wanderweg auf die Baisse: Wir bleiben zunächst zwei Haarnadelkurven lang auf der Forststraße. 50 m vor einer Ruine geht ein Weg rechts ab (gelbe Markierung), der den dritten Haarnadelbogen abkürzt. Wir überqueren die Forststraße und finden einige Meter im Wald den Wegzeiger *#96*. An diesem gehen wir nach links (gelbe Markierung auf 30 m entferntem Baum; das Schild »Mont Brune« auf dem Wegzeiger *#96* ist etwas irreführend angebracht und scheint mehr auf den Weg rechts zu deu-

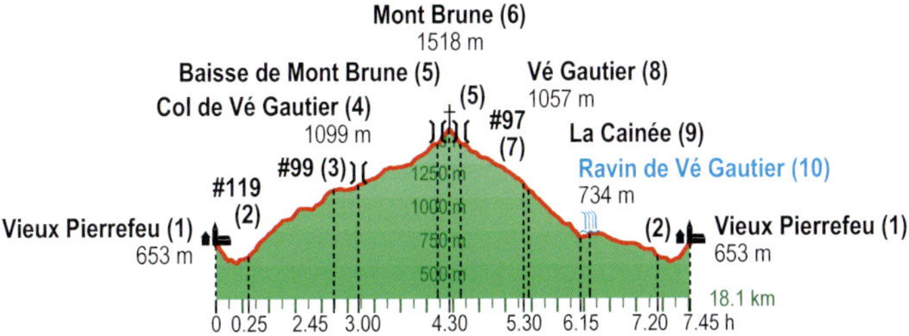

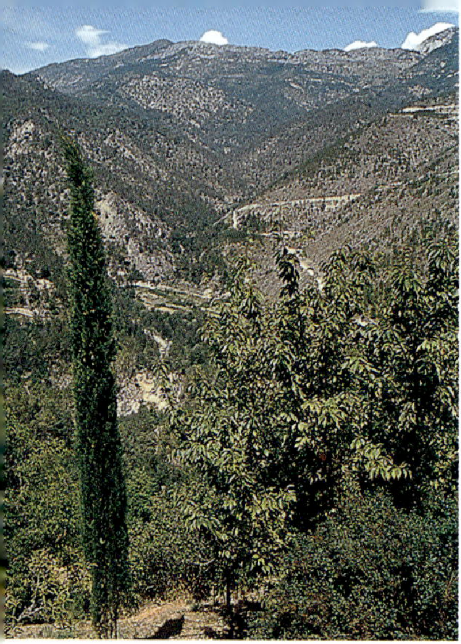

Blick von Vieux Pierrefeu zum Mont Brune.

ten). Der Weg ist zum Teil recht schmal und überwachsen, aber ausreichend mit gelben Markierungen gezeichnet. Er verläuft in nordwestlicher Richtung und trifft in 20 Min. auf einen breiteren Wanderweg (*#95*), dem wir nach rechts folgen. In 15 Min. sind wir wieder an der Forststraße angelangt (*#94*) und halten uns links. Nach knapp 150 m auf der Forststraße geht rechts ein Wanderweg aufwärts (gelbe Markierung), der die letzte Haarnadelkurve abkürzt. Wir kommen 100 m von der **Baisse du Mont Brune (5)** entfernt heraus. An der Baisse du Mont Brune, 1405 m (*#93)*, Hubschrauberlandemöglichkeit im Fall von Waldbrand, geht der Weg links bergauf (gelbe Markierung). Der Gipfel des **Mont Brune (6)** ist in einer Viertelstunde erreicht.

Zurück zur Baisse du Mont Brune (alternativ auf der Forststraße). In einer guten halben Stunde gelangen wir an die Stelle, wo rechts im Wald der Wegzeiger *#96* angebracht ist. Hier verlassen wir die Forststraße und nehmen links wieder den Weg, der die Haarnadelkurve abkürzt. Wenn wir auf die Forststraße treffen – ab jetzt ist's Neuland – wandern wir auf dem nach Westen gehenden Weg weiter. Nach wenigen Minuten kommen wir bei **#97 (7)** an der Landstraße heraus, etwa einen halben Kilometer vom Col de Vé Gautier entfernt. Über die Landstraße bergab in südwestlicher Richtung, »Pierrefeu par la Caïnée«. Wir laufen an der Häusergruppe **Vé Gautier (8)** vorbei zu einer Forststraße, biegen rechts ab und nehmen nach 10 m wieder den links abgehenden Wanderweg. Noch zwei weitere Male stößt der Weg auf die Forststraße (beim letzten Mal auf der Forststraße nach rechts, die Linkskurve auslaufen, dann den nach rechts abgehenden Weg – gelbe Wegmarkierung – nehmen; insgesamt 60 m auf der Forststraße), bis wir, einen Bildstock passierend, durch zwei mächtige Felstürme hindurch und an Ruinen vorbei, endgültig auf der Forststraße **La Caïnée (9)** bleiben, 702 m (*#100*). Hier nach links. Zunächst ein paar Meter leicht bergauf, vorbei an der Wasserkaskade des **Ravin** (Schlucht) **de Vé Gautier (10)**, dann leicht abwärts, bis wir in einer 45 Min. wieder Wegzeiger *#119* erreicht haben. Zurück nach **Vieux Pierrefeu (1)**.

Wasserkaskade des Ravin de Vé Gautier.

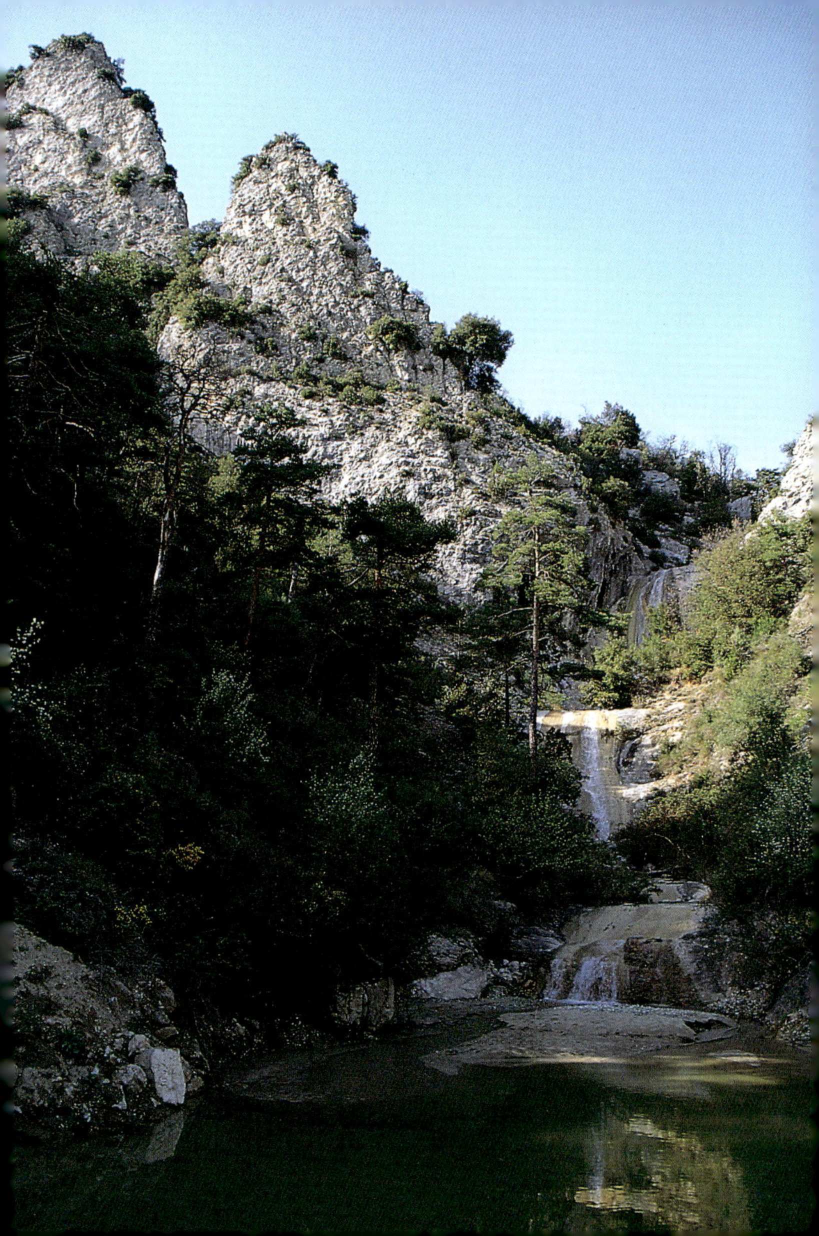

Var und Cians

Der Var entspringt bei Estenc, etwas unterhalb des Col de la Cayolle, 2326 m. Er fließt zunächst südlich durch die Haute Vallée du Var, mit Guillaumes als kommerziellem und touristischem Zentrum, knickt dann nach Osten ab, passiert Entrevaux, Puget-Théniers, Touët-sur-Var und Villars-sur-Var (Moyen Var), und macht schließlich nochmals eine 90-Grad-Wendung nach Süden, um bei Nizza ins Mittelmeer zu münden.

Guillaumes teilt die Haute Vallée du Var in zwei Teile. Südlich von Guillaumes durchfährt man die spektakulären Gorges de Daluis. Wer dagegen die Passstraße von Guillaumes zum Col de la Cayolle nimmt (33 km), der von etwa November bis Mai wegen Schnees gesperrt ist, fährt durch das einsamste Tal des Département. Vier Dörfer tragen den Namen »Entraunes«: 6,5 km abseits der Passstraße liegt Châteauneuf d'Entraunes. Entlang der Passstraße folgen Villeneuve d'Entraunes, Saint Martin d'Entraunes und schließlich Entraunes. Noch etwas weiter nördlich liegt Estenc.

Wie das harte Leben in einem Bergdorf in den Dreißigerjahren des 20. Jahrhunderts aussah, wird in einer Broschüre des Nationalparks erzählt: 15 Familien gab es in Estenc. Sie lebten von der Schafzucht. Jeder Haushalt besaß etwa 40 Schafe, ein oder zwei Kühe und einen Maulesel. Um das Vieh während der Wintermonate zu ernähren, mussten 400 Tonnen Futter geerntet werden. Auch die steilsten Hänge wurden deshalb kultiviert. Während der Heuernte wurden professionelle Mäher eingestellt, meist Italiener. Alles, was die Natur hergab, wurde verwertet. Der Roggen oder die Gerste wurden dem Kaffee beigegeben. Von den Steinen wilder Pflaumen wurde ein Öl gewonnen. Holz war Mangelware und musste von der anderen Seite des Col de la Cayolle gekauft und mit dem Maulesel transportiert werden. Um Heizholz zu sparen, aber dennoch warm zu bleiben, verbrachten die Menschen die langen Winterabende mit den Schafen im Stall. Heute ist Estenc ein Tor zum Nationalpark und im Winter ein Langlaufparadies.

Genauso bemerkenswert, rot und eng wie die Gorges de Daluis sind die Gorges du Cians südlich von Beuil. Auch durch die engen Gorges du Cians führt eine windige Straße, die es sich zu fahren lohnt. Beuil's Historie geht Tausende Jahre zurück. Sein Rang als Sommer- und Winterstation wird ihm heute aber von Valberg abgelaufen, das erst 1935 erbaut wurde, es allerdings an Charme nicht mit den gewachsenen Dörfern der Seealpen aufnehmen kann.

Der Parc National du Mercantour erstreckt sich bis in das Département Alpes-de-Haute-Provence mit dem wunderschönen Lac d'Allos und einem einfachen Dreitausender, dem Mont Pelat. Beide sind in den Sommermonaten rege besucht, wobei die meisten Touristen vom anderen Tal bei Allos aus anfahren.

Touët-sur-Var, ein 600-Seelen-Dorf im mittleren Vartal.

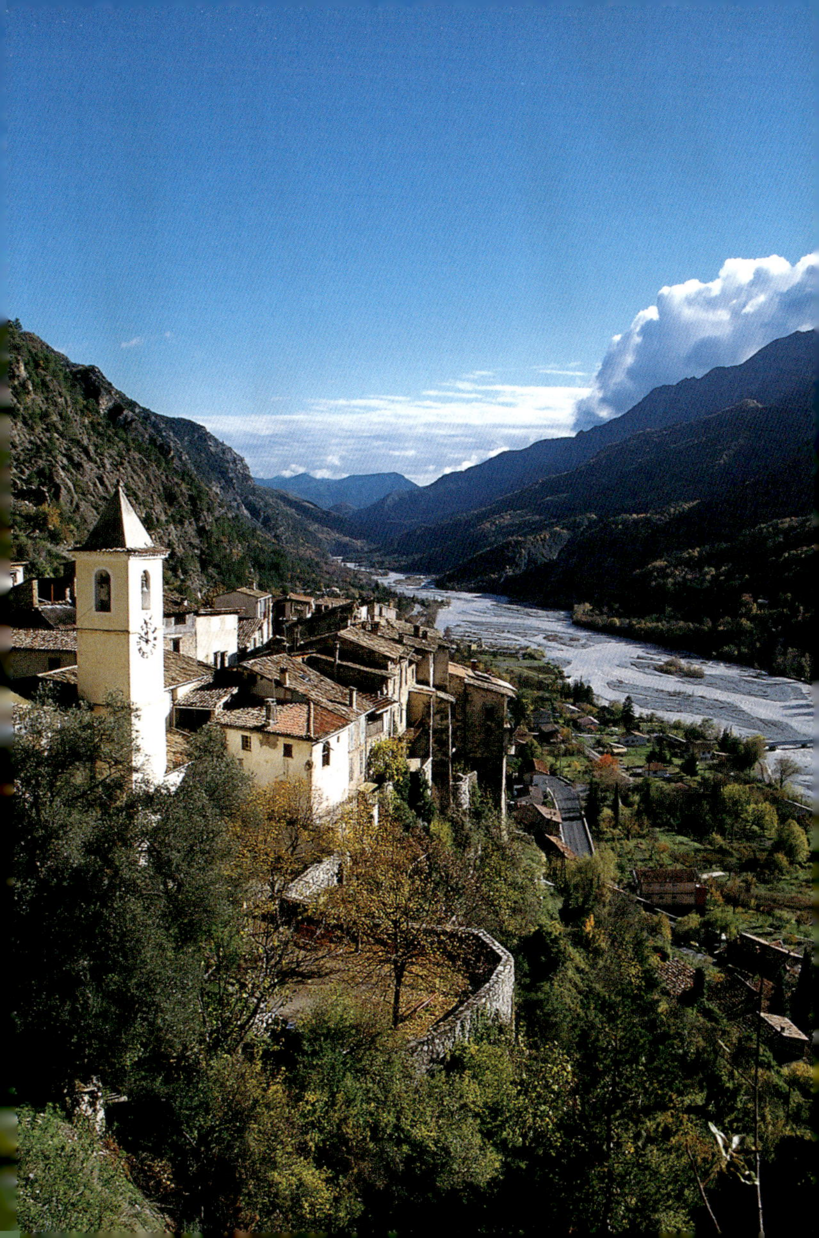

6 *Circuit de Thiéry (bis 1220 m)*

3.45 Std.

Thronender Adlerhorst bei den Gorges du Cians

Nach Thiéry kommt man nicht zufällig. Von Villars-sur-Var, das etwas abseits der breitspurigen N202 liegt und ein Dorf ist, in dem man Leben spürt, sind es mehr als ein Dutzend enger, ansteigender Straßenkilometer bis Thiéry, einem »village perché«, das auf einem Felsen sitzt, dessen Wände in drei Himmelsrichtungen schroff abfallen. Während im Jahre 1861 in Thiéry 229 Seelen gezählt wurden, ist es heutzutage mit gerade einem halben Dutzend Bewohnern im Winter seelenruhig. Im Sommer ist es hier jedoch durchaus lebhaft, und die vielen Restaurierungsarbeiten an Häusern, Gassen und dem Kirchturm zeigen, dass es auch mit diesem Bergdorf aufwärtsgeht.

Ausgangspunkt: Thiéry, 1042 m, 16 km von der *N202* (nahe bei Villars-sur-Var), der Durchgangsstraße durch die Vallée du Var. Parkplatz.
Höhenunterschied: 550 m.
Anforderungen: Keine besonderen Schwierigkeiten. Gelb markiert, auf dem *GR 10* rot-weiß. Im Winter ist die Tour meist schneefrei.
Unterkunft: Auberge Communale in Thiéry, 5 Zimmer und Schlafsaal, Tel. 04 93 05 75 33, thiery.fr.
Karte: TOP 25, Moyen Var oder TOP 25, Moyenne Tinée.

Vom Parkplatz am Ortseingang durchqueren wir zunächst **Thiéry (1)**. An seiner Westseite, dort, wo sich der Friedhof befindet und wo die Felsen jäh in die Tiefe stürzen, ist eine Orientierungstafel, von der aus wir eine beeindruckende Sicht haben. Von dort gehen wir wieder ins Dorf und folgen den Gas-

Thronendes Thiéry.

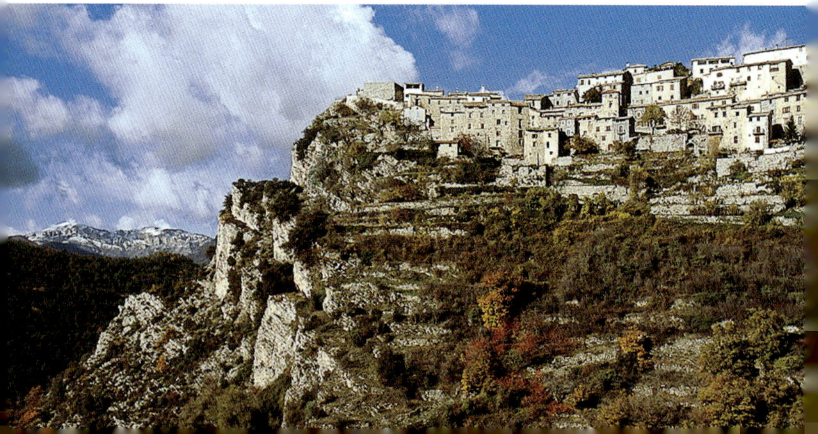

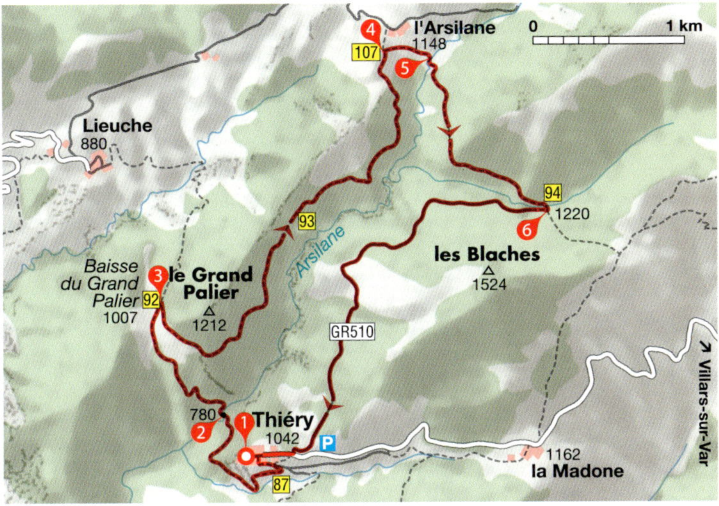

sen in östlicher Richtung zu den tiefer gelegenen Häusern von Thiéry. Am Wegzeiger *#87* geht der *GR 510* ab, der in 20 Min. um den Berggrat, auf dem Thiéry sitzt, abwärts ins Tal führt und den Bach **Arsilane (2)** auf einer Holzbrücke überquert, 780 m. Auf der anderen Seite wieder aufwärts bis zur **Baisse du Grand Palier** (**3**, 1007 m, *#92*). Hier verlassen wir den *GR 510* und nehmen den Weg, der in zunächst südlicher Richtung bergauf geht. Der südliche Ausläufer der Crête des Charbonnières, dessen höchster Punkt der Grand Palier ist, wird umrundet. Mit kleinem Auf und Ab geht es vorbei an *#93* bis zu *#107*, etwa 100 m vor dem aus zwei bis drei Häusern bestehenden l'Arsilane. An ***#107* (4)** rechts abbiegen (Richtung Villa Souberre).

Der Weg geht auf den rötlichen Hügeln abwärts (den gelben Markierungen folgen), bis nach 10 Min. erneut der **Bach Arsilane (5)** überquert wird. Dann wieder bergauf, bis der Wanderweg auf die Haarnadelkurve einer Forststraße trifft (**6**, *#94*), mit 1220 m der höchste Punkt der Wanderung.

Wir nehmen das sich leicht senkende Stück der Forststraße und befinden uns damit wieder auf dem *GR 510*. Auf diesem kommen wir zurück zum Ausgangspunkt in **Thiéry (1)**.

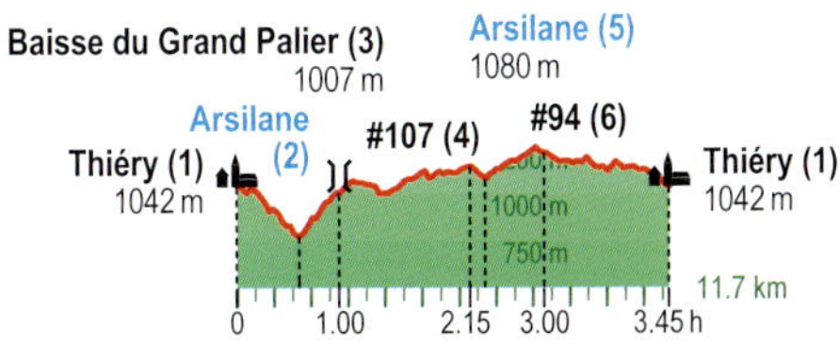

7 Montagne de Mairola, 1596 m

6.45 Std.

Ein Gipfel zum sich Sattsehen

Kleine, unbedeutende Dörfer heute im »arrière pays« (Hinterland), von denen so mancher Einheimische an der Côte d'Azur noch nicht einmal den Namen kennt. Einflussreiche Städte früher, mit 10- oder 20-mal so vielen Einwohnern wie heute. Immer aber Hunderte von Jahren an Geschichte. Wer kann sie erzählen? Es ist eine Sache, in einem Buch einen Abriss über das Gewesene zu lesen. Um wie viel mehr berührt es aber, wenn ein Ansässiger das Versunkene lebendig macht – so mir geschehen in Rigaud, als ich mit einem Rentner, der sein Gärtchen bestellte, ins Gespräch kam. Während der nächsten zwei Stunden führte er mich auf Entdeckungsreise in die Vergangenheit. Er zeigte die noch sichtbaren Spuren des Schlosses, das zusammen mit den 48 Häusern von Rigaud 1887 einem Erdbeben zum Opfer fiel (49 Häuser wurden etwas unterhalb des Felsens neu aufgebaut). Auch die Funktionsweise der Ölmühle (le moulin à huile) erklärte er. Und am Ende gab er mir noch Einsicht in die Korrektur eines Drucksatzes eines Kapitels über Rigaud, das er für das Buch »Le Patrimoine des Communes des Alpes-Maritimes« (Kulturerbe) schrieb, und führte seinen Internet-Anschluss vor, mit dem er auf nichtöffentliche Archive der Bibliothèque National de France in Paris zugreift.

Auch ohne Führung – ein Bummel durch den Ort ist eine lohnende Reise in seine Historie. Die Reise in den Raum, auf die Montagne de Mairola, steht dem nicht nach. Von dort oben können wir den Blick nicht nur über die Bergwelt der Seealpen schweifen lassen; auch die Täler ziehen an, mit Rigaud im Osten und dem ebenso geschichtsträchtigen Dorf Entrevaux im Westen.

Ausgangspunkt: Rigaud, 650 m, 2 km abseits der durch die Gorges du Cians führenden Straße; 10 km von Touët-sur-Var. Zwei Parkplätze: am Ortseingang beim Brunnen nach rechts auf dem Dorfplatz bzw. etwas bergab zum Friedhof.
Höhenunterschied: Knapp 1000 m.
Anforderungen: Technisch keine Anforderungen. Von Rigaud bis zum Col de la Barbenière auf dem *GR 510* rot-weiße Markierung, danach gelb.
Unterkunft: Ein Gîte communal (Apartments) und ein Gîte d'étape (Schlafsaal). Das Bürgermeisteramt (la mairie) kontaktieren: Tel. 04 93 05 03 37.
Tipp: Besichtigung der alten Öhlmühle (moulin à huile) und des Honigmuseums (musée du miel) in Rigaud; Schlüssel beim Bürgermeisteramt.
Karte: TOP 25, Moyen Var.

Falls wir auf dem Dorfparkplatz von **Rigaud (1)** geparkt haben, an dessen Ende (*#202*, Metallkreuz) den Weg links abwärts nehmen und nach 5 Min. auf ein Sträßchen (*#204*). Wer dagegen seinen Wagen am Friedhof abgestellt hat, geht einfach das Sträßchen weiter bis ***#204* (2)**. An *#204* den abzweigenden, ansteigenden Weg gehen. Nach einer Viertelstunde an einer

Wegegabelung auf den leicht bergab führenden Weg, um nach wenigen Schritten direkt am Flussbett zu stehen, das ein Bächlein führt. Etwa 100 m flussaufwärts auf der anderen Flussseite können wir einen Wegzeiger (*#205*) erkennen (beim glatten, 2 x 3 m großen Felsen). Von dort weitere 20 m flussaufwärts gehen, dann schlängelt sich der Weg rechts empor. Nach ein paar Minuten gabelt sich der Weg; hier nach links (rot-weißer *GR*-Haken). Von jetzt ab können wir nicht mehr fehlgehen. Der Weg windet sich meist im Schatten von Bäumen das Tal hinan. Linker Hand die wuchtigen Felsen der Montagne de Mairola mit ihren wie von Architektenhand entworfenen horizontalen Gesteinsbändern. Wenn wir den Wald verlas-

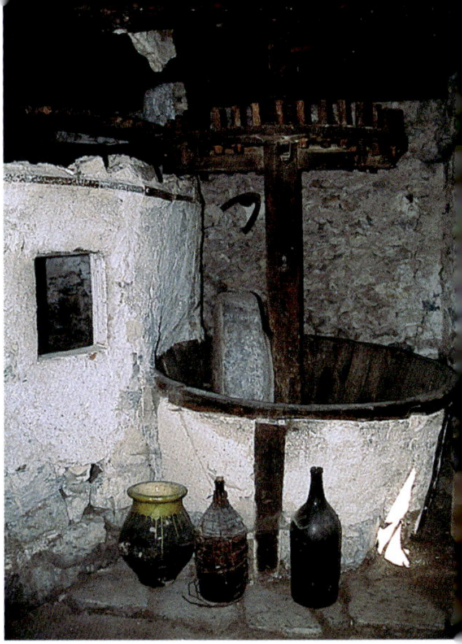

Die alte Ölmühle von Rigaud.

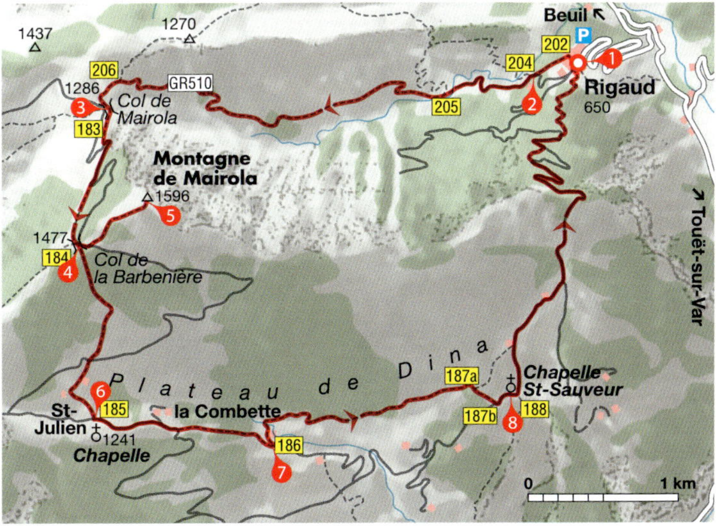

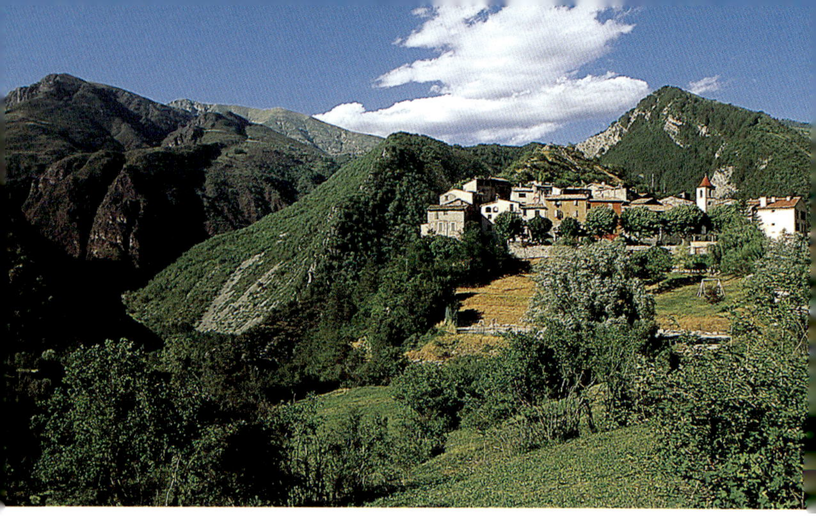

Rigaud.

sen, geht es noch knapp 45 Min. ohne Schattenspender bis zur Wegkreuzung (*#206*). Hier links, um in 5 Min. am **Col de Mairola (3)** anzugelangen, 1286 m (*#183*). Der Wanderweg kürzt die Kehren des Forstweges ab: Vom Col nehmen wir den Weg links bergauf, kreuzen in 10-Min.-Abständen zweimal den Forstweg und erreichen schließlich den **Col de la Barbenière** (**4**, *#184*), 1477 m. Links in einer Viertelstunde auf den Gipfel der **Montagne de Mairola (5)**. Wir kehren wieder zurück auf den Col de la Barbenière und nehmen den Weg genau im rechten Winkel links bergab (nicht den Forstweg) Richtung »Chapelle St-Julien« (nach 80 m gelbe Markierung). Der Weg führt durch Mischwald und trifft nach einer guten Viertelstunde wieder auf den Forstweg. Vor uns sehen wir in etwa 500 m Luftlinie die Chapelle St-Julien. Der gelb markierte Weg schlägt einige Haken: rechts auf den Forstweg, nach 25 m links. Nach weiteren 60 m (gelber Haken nach rechts; linker Hand ist ein Landhaus) biegen wir scharf nach rechts ab. Wir kommen an zwei verlassenen Gehöften vorbei. Knapp 100 Meter nach dem letzten Gehöft zweigt der Weg links ab. Ab jetzt ist's leicht, auf dem **Plateau de Dina** zur **Chapelle St-Julien** (**6**, 1241 m, *#185*) zu finden mit dem uralt-knorrigen Baum. Von der Kapelle auf dem Fahrweg wandern wir nach Osten Richtung Rigaud. Während dieser nach 10 Min. eine Kehre macht, gehen wir auf einem Weg geradeaus weiter bis zum Wegzeiger ***#186* (7)** und biegen nach links ab. Es kommt zunächst ein weiter linker, dann ein weiter rechter Bogen, alles inmitten von chênes vertes (Eichen), vorbei an einem großen und kleinen Haus, und nach einer Dreiviertelstunde erreichen wir *#187a*, zweigen

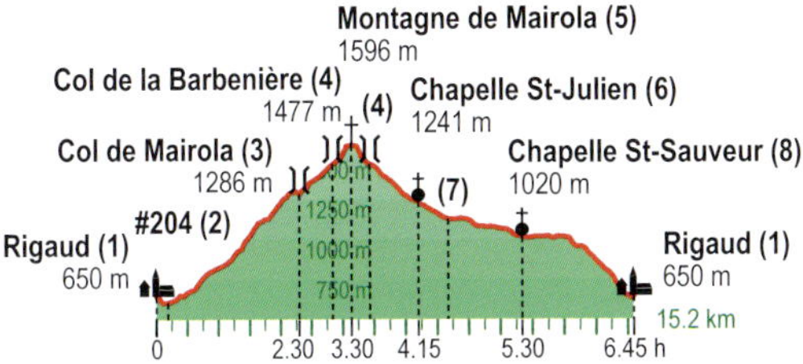

rechts ab, um kurz darauf auf eine geteerte Straße (*#187b*) zu stoßen. Auf ihr gehen wir links, vorbei an der **Chapelle St-Sauveur (8)** sowie einigen Sommerresidenzen und Hirtenunterkünften. Wir passieren ein schlichtes Kreuz am Straßenrand. Von dort geht die Straße kurvenreich und steil bergabwärts. Der Weg folgt zunächst noch der Straße, um dann auf dem Abschnitt zwischen 2. und 3. Kehre links abzubiegen. Wieder trifft der Weg auf die Straße, wir gehen links und nach einigen Metern in der nächsten Kehre wieder links auf einen Waldweg. Nach einigen Zickzacks geht es wieder auf die Straße (Wasserreservoir) und links. Zwischen nächster und übernächster Kehre gibt es nochmals eine kleine Abkürzung. An der nächsten Kehre verlassen wir endgültig das Sträßchen: An der Kurve gehen wir rechts, nach ein paar Metern scharf links, und von hier laufen wir auf dem Wanderweg in einer knappen halben Stunde zurück nach **Rigaud (1)**.

Chapelle St-Julien.

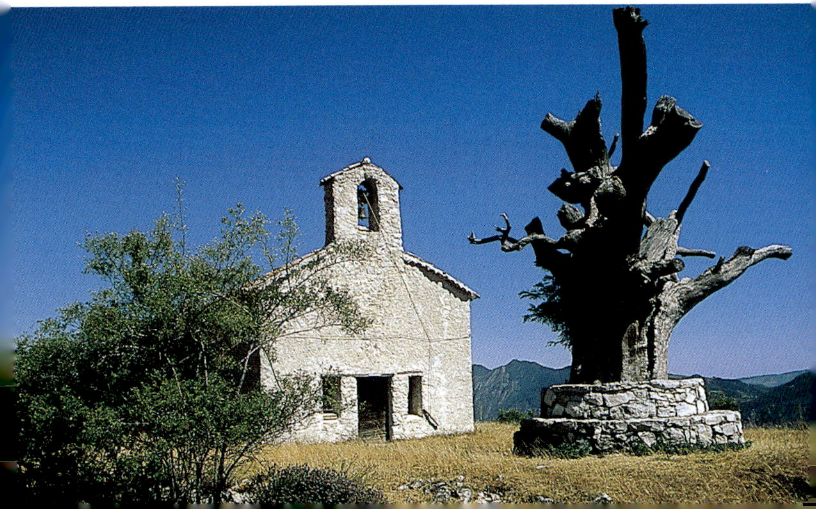

8 Dôme de Barrot, 2136 m

9.30 Std.

Blau und rot – Himmel und Erde

Hätte van Gogh den Bergkessel des Dôme de Barrot gemalt, so wäre sein Bild ein Meer aus rot-blau-grünen Farbtönen: das Rot der gebrannten Erde; das Violett des Lavendels, das mit dem Himmelsblau kokettiert; das Grün der Gräserbüschel und der Wälder. Immer wieder tun sich neue, überraschende Blicke auf, sei es, wenn am P. 1209 erstmals der Dôme de Barrot sichtbar wird, sich am Col de Pras die Mercantourkette mit dem Gélas am Horizont zeigt, oder nach der ersten Linkskurve nach dem Col de Pras plötzlich der schön geformte Zylinderkegel der Tête de Rigaud in unmittelbarer Nähe verblüfft. Ganz zu schweigen vom Gipfelpanorama. Anstelle des Gipfelaufstiegs kann auch der Streckenabschnitt von Haute Mihubi zum Col du Mont eingebaut werden, der in unzähligen Mäandern jeden Winkel des gewaltigen Bergcanyons des Dôme de Barrot zu erkunden scheint.

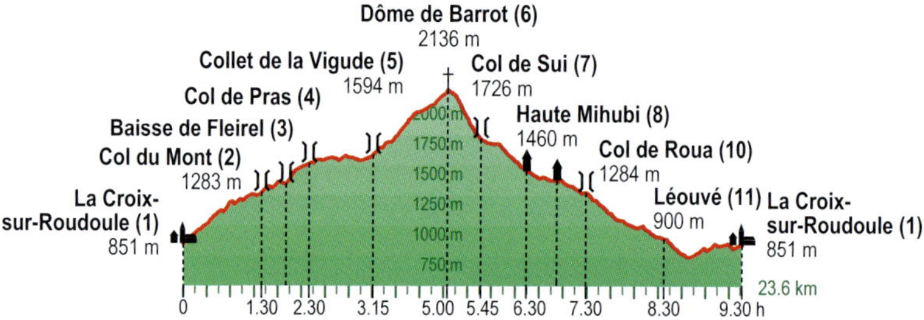

Ausgangspunkt: La Croix-sur-Roudoule, 851 m, 9 km von Puget-Théniers. Größerer Parkplatz.

Höhenunterschied: 1500 m.

Anforderungen: Grandiose Tour auch, was die Länge angeht. 3 bis 4 Liter Flüssigkeit im Sommer mitnehmen. Mit gutem Schuhprofil ist man rutschfest auf Passagen, wo der Weg auf dem roten Sand nicht eben ist. Rot-weiße Markierung (*GR 510*) von La Croix-sur-Roudoule bis zum Col du Mont. Ansonsten gelbe Markierung (genau beachten auf dem roten Terrain). Das letzte Stück des Gipfelanstiegs (ab *#255*) sowie der Abstieg zum Col de Sui sind markierungslos. Frühjahr bis Herbst.

Varianten: (1) Den Gipfelaufstieg auslassen und bei *#254* direkt zum Col de Sui (50 Hm bergab, Rinnsaal überqueren, bergauf; 30 Min.), verkürzt die Wanderung um 1.30 Std. Wer mit zwei Autos unterwegs ist, kann eines in Léouvé (*#239*, oder Gîte) abstellen und eine weitere Stunde einsparen.
(2) Der Streckenabschnitt von Haute Mihubi (*#253*) nach Süden bis zum Col du Mont dauert 3.30 bis 4 Std., dabei sind 400 Hm abwärts und 200 Hm aufwärts zu bewältigen. Auf gelbe Markierungen ach-

ten, zum Teil etwas verblichen. Einige wenige, leicht abschüssige Stellen. Beim Torrent d'Arlet ist der Weg 30 Min. mit Sträuchern überwachsen. Bademöglichkeiten in einer kleinen Gumpe etwa 1.30 Std. nach Haute Mihubi sowie in einem Minicanyon etwa 45 Min. vor dem Col du Mont. Badesachen bedarf's hier nicht – einsam und heiß ist's. La Croix – Col du Mont – Collet de la Vigude – direkt zum Col de Sui (ohne Gipfel) – Haute Mihubi – Col du Mont – La Croix: Gesamt 9.30 Std.; Höhenunterschied 1200 m. Von Auvare aus 8 Std., Höhendifferenz 1000 m.

Unterkunft: In Léouvé (unweit nördlich von *#238*) Gîte de la Maison de la Mine, Tel. 04 93 05 14 64. Der Gîte ist mit Küche zur Selbstverpflegung ausgestattet; 6 Zimmer mit je 6 Betten; am Wochenende wird der Gîte öfter komplett an Gruppen vermietet. Hotel Les Alizés in Puget-Théniers, Tel. 04 93 05 06 20, hotellesalizes.com.

Karte: TOP 25, Moyen Var.

Am Brunnen (*#231*) von **La Croix-sur-Roudoule (1)**, einem Dörflein von weniger als 100 Einwohnern, das auf einem Felsen errichtet wurde oberhalb der Schlucht, die den Bach Roudoule führt, steigen wir die Treppenstufen hoch, dann links auf den Schotterweg und nehmen nach 5 Min. den abzweigenden *GR*, der den Fahrweg noch zweimal kreuzt. Der Weg verläuft bis zum **Col du Mont** (**2**, *#225*), 1283 m, häufig im Wald, auf dem zweiten Streckenabschnitt auf roter Erde. Wegzeiger *#225* zeigt drei Himmelsrichtungen an; wir gehen jedoch in die vierte, genau nach Osten, und folgen von jetzt ab der gelben Markierung (die erste ist etwa 50 Schritte vom Wegzeiger entfernt). Zwei Hügel werden überquert auf dem Weg zur **Baisse de Fleirel** (**3**, 1353 m, *#219*). Zunächst ist der Weg steil, dann flacher bis zum **Col de Pras** (**4**, *#218*), 1520 m. Bis zum **Collet de la Vigude** (**5**, *#217*), 1594 m, ist es ein Spaziergang: Die 80 Hm verteilen sich auf eine Dreiviertelstunde, anfangs auf einem breiten Schotterweg, dann kurz nach einem Schäferunterschlupf auf rotem Terrain. Danach geht es wieder steiler bergauf, über einen unbenannten Col (*#254*) und, gelbe Markierungen be-

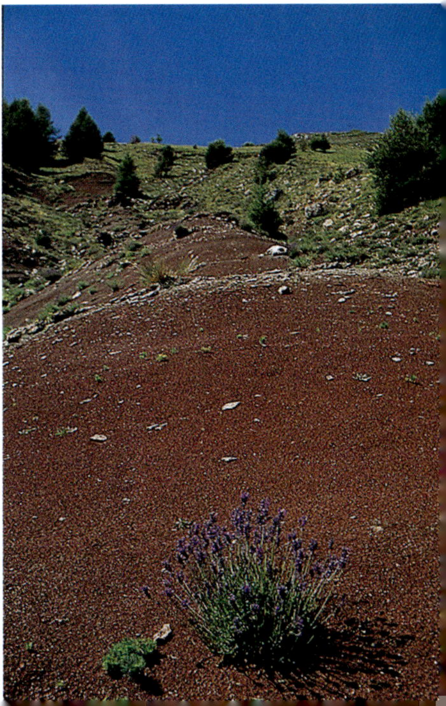

Lavendel auf roter Erde.

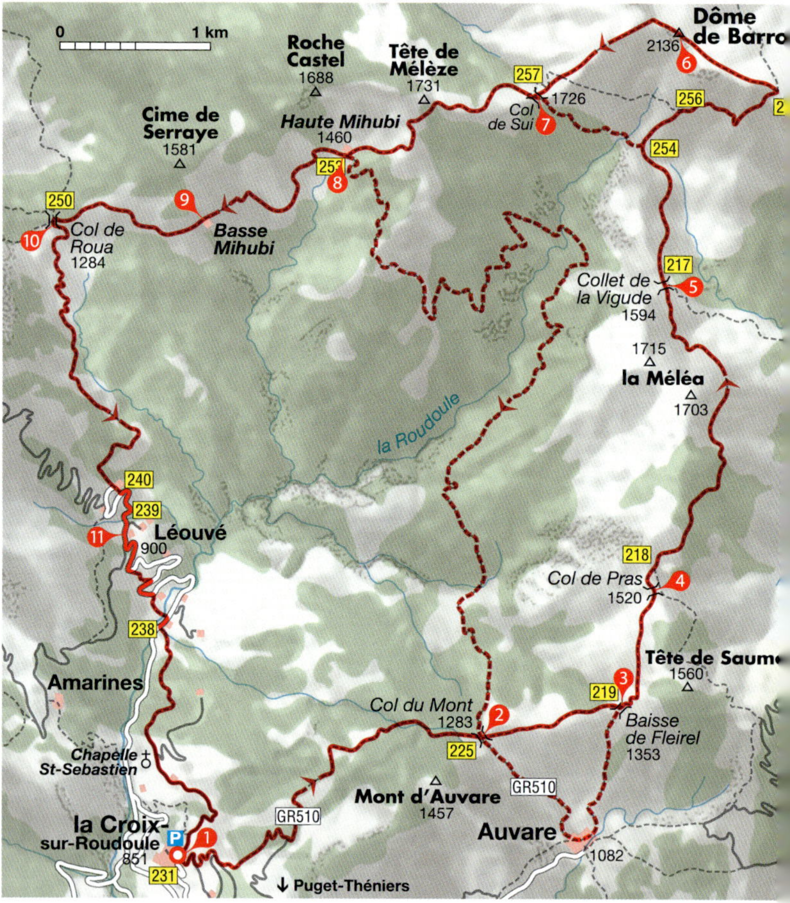

achtend, über *#256* bis zu *#255*, fast alles auf rotem Untergrund, und von da in einer halben Stunde auf den grasbewachsenen **Dôme de Barrot (6)**. Vom Gipfel wandern wir etwa 150 Meter weiter auf dem Plateau in nordwestlicher Richtung, dann links bergab, auf den Nadelwald zuhaltend. Die anschließende rote Schlucht lassen wir rechts liegen. Ab dem **Col de Sui** (**7**, *#257*), 1726 m, folgen wir wieder der gelben Markierung. Der Weg verläuft kurz nach dem Col de Sui auf rotem Untergrund. **Haute Mihubi** (**8**, *#253*), 1460 m, besteht aus einer Handvoll unbewohnter Häuser. Über **Basse Mihubi** (**9**, eine große Scheune), immer der gelben Markierung folgend, gehen wir zum **Col de Roua** (**10**, Wegzeiger *#250*), 1284 m, von dort südlich auf dem alten Römerweg bis zur geteerten Straße (hier gibt es eine Tränke, eine Bushaltestelle und ein Haus) und links direkt am Haus vorbei.

In **Léouvé (11)** wurden von 1860 bis 1886 70 % des französischen Kupfers abgebaut (heute finden wir dazu eine Dokumentation im Maison de la Mine). Der Weg verläuft zum Teil auf der Straße, zum Teil werden die Kurven auch abgekürzt. Am Wegzeiger *#238* (verlassenes Hotel), 750 m, laufen wir etwa 100 m auf der Straße, dann gleich hinter der Brücke nach dem Stromhäuschen links (nochmals *#238*). Erst führt uns der Weg über eine Wiese, dann durch Wald zur zerfallenen Chapelle St-Sébastien.

Zuletzt kehren wir auf dem Fahrsträßchen zurück zu unserem Ausgangspunkt nach **La Croix-sur-Roudoule (1)**.

Tête de Rigaud.

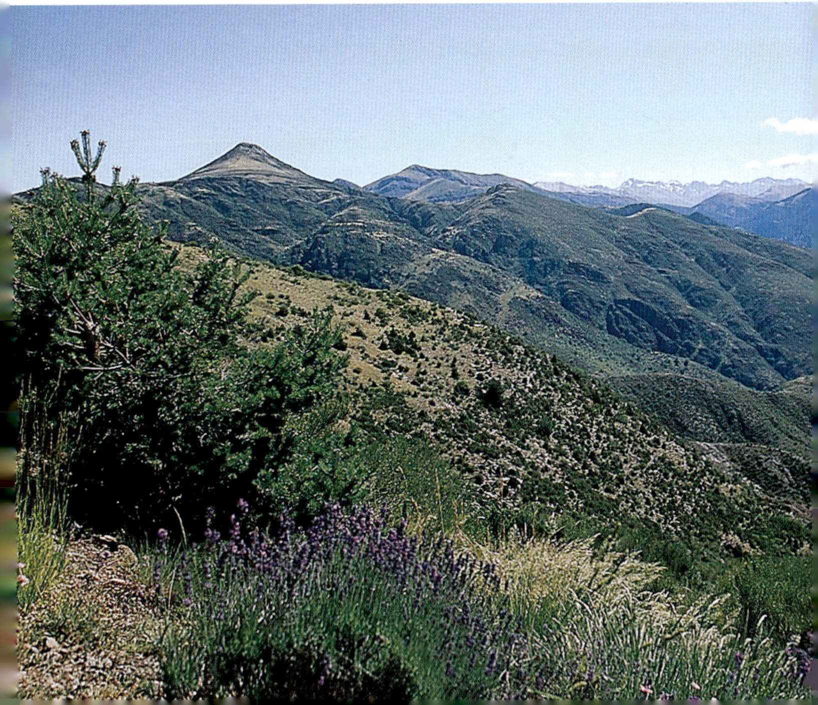

TOP 9

Gorges de Daluis (bis 952 m)

1.00 Std.

Atem(be)raubende Blicke in eine grandiose Schluchtenwelt

Die Gorges de Daluis sind einer der Höhepunkte in den Französischen Seealpen. Der Fluss Var gräbt sich durch diese rote Gesteinswelt zwischen Guillaumes und Daluis, dem auf einem Vorsprung thronenden Ort am Ausgang des Canyons. Erdgeschichtlich gehen die kleinen roten Plättchen, deren Farbe auf oxidiertem Eisen beruht, 260 Millionen Jahre zurück.

Ausgangspunkt: Pont de Berthéou, 791 m, eine 3-pfeilige Brücke 3 km nördlich von Daluis, der Ortschaft am südlichen Ausgang der Schlucht, oder 8,5 km südlich von Guillaumes. Parkmöglichkeiten hinter der Brücke (bergaufwärts).
Höhenunterschied: Ca. 160 m. Höchster Punkt 952 m.
Anforderungen: Keine. Vorsicht am Aussichtspunkt: Die Felswände fallen 250 m senkrecht ab. Gelbe Markierung. Zu jeder Jahreszeit.
Karte: TOP 25, Haute Vallée du Var.

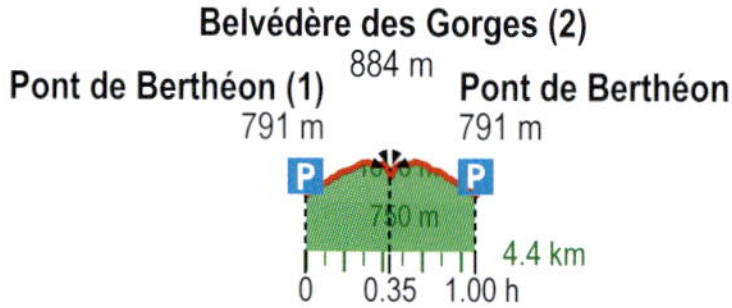

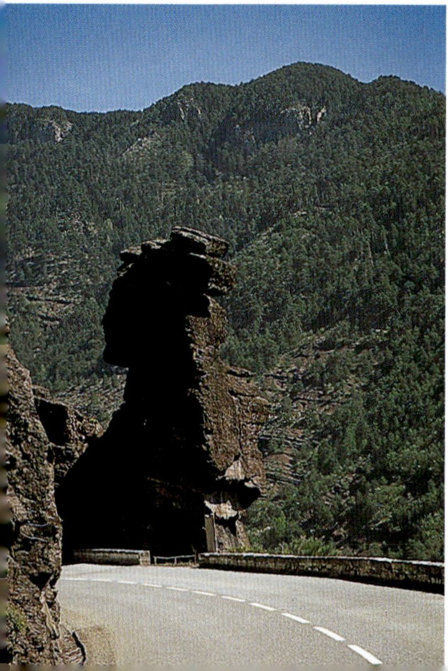

Die bergauf führende Straße windet sich kurvenreich am Schluchtenrand entlang, während für die bergab fahrenden Autos immer wieder Tunnels in den Fels gesprengt wurden. Es gibt zahlreiche zum Picknick einladende Rast- und Aussichtsplätze. Wem der Nervenkitzel beim Durchfahren der Schlucht nicht aufregend genug ist, kann sich in den Monaten Juli und August auf dem »Pont de la Mariée«, der über den Canyon gespannt ist und über den in den Zwanzigerjahren des letzten Jahrhunderts eine Straßenbahn fuhr, beim Bungee-Jumping versuchen. Der Felsen »Tête de la Femme« (Frauenkopf) am rechten Straßenrand kurz nach dem Pont de Berthéou ist am besten

Tête de la Femme.

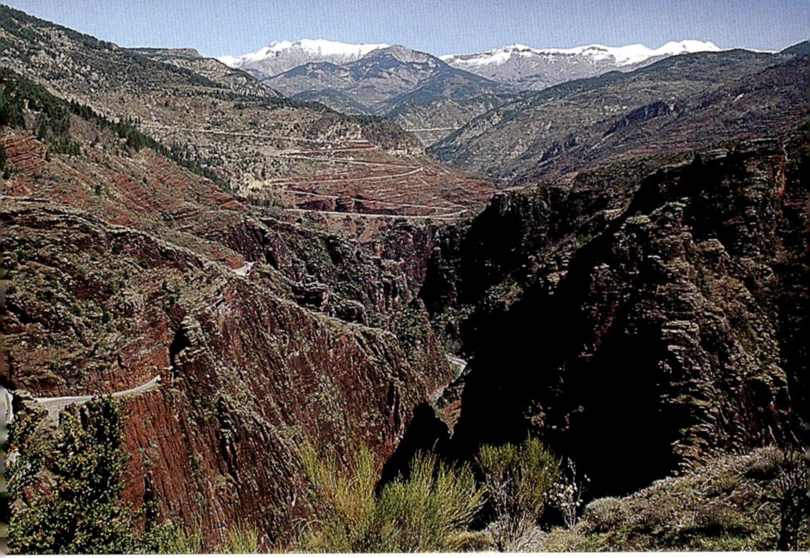

Der Blick in die Schluchten.

bei der Hochfahrt als solcher zu erkennen. Am Wegzeiger *#66* an dem **Pont de Berthéou (1)** laufen wir los. An *#5* und *#6* jeweils rechts abbiegend, gelangen wir in einer knappen halben Stunde auf dem roten Schiefer an Wegzeiger *#7a* an, von wo es nach rechts in ein paar Minuten zum **Belvédère des Gorges (2)** geht (Aussichtspunkt; Vorsicht, steil abfallende Felsen). In nord-nordöstlicher Richtung ragt der Mont Mounier, 2817 m, empor. Auf der gegenüberliegenden Seite der Schlucht sehen wir in nordöstlicher Richtung das 400 m höher gelegene Dorf Amen, in dem es bis zum Ende des Zweiten Weltkriegs sogar noch einen Schullehrer gab. Heute ist es eine Geisterstadt. Wir gehen denselben Weg wieder zurück bis zur **Pont de Berthéou (1)**.

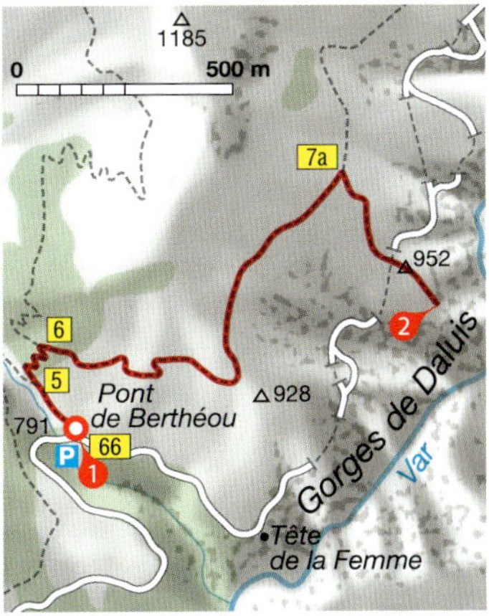

10 Sauze, 1355 m, mit Mont Richarmet, 1311 m

4.15 Std.

Felsen mit Durchblick

Das Plateau von Sauze war früher die Kornkammer des oberen Tals des Var. Charakteristisch sind kleine Weiler wie Sauze Vieux, Villetalle, Les Moulines und Les Selves sowie Gruppen von zwei oder drei Häusern, die über die Hochebene verstreut sind. Dreschböden (ebene, gekachelte Flächen im Freien) und der »Four Communal« (öffentlicher Backofen) in Sauze zeugen von dieser Vergangenheit.

Ausgangspunkt: Park- und Rastplatz am Pont des Roberts, 767 m, 1,5 km südl. von Guillaumes, am Ende der langen Geraden.
Höhenunterschied: 650 m.
Anforderungen: Der Abstieg ab den Ruinen von Vémiane ist steil. Alternativ kann man an *#91* rechts gehen. Nach 20 Min. ist man an der Weggabelung *#90*. Hier auf bekanntem Weg zurück zum Rastplatz. Gelbe Markierung außer zwischen Sauze Vieux und Sauze.
Einkehr/Unterkunft: In Sauze: Gîte de Sauze (Auberge Communale), 4 Zimmer, 1 Schlafsaal für 11 Personen, Tel. 04 93 05 57 70.
Karte: TOP 25, Haute Vallée du Var.

Vom Park- und Rastplatz aus über den **Pont des Roberts** (**1**, die Brücke, über die kein Autoverkehr führt; Wegzeiger *#13*, 50 m weiter nochmals *#13*). Links bergauf Richtung Sauze Vieux. An der Weggabelung (*#12*, 20 Min. vom Parkplatz) nach rechts, von dort in 10 Min. auf einen Forstweg. Auf ihm 30 m bergab, bis der Weg an der Rechtskurve der Forststraße tangential linker Hand abgeht und dann ebenfalls eine Rechtskurve ausführt. Nochmals 10 Min., und wir sind wieder an der Forststraße (*#95*). Der Weg führt 10 m links abwärts, dann wieder rechts auf den Wanderweg und bergauf. An der nächsten Gabelung (*#90*) geht es geradeaus weiter. In wenigen Minuten erreichen wir das aus einer Handvoll Häusern bestehende **Sauze Vieux (2)**. Beim ersten Haus passieren wir das Gatter, das die Hühner vor dem Fuchs schützt. Nach dem letzten Haus stößt der Weg auf ein geteertes Sträßchen (*#89*), auf dem wir bergauf marschieren. Wenige Meter nach der Kapelle geht ein Wanderweg von der Straße weg; wir bleiben jedoch auf der Straße (von jetzt ab keine gelbe Markierung) bis zur

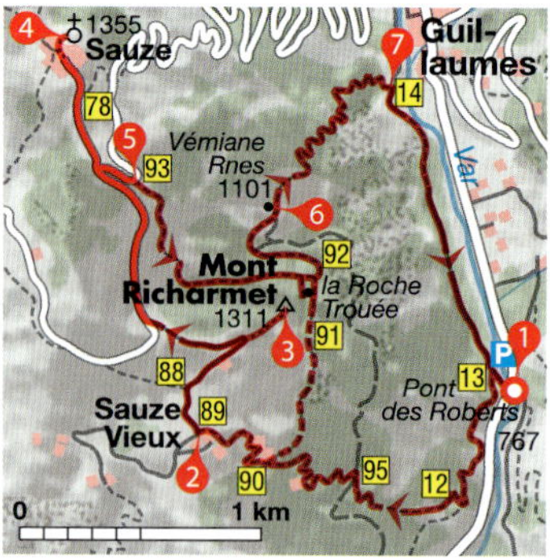

nächsten Haarnadelkurve. Dort gehen Fußspuren rechts bergauf, und in 5 Min. sind wir auf dem **Mont Richarmet (3)** mit Blick auf den Mont St-Honorat im Westen, im Tal Guillaumes, und in nord-west-nördlicher Richtung unser nächstes Etappenziel: **Sauze (4)**. Wir gehen den Fußpfad wieder zurück auf das Sträßchen, dann bergauf. Nach 5 Min. mündet es in die nur wenig breitere *D176*, auf der wir bis zur nächsten Haarnadelkurve laufen. Von dort sind 0,4 km auf der *D76* bis nach Sauze angeschrieben. Hinterm Dorf finden wir auf einer kleinen Anhöhe eine Orientierungstafel (1355 m; Schildern mit »Point de vue« folgen). Von Sauze geht es die 0,4 km wieder zurück bis zur Haarnadelkurve, dann 200 m auf der Straße bergab bis zur nächsten scharfen Kurve mit dem Wegweiser ***#93* (5)**. Wir nehmen den nach rechts abgehenden Wanderweg. Ab jetzt halten wir uns wieder an die gelbe Markierung. Wir laufen 100 m nach *#93* an der Wegkreuzung geradeaus, an den Trockenmauern entlang, und nach 200 m passieren wir ein zerfallenes Gehöft und laufen gleich dahinter links abwärts über die Wiese. Wir sind bald wieder im schattigen Wald und gelangen etwa 20 Min. nach der Ruine an *#92*. Rechts führt ein steiler Weg in wenigen Minuten zur **Roche Trouée**. – Wir gehen zurück zum Hauptweg (*#92*), rechts und nach knapp 200 m an der Weggabelung links (*#91*). Der Weg führt vorbei an den **Ruinen von Vémiane (6)**, 15 Min., und kommt schließlich nach vielen steilen Zickzacks am **Sportplatz im Tal** (**7**, *#14*), heraus.

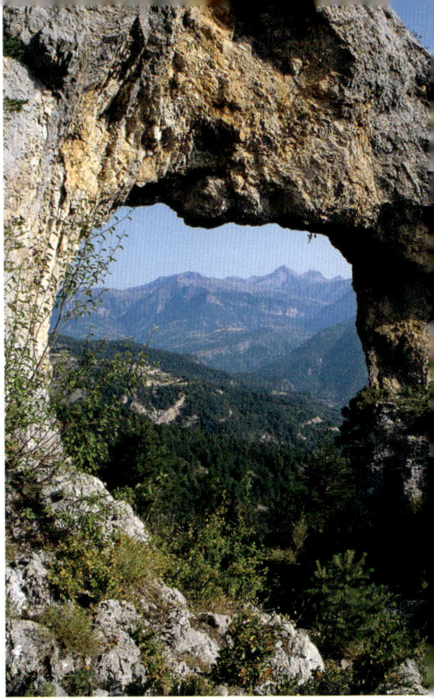

Roche Trouée (»Felsenloch«).

Wir halten uns rechts, nach einem kurzen Stück am Ufer des Var entlang geht es auf einem Trimm-dich-Pfad zum Park- und Rastplatz an dem **Pont des Roberts (1)**.

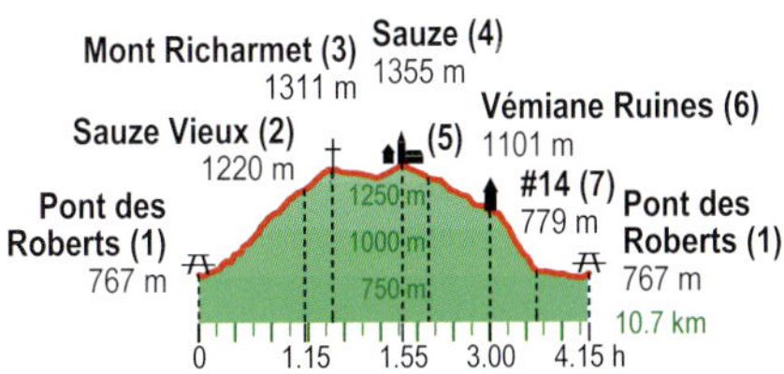

11 *Mont Saint Honorat, 2520 m*

8.15 Std.

Zitadelle am Eingang des oberen Tals des Var

Nur wenige Hundert Meter sind's vom Mont St-Honorat bis zur Départementgrenze, die die Alpes-Maritimes von den Alpes-de-Haute-Provence trennen. Der Mont St. Honorat, dessen Hänge völlig baumlos sind, bewacht das obere Tal der Var, dessen Wasser sich in die tiefen Gorges (Schluchten) de Daluis fressen. Alleine ist man auf dieser Tour; höchstens Schafherden begegnen wir auf den kahlen Hängen des Mont St-Honorat. Umso mehr sprießt die Flora, und sogar an Edelweiß vorbei führt der Weg. Beim Abstieg auf der Crête de Corpatas sind dem Auge kaum Grenzen gesetzt.

Ausgangspunkt: Pra d'Aïraud, 1303 m (Häusergruppe). Kleiner Parkplatz am Ende der geteerten Straße. Etwa 13 km von Guillaumes.
Höhenunterschied: 1360 m. Ohne Gipfel etwa 1300 m.
Anforderungen: Die letzten Höhenmeter auf den Mont St-Honorat sind schon ein rechtes Gesteige über Steinbrocken, das man sich nicht antun muss. Wir können uns auch einfach mit dem Fuß des Mont St-Honorat begnügen, ohne etwas zu verlieren. Meist gelbe Markierung. Sommer, Herbst.
Variante: Von der Barre du Plan (*#76*) nicht Richtung Mont St-Honorat, sondern bergab Richtung Cabane de Lavare, danach bergauf zur Cabane de Daluis (*#65*), wo wir auf die Hauptvariante treffen. Gesamtzeit 6 Std., Höhenunterschied 1050 m.
Karte: TOP 25, Haute Vallée du Var.

Wir nehmen die unterhalb des Parkplatzes von **Pra d'Aïraud (1)** verlaufende Schotterstraße. Am letzten Haus gehen wir links ein paar Meter hinunter zum Wanderweg (*#74*), dort rechts und nach 50 m passieren wir die Brücke über den Bach (Riou de la Maïris). Nun geht es einige Serpentinen aufwärts, am Haus »**Champ Garri**« **(2)** vorbei und weiter zur Weggabelung am Waldrandbei ***#75* (3)**, dort halten wir uns rechts, und nach etwa 10 Min. laufen wir über eine Geröllhalde; Steinmännchen und gelbe Markierung zeigen hier den Weg. Schattig geht es nun mehr als eine Stunde bergan durch Lärchen-

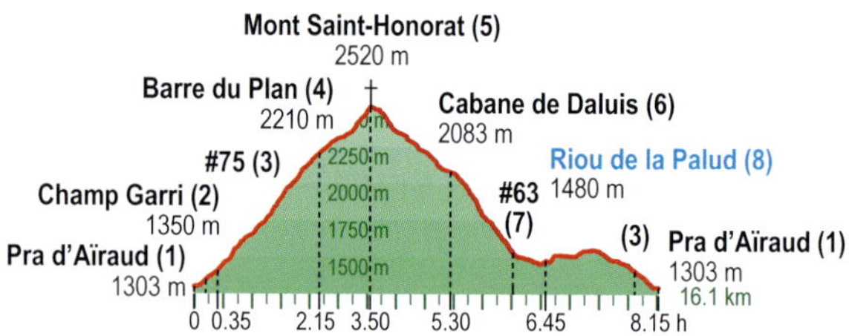

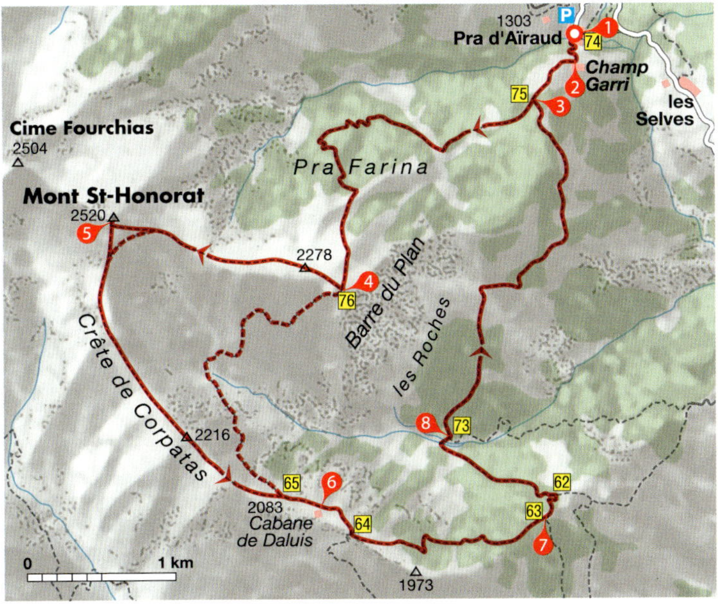

wald (Pra Farina). Wenn wir den Wald verlassen (schöne Aussicht), wandern wir auf grasbewachsenem Hang weiter bis zur **Barre du Plan** (**4**, *#76*, Aussichtspunkt), 2210 m, anschließend rechts auf den P. 2278 (großer Steinmann), von wo erstmals der **Mont St-Honorat (5)**, noch ein ganzes Stück entfernt, sichtbar ist. Nun verläuft der Weg nahezu geradlinig zum Fuß des Mont St-Honorat. Wer jetzt die letzten Höhenmeter auf den Gipfel möchte, muss allerhand Stein- und Felsbrocken überwinden. Stattdessen können wir auch am Fuße des Mont St-Honorat (südlich) entlanggehen.

Weglos, aber ohne befürchten zu müssen, fehlzugehen, geht es auf der Crête de Corpatas auf Almen bergab, über die Anhöhe, P. 2216, hinweg zur **Cabane de Daluis** (**6**, *#65*). Ab jetzt ist der Weg wieder gelb markiert. An *#64* vorbei tauchen wir eine Viertelstunde später in Wald ein. An den zwei **Weggabelungen** (**7**, *#63*, *#62*), 1498 m, gehen wir jeweils links. Der Weg verläuft nochmals leicht ansteigend. Wir setzen über das Bächlein **Riou de la Palud** (**8**, *#73*). Noch eine Viertelstunde geht es durch Wald, dann auf rotem Schiefer, schließlich wieder durch lockeren Wald.

An *#75* laufen wir auf bekanntem Weg zurück zum Parkplatz von **Pra d'Aïraud (1)**.

12 *Rognoi, 1748 m*

2.15 Std.

Viel Aussicht für wenig Wandermüh'

Frühling in Japan? Fast könnte man's meinen, wenn man das Bild zu dieser Tour betrachtet. Aber nein, es handelt sich hier nicht um den heiligen Berg Japans, sondern um den Dôme de Barrot, noch mit Schneemütze, von Bouchanières in südöstlicher Richtung aus aufgenommen. Eine gemütliche Tour, die den von der Höhe eher bescheidenen Rognoi umrundet.

Ausgangspunkt: Bouchanières, 1400 m, 9 km von Guillaumes. Parken vor der Auberge Mestre Elie.
Höhenunterschied: 350 m.
Anforderungen: Keine. Gelbe Markierung, auf *GR 52A* rot-weiß. Frühling, Sommer, Herbst.
Einkehr: Auberge/Gîte Mestre Elie: Tel. 04 93 05 50 22.
Karte: TOP 25, Haute Vallée du Var oder TOP 25, Haut Cians.

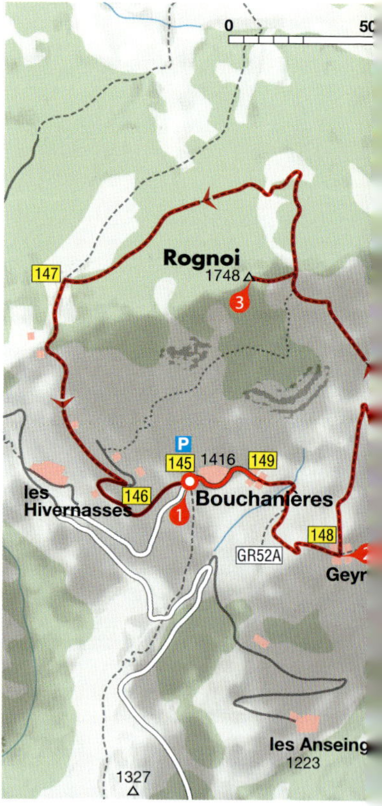

Von der Auberge in **Bouchanières (1)** folgen wir in östlicher Richtung dem *GR 52A*, der 2 Min. auf dem Sträßchen verläuft, bevor er rechts abbiegt und in einen Wanderweg übergeht (*#149*). Abwärts und in einer Rechtskurve den (unter Umständen trockenen) Bach überqueren, danach 200 m (2–3 Min.) aufwärts und an der Gabelung, an der nach rechts der *GR* weiterführt, links gehen (im Abstand von je 5 m sind zwei rot-weiße Kreuze angebracht als Zeichen, dass hier der *GR* nicht mehr weitergeht; das aber ist nun unser Weg). Nach weiteren 200 m gelangen wir an eine Schotterstraße, von der aus das **Gehöft Geyrard (2)** in 200 m Entfernung zu sehen ist. Auf dem Sträßchen zum Gehöft (*#148*). Im rechten Winkel nach links aufwärts (nicht den Graben am

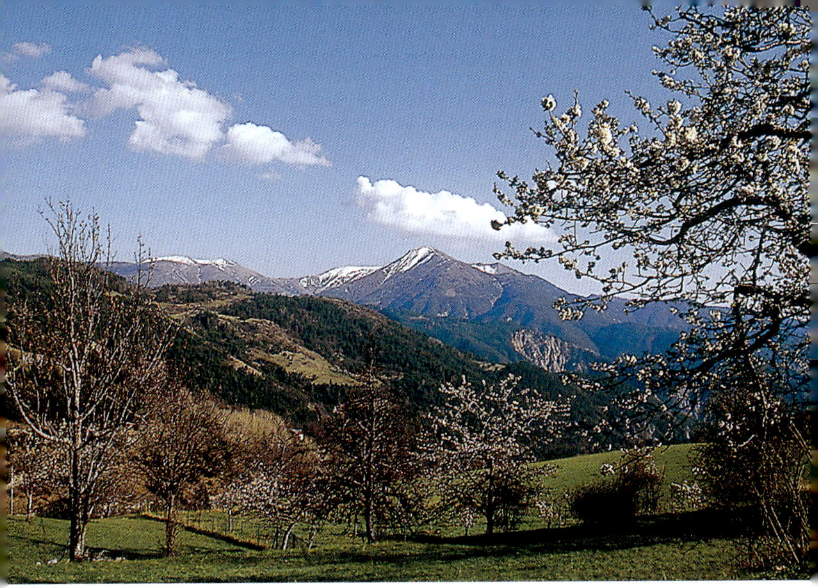

Dôme de Barrot mit Schneemütze.

Haus überqueren) und den zahlreichen gelben Markierungen folgen. Im Zickzack geht's bergauf, zunächst auf freiem Gelände, dann im Wald. Nach weiteren 45 Min. sind wir am Sattel angelangt; ein neues Bergpanorama tut sich im Norden auf. Für die restlichen paar Höhenmeter auf den Gipfel **Rognoi (3)** suchen wir uns den Weg selbst. Ausgesprochen sehenswert ist die Rundschau: im Osten der Nachbarberg Tête de Meric, 2048 m, im Südosten das Skigebiet Valberg, im Süden der sich durch die Gorges de Daluis fressende Var, im Norden die spitze Cime de Pal, 2818 m.

Zurück zum Sattel laufen wir weiter in nördlicher Richtung. Der Weg verläuft zunächst ein paar Kehren auf einem Forstweg, bevor er rechts auf einen Wanderweg abzweigt. Dieser kreuzt häufig Forstwege, zum Teil verläuft er auch auf diesen. Sollten wir trotz der zahlreichen gelben Markierungen (mindestens etwa alle 50 m) vom markierten Weg abkommen, ist das nicht tragisch, denn der Forstweg führt uns auch wieder zurück nach **Bouchanières (1)**. Wer möchte, kann auf der Rückfahrt an der Schlossruine »Reine Jeanne« aus dem 15. Jahrhundert Halt machen; sie befindet sich 1,5 km vor Guillaumes.

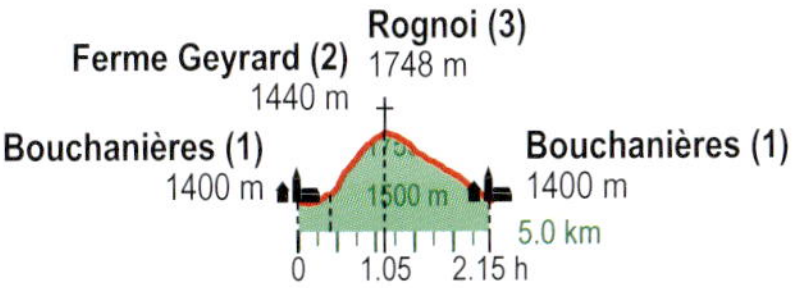

13 Cime de l'Aspre, 2471 m

9.00 Std.

Zwischen Himmel und Erde

Mindestens eine Handvoll lohnender Ziele befinden sich in unmittelbarer Umgebung von Châteauneuf d'Entraunes: das Dorf, eine prächtige Aussichtskanzel, ein alter Kanal, die Gorges (Schluchten) de Saucha Négra, eine Mühle (siehe Tour 14). Und wer auf einen hohen Gipfel möchte, der kann auf die Cime de l'Aspre stürmen.

Ausgangspunkt: Chapelle St-Antoine bei Châteauneuf d'Entraunes, 1261 m, 10 km von Guillaumes, von der Hauptstraße 6,5 km auf schmaler Straße. Parken: an der Informationstafel am Ortseingang rechts abwärts und dann entweder links (Schild »Parking«) oder die paar Meter weiter bergab und an der Kapelle am Straßenrand parken. Wenn man mit dem Auto von Châteauneuf d'Entraunes zurückkommend auf der Hauptstraße ins Tal nach Guillaumes fahren möchte, muss man zuerst nach rechts auf die Hauptstraße abbiegen und nach etwa 150 m auf der dafür vorgesehenen Ausbuchtung auf der linken Straßenseite wenden (Schild »Retour Guillaumes«).
Höhenunterschied: 1300 m.
Anforderungen: Lang und anspruchsvoll. (Deutlich kürzer, aber ebenfalls sehr lohnenswert ist der Aussichtspunkt beim Collet de Sen, 1729 m; Gesamtzeit 3.15 Std., 520 Hm.)
Unterkunft: In Châteauneuf d'Entraunes: Der Gîte »le Carré du Mercantour« (ganzjährig) bietet einen Schlafraum für 12–14 Personen, einen Gîte rural für 4–5 Personen sowie, völlig abgeschieden in den Bergen und etwa 30 Min. vom Dorf, eine Jurte für 4 Personen, Tel. 04 93 05 54 42.
Biwakhütte auf der Cime de l'Aspre (Tisch, Holzpritsche).
Tipp: »Zwischen Boule und Bettenmachen« von Christiane Dreher spielt zum Teil in Châteauneuf d'Entraunes (siehe Einleitungskapitel).
Karte: TOP 25, Haute Vallée du Var.

An der **Chapelle St-Antoine (1)** bei Châteauneuf d'Entraunes nehmen wir nicht den Schotterweg, sondern den *GR 52A* (rot-weiße Markierung), der oberhalb der Straße verläuft und zunächst auf dem schwarzen Mergel entlanggeht. Wegzeiger **#201 (2)** passierend kommen wir im Wald bei ***#199* (3)** an eine Weggabelung. Nach links bergauf und immer genau den gelben Wegmarkierungen folgen: zunächst auf weichem Waldboden, dann drehen wir nach Süden ab.
Auf freiem und steiniger werdenden Gelände zunächst immer noch leicht bergauf, schließlich aber wieder etwas fallend am Hang entlang. Obwohl die gelben Markierungen im freien Gelände etwa alle 20 bis 30 m angebracht sind, ist der Weg nicht immer offensichtlich; z.T. verlaufen zwei Wegspuren mit alten und neuen Markierungen etwa 10 m parallel voneinander. Der Wegzeiger #202, der den **Collet de Sen (4)**, auch Collet d'Essen geschrieben, markiert, ist 10 m innerhalb des Wäldchens angebracht, am Ende des gerölligen Hanges. Von hier geht es in 10 Min. leicht bergab durch einiges

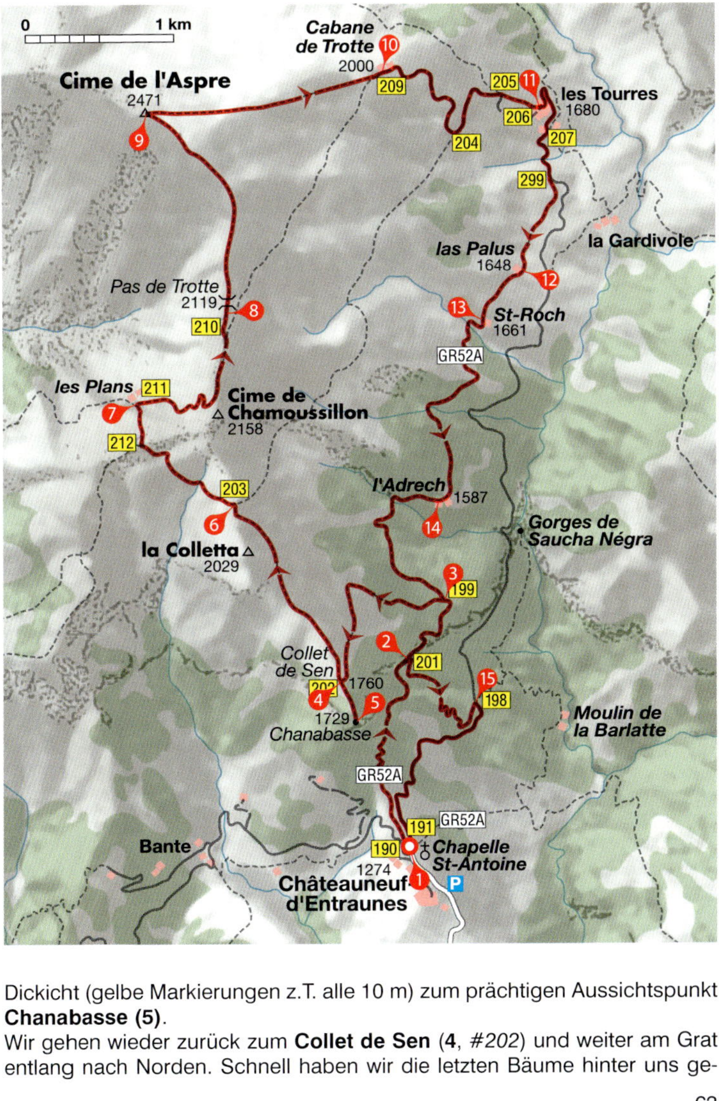

Dickicht (gelbe Markierungen z.T. alle 10 m) zum prächtigen Aussichtspunkt **Chanabasse (5)**.

Wir gehen wieder zurück zum **Collet de Sen** (**4**, *#202*) und weiter am Grat entlang nach Norden. Schnell haben wir die letzten Bäume hinter uns ge-

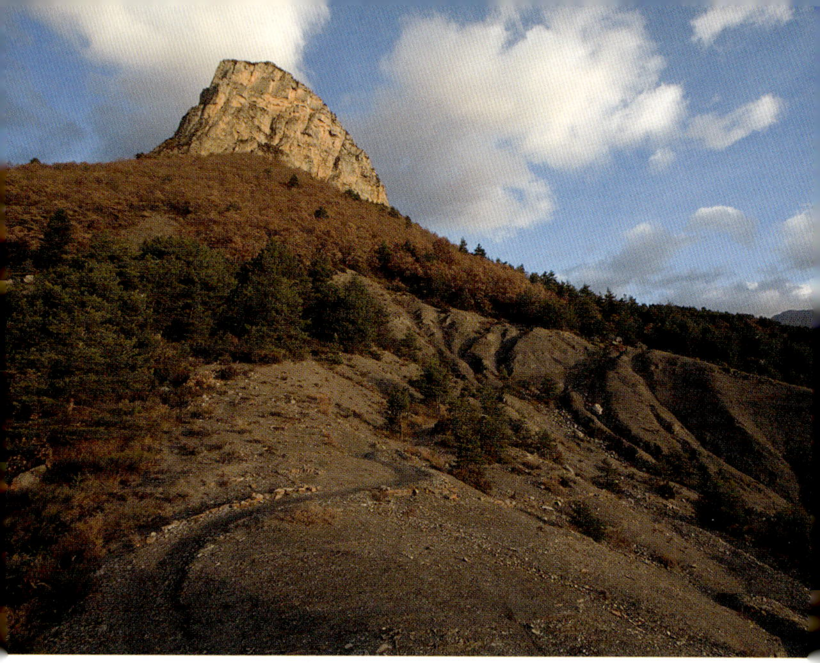

Aussichtspunkt Chanabasse.

bracht. Auf Almwiesen geht es rechts an La Colletta vorbei bis zu ***#203* (6)** (45 Min. vom Aussichtspunkt) und von dort in leichtem Auf und Ab auf dem rotschwarzen Terrain zum Wegzeiger *#212* (15 Min.), innerhalb von 10 Min. nördlich zu **Les Plans** (**7**, *#211*), dort rechts und nach dem **Pas de Trotte** (**8**, *#210*), 2133 m, im Linksbogen und immer steiler werdend zum Gipfel des **Cime de l'Aspre (9)**, auf dem sich die Reste eines ehemaligen Observatoriums befinden.

Vom Gipfel können wir im Osten schon die Cabane de Trotte sehen. Hierauf steuern wir direkt und weglos zu. Von der **Cabane de Trotte** (**10**, *#209*), 2000 m, geht es wieder auf gelb markiertem Weg Richtung Les Tourres, wobei wir einige der Serpentinen durchaus abkürzen können.

Etwa 300 m vor Les Tourres trifft der Wanderweg auf den *GR 52A,* auf dem wir nun bis Châteauneuf bleiben (rot-weiße Markierung). In **Les Tourres** (**11**, *#206*), 1680 m, dienen die Wohnungen bzw. Häuser heute als Zweitwohnsitze, sodass im Sommer durchaus etwas Leben in dem kleinen Dorf herrscht. An *#206* gehen wir links, laufen eine Haarnadelkurve aus und an *#207* vorbei zu *#299*, wo wir die Schotterstraße verlassen und rechts leicht aufwärts

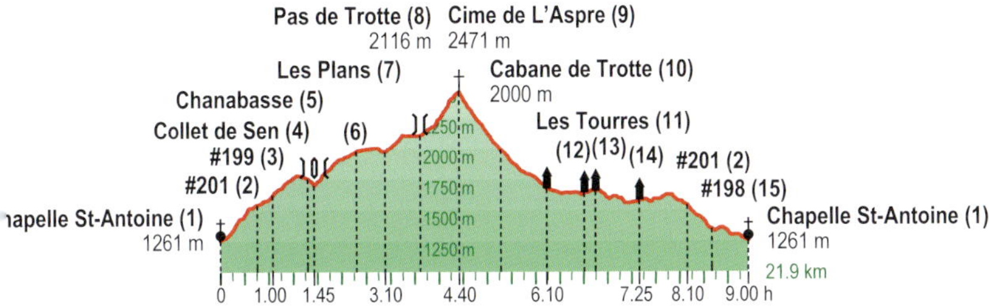

marschieren. Von **Las Palus (12)**, **St-Roch (13)** und **L'Adrech (14)** am Wegrand des *GR* zeugen heute nur noch Ruinen. 10 Min. nach den beiden L'Adrech-Ruinen geht es über zwei Bäche, danach steigt der Weg nochmals 60 Hm. Wir passieren **#199 (3)** und gehen zurück nach **Châteauneuf d'Entraunes**, wobei wir diesmal bei ***#201* (2)** links abbiegen und bei ***#198* (15)** auf das Sträßchen Les Tourres – Châteauneuf treffen, das uns wieder zur **Chapelle St-Antoine (1)** zurückbringt.

Den gesamten Aufstieg im Blick (aufgenommen von Valberg): Chanabasse links (die zweite Erhebung mit der hellen Felswand), Cime de l'Aspre rechts.

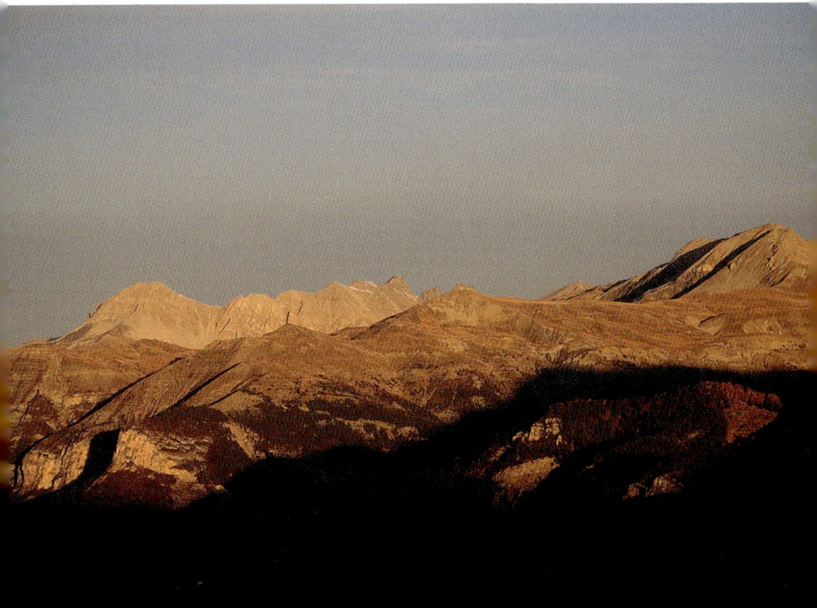

14 Gorges de Saucha Négra, 1300 m, und Moulin de la Barlatte, 1060 m

2.40 Std.

Wasser und Brot

Bis Mitte des letzten Jahrhunderts versorgte der Kanal, der in den Gorges (Schluchten) de Saucha Négra seinen Anfang nimmt, das Dorf Châteauneuf d'Entraunes mit Wasser. Und die Räder der Mühle, le Moulin de la Barlatte, drehten sich noch bis 1942.

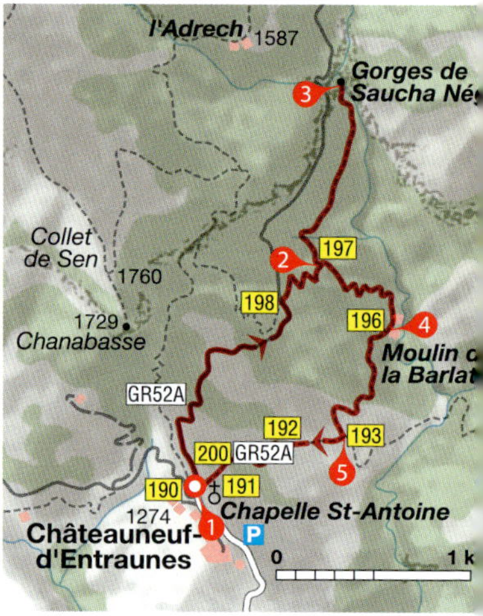

Ausgangspunkt: Chapelle St-Antoine bei Châteauneuf d'Entraunes, 1261 m, siehe Tour 13.
Höhenunterschied: 400 m.
Anforderungen: Einfach, aber auf dem Weg zur Schlucht hat ein 2–3 m langes ausgesetztes Stück schon manchen zum Umkehren gebracht.
Unterkunft: Siehe Tour 13.
Karte: TOP 25, Haute Vallée du Var.

Auf dem von der **Chapelle St-Antoine** (**1**, *#190*) unweit dem Gîte d'étape am Nordrand von Châteauneuf d'Entraunes nach Les Tourres führenden Fahrweg gehen wir bis zum Waldrand, 1354 m (höchster Punkt dieser Wanderung, *#198*), und nehmen den Waldweg rechts ab bis zum ehemaligen **Kanal** (**2**, *#197,* ca. 7 Min. nach *#198*).

Wir folgen links dem Kanal und gehen nun nahezu ebenerdig weiter zur Schlucht Saucha Négra, 1270 m. 5 Min. nach *#197* fällt der Hang an einem etwa 50 m langen Wegstück steil ab, und nach weiteren 5 Min. gibt es eine 2–3 m lange Passage, wo der Weg, einen halben Meter breit, am gähnenden Abgrund vorbeiführt. Vorsicht, insbesondere mit Kindern! Nochmals

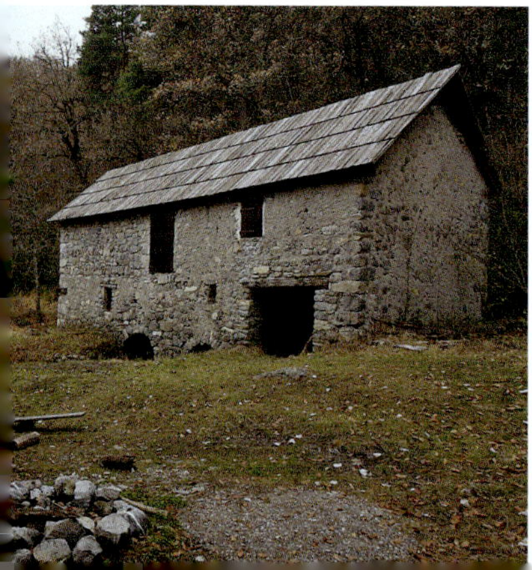

Ehemalige Mühle.

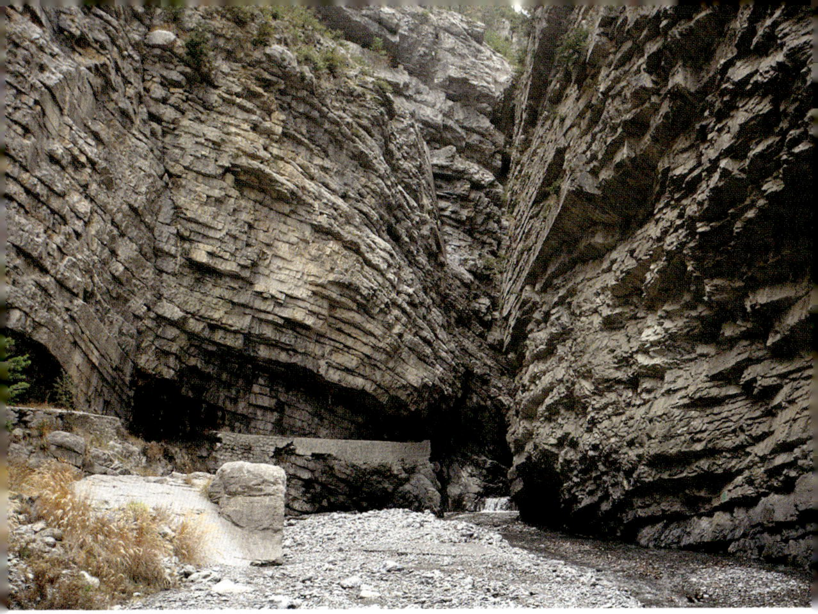

Die Schlucht Saucha Négra.

5 Min. später sind wir an der Schlucht **Saucha Négra (3)** angelangt, und der Weg hört hier auf.
Ein paar Schritte vorher ist linker Hand ein Wasserfall, von dem je nach Saison mehr oder weniger Wasser herabstürzt. Am Eingang der Schlucht sind noch Steinkonstruktionen sichtbar, die das Wasser »abgezapft« haben. Der Wasserkanal, ein sorgfältiges Stück Ingenieursarbeit, trug dazu bei, dass die Einwohner von Chateauneuf d'Etraunes, das Anfang des 19. Jahrhunderts etwa 300 Seelen zählte, in völliger Autarkie leben konnten.
Wieder zurück nach *#197* und in Serpentinen abwärts bis zur ehemaligen **Mühle (4)** an der Barlatte. Anschließend ein paar Schritte zurück zu Wegweiser *#196*, dort halten wir uns links (ansteigend). Durch Wald, dann durchquert ein breit angelegter Weg einen Hang aus schwarzem Mergel, und wieder abwärts im Mergelgebiet. Bei **#193 (5)** treffen wir auf den *GR 52A*, auf dem wir, *#192* passierend, wieder zurück zur **Chapelle St-Antoine (1)** nach Châteauneuf d'Entraunes gelangen.

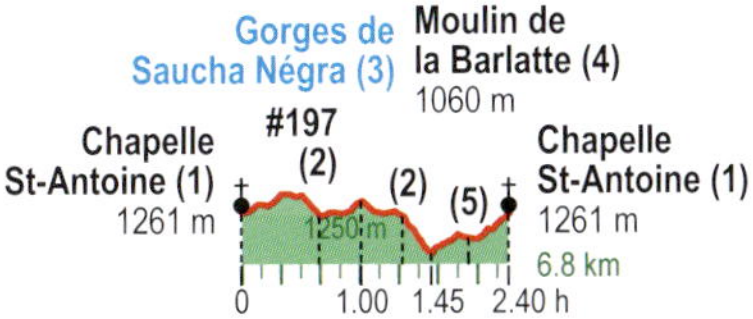

15 Cascade d'Aiglière (bis 1600 m)

0.45 Std.

Pittoreske Wasserfälle im Vartal

Drei Wasserfälle sind es, die wir auf diesem Spaziergang, der den Var in ihrem Flußtal begleitet, zu Gesicht bekommen. Umgekehrt gehen wir hier zu Sache: Der Hinweg ist bergab, der Rückweg bergauf.

Ausgangspunkt: Die Brücke St-Roch, 1600 m, 4,9 km nördlich von Entraunes, gleich hinter dem Doppeltunnel. Entraunes, 1260 m, ist 18 km nördlich von Guillaumes. Dort gibt es zwei kleine Parkplätzchen auf der talabwärtigen Straßenseite, einer direkt nach dem Tunnel, der andere 100 m weiter nach der Brücke.
Im Winter kann noch ein Stück weiter bis Estenc (7,5 km nördlich von Entraunes) gefahren werden, wo es Langlaufpisten gibt.
Höhenunterschied: 150 m.
Anforderungen: Einfache Tour, die von Frühling bis Herbst gegangen werden kann. Gelbe Markierung.
Variante: Vom Wasserfall Aiglière auf dem Wanderweg weiter bis zur kleinen Wehr (10 Min.) und zurück, oder noch weiter bis zu Entraunes, zunächst auf Schotterstraße, dann auf Asphalt. Die Tour kann auch von Entraunes gestartet werden (Höhenunterschied 340 m, 2.30 Std. hin und zurück).
Unterkunft: In Entraunes: Auberge Roche Grande, 16 Zimmer, ganzjährig. In St-Martin d'Entraunes: Hotel La Vallière, 10 Zimmer, Tel. 04 93 05 59 59. 2 km von St-Martin d'Entraunes: »Le Prieuré«, ein Bauernhof, der in einen Campingplatz und Gîtes umgewandelt wurde; in der Sommerzeit von Juni bis August nur wochenweise, ansonsten beliebig, le-prieure.com, Tel. 04 93 05 54 99. In Villeneuve d'Entraunes: Hotel-Restaurant Le Relais des Cavaliers (ganzjährig), Tel. 06 73 57 44 98.
Karte: TOP 25, Haute Vallée du Var.

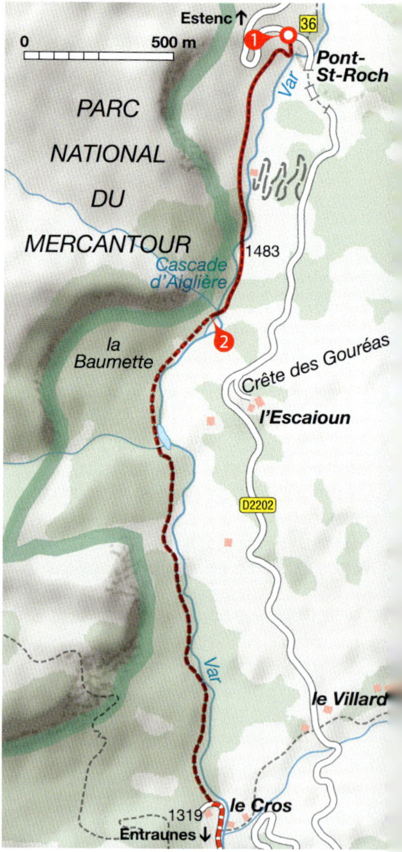

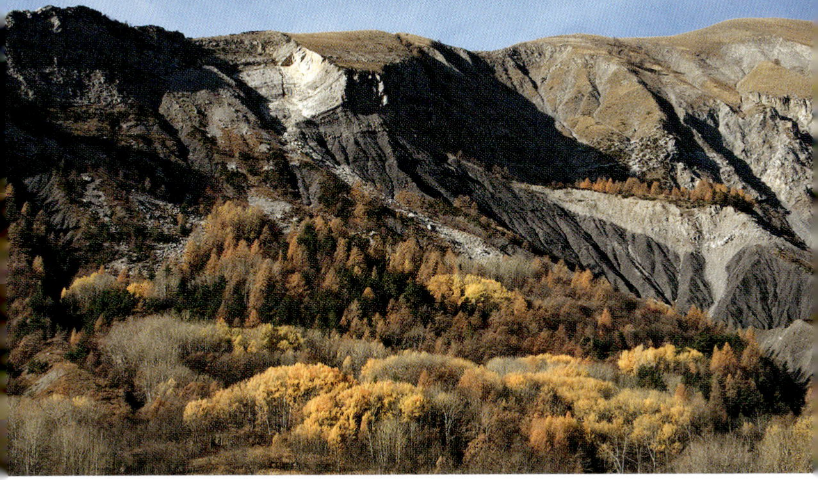

Oben: Herbststimmung bei Entraunes, unten: Cascade du Garreton.

An der Brücke **St-Roch (1)** am Wegzeiger *#36* den abwärts führenden Wanderweg nehmen. Nach ein paar Metern passieren wir den ersten Wasserfall, **Saut du Var**, unterhalb der Brücke. Noch einige Schritte, und wir können Kletterern zuschauen, wie sie am Übungsfelsen hinaufturnen. 15 Min. vom Ausgangspunkt sehen wir in einiger Entfernung die **Cascade du Garreton**, an der wir allerdings nicht direkt vorbeikommen. Nochmals 5 Min., und wir sind an der **Cascade d'Aiglière (2)**. Im Sommer können wir uns hier durchaus im Wasserfall erfrischen. Auf demselben Weg zurück.

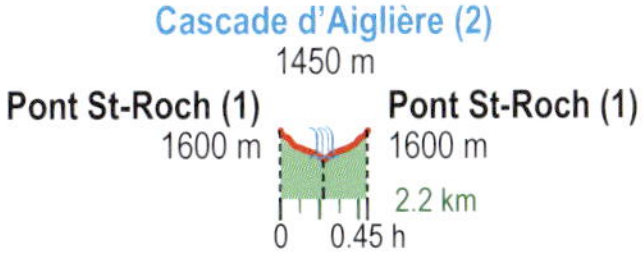

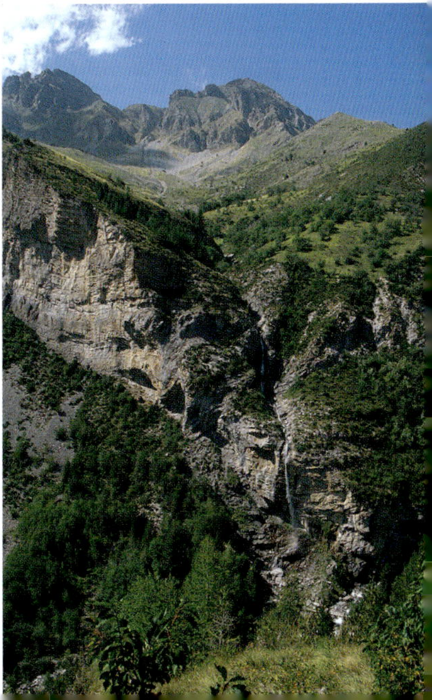

16 Roche Grande, 2752 m

6.45 Std.

Auf die Sphinx der Alpes-Maritimes

Wer vom Col de la Cayolle ab nach Estenc fährt, sieht an mehreren Stellen den bizarren Gipfel der Roche Grande hervorlugen, die sich am Ende des weitläufigen Plateau Châteauvieux emporreckt. Dieser lässt sich tatsächlich auch vom Wanderer erklimmen, trotz des letzten anspruchsvollen Teilstücks.

Ausgangspunkt: Estenc, 1778 m; wenige vereinzelte Häuser. Parkplatz an der Passstraße gegenüber Hôtel le Relais de la Cayolle (Wegzeiger *#40*).
Höhenunterschied: 1000 m.
Anforderungen: Bis einschließlich Überquerung des Plateau Châteauvieux einfach. Danach Trittsicherheit im Geröll notwendig. Für die letzten Gipfelmeter müssen die Hände mit zur Hilfe genommen werden. Gipfelkletterei 30 Min., je nachdem, wie sicher man sich fühlt. Gelbe Markierung bis in den Eintritt des Nationalparks; nach dem Pas de l'Estrop ab und zu ein Steinmännchen, auf dem Châteauvieux weglos. Sommer, Herbst.
Variante: Auf den Sommet de Châteauvieux, 2635 m, westlich der Roche Grande.
Unterkunft: In Estenc: Auberge Hôtel le Relais de la Cayolle, 12 Zimmer, Tel. 04 93 05 51 33; Refuge »La Cantonnière« (an der Passstraße nördlich von Estenc), 2 Zimmer, Schlafräume für 4, 2x5 Personen, Schlafsaal für 18 Personen, Tel. 04 93 05 51 36; Gîte Ferran, Zimmer für 2–6 Personen und chambre d'hôtes, praktisch ganzjährig; Tel. 04 93 05 54 22, giteferran.com; Gîte »La Coquille«, Zimmer und Schlafsaal, Tel. 04 93 05 54 90 (beide etwas abseits der Passstraße, aber mit Auto erreichbar). Siehe auch Tour 15.
Hinweis: Wanderung verläuft fast ganz im Parc National du Mercantour.
Karte: TOP 25, Haute Vallée du Var.

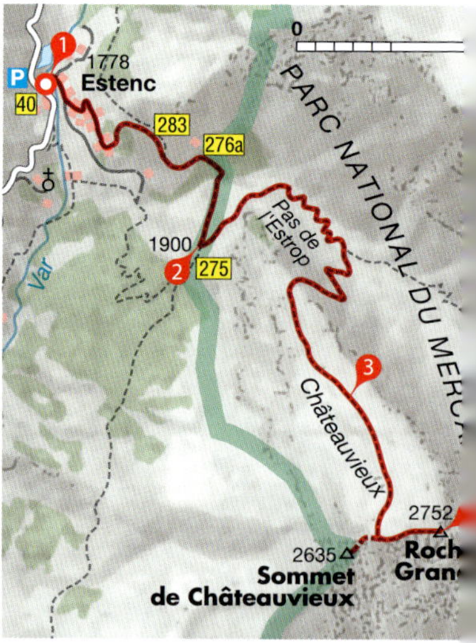

In **Estenc (1)** gehen wir das geteerte Sträßlein entlang, das von der Passstraße gegenüber dem Parkplatz beim Hotel nach rechts abzweigt (*#40*). Es macht einen Halbbogen und geht nach 10 Min. in einen Wanderweg über. *#283* und *#276a* werden passiert, dann geht der Weg aufwärts über eine Geröllhalde. An **#275 (2)**, 1900 m, einem gelben Schild, das den Eintritt in den Nationalpark Mercantour signalisiert, erfolgt eine Spitzkehre. Ser-

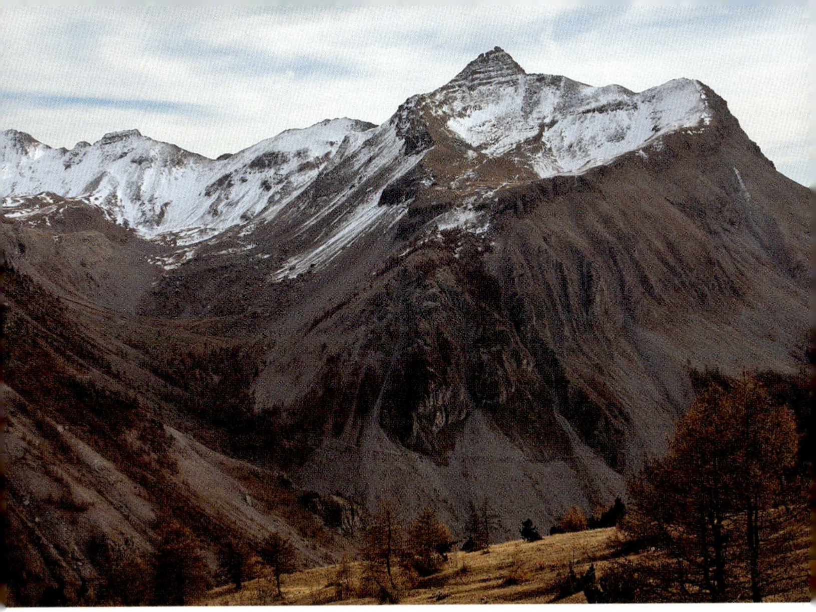

Roche Grande nach dem ersten leichten Schneefall im Herbst. Fast der gesamte Wegverlauf ist zu sehen.

pentinen winden sich durch Lärchengebiet (Pas de l'Estrop), bis wir auf eine grasige Wiese kommen, auf der noch vereinzelt Lärchen sprießen, 2100 m. Hier verlassen wir den gelb-markierten Wanderweg, um den Felshang rechter Hand, der aus feinem Geröll besteht, hochzusteigen. Dazu gehen wir auf der Wiese auf die halb rechts in etwa 200 m Entfernung liegenden Felsblöcke zu, von denen der größte 10 m hoch sein dürfte. Nach 150 m machen wir eine 90-Grad-Kurve nach rechts. Nach weiteren 50 m stoßen wir auf einen über einen Meter hohen Steinmann. Von ihm aus geht ein Weg, gut sichtbar, in großen Spitzkehren durch diese Geröllhalde. Wieder durch ein

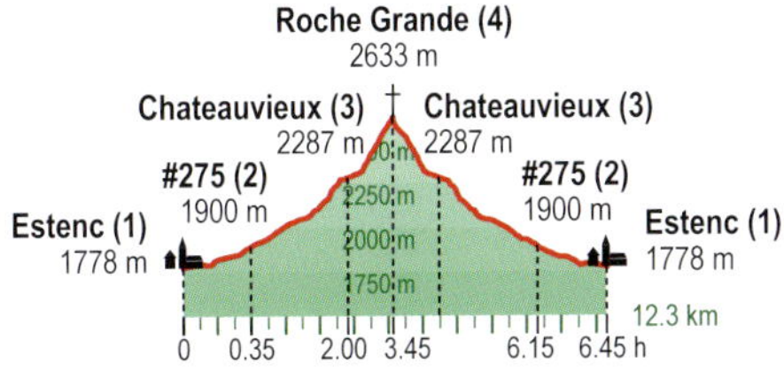

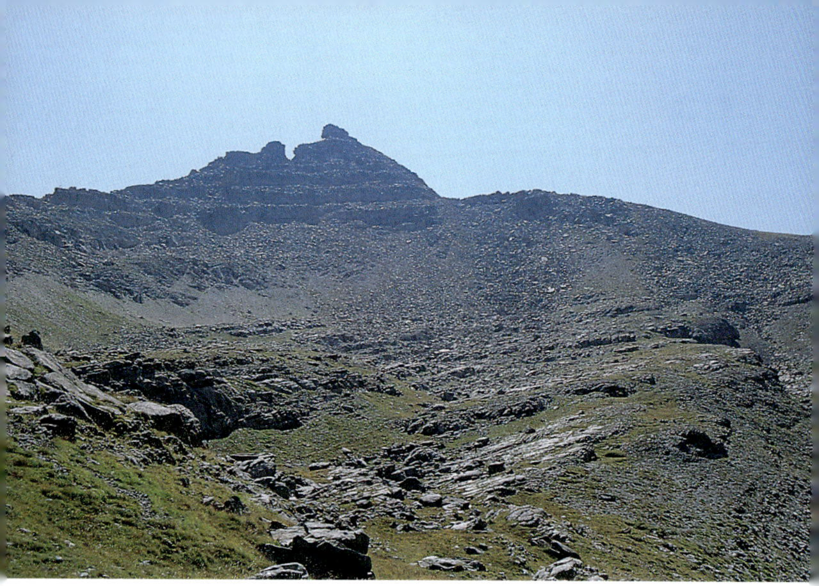

Roche Grande – die »Sphinx«.

Lärchenwäldchen, bis wir schließlich das weitläufige, karstige **Plateau Châteauvieux (3)** erreichen, von dem aus die Roche Grande erkennbar ist. Die Wahrscheinlichkeit ist groß, auf der Westseite des Châteauvieux Gämsen und Steinböcke zu sichten.
Wir bewegen uns auf den Gipfel (den mit dem Überhang) zu, wobei wir uns links des kleinen Tals des Plateaus halten. Am Fuße der Felsbrocken der Roche Grande angelangt, durchsteigen wir diese weglos, uns rechts des Gipfels haltend, bis wir auf einen Grat kommen, von dem aus Entraunes sichtbar ist. Für die Felsen auf den letzten Höhenmetern zur **Roche Grande (4)** sind die Hände notwendig.
Zurück auf demselben Weg nach **Estenc (1)**. Dort begegnet man wieder dem Fluss Var. Er entspringt bei Estenc und mündet nach 114 km bei Nizza in das Mittelmeer. Vom Col de la Cayolle kommend, der Barcelonnette über die prestigeträchtige Route des Grandes Alpes mit Nizza verbindet, wird man kurz vor Estenc auf die Quelle des Var hingewiesen. Von unserem Parkplatz bei Estenc bietet es sich deshalb an, zu seinem Ursprung zu schlendern. Der Wasserstand des Var ist niedrig, allerdings ist er für seine plötzlichen Hochwasser bekannt (Mai und Oktober). Der Var war früher ein Grenzfluss, hatte aber im Jahr 1860, als der Comté de Nice an Frankreich kam, diese Bedeutung verloren.

7.45 Std.

Dreiergruppe Côte de l'Âne, 2916 m

17

Hervorragende Aussichtsgipfel für Nah-, Fern- und Talblicke

Was für eine Augenweide, ob von fern oder nah: das Dreiergespann Côte de l'Âne, das mit der Pointe Côte de l'Âne, 2916 m, seinem Zwillingsgipfel, 2903 m, und der Pointe du Trou de l'Âne, 2874 m, den höchsten Punkt zwischen Var und Tinée bildet, und der wuchtige Felsturm Fort Carra. Zum Greifen nahe ist der »wildwestartige« Fort Carra, wenn wir auf der Pointe Côte de l'Âne stehen, wäre da nicht dieses enorme Loch (Trou de l'Âne), das sich Schwindel erregend dahinter auftut – ein weiterer Höhepunkt inmitten des Mercantour Nationalparks.

Ausgangspunkt: Am kleinen Parkplatz, 1982 m, nach der dritten Haarnadelkurve von der Refuge de la Cantonnière (2 km), nördlich von Estenc auf der Passstraße zum Col de la Cayolle.
Höhenunterschied: Etwa 1000 m.
Anforderungen: Trittsicherheit nötig. Das Stück vom vorderen zum hinteren Zwillingsgipfel geht am steil abfallenden und gerölligen Hang entlang. Leichte Kraxelei an der Pointe Côte de l'Âne. Die Wanderung kann zwischen 30 Min. und 1.30 Std. abgekürzt werden, indem man nur auf die Pointe du Trou de l'Âne oder nur auf die Pointe Côte de l'Âne geht, und/oder Rückweg gleich Hinweg macht.
Unterkunft: Wie bei Tour 16.
Hinweis: Wanderung verläuft im Parc National du Mercantour.
Karte: TOP 25, Haute Vallée du Var.

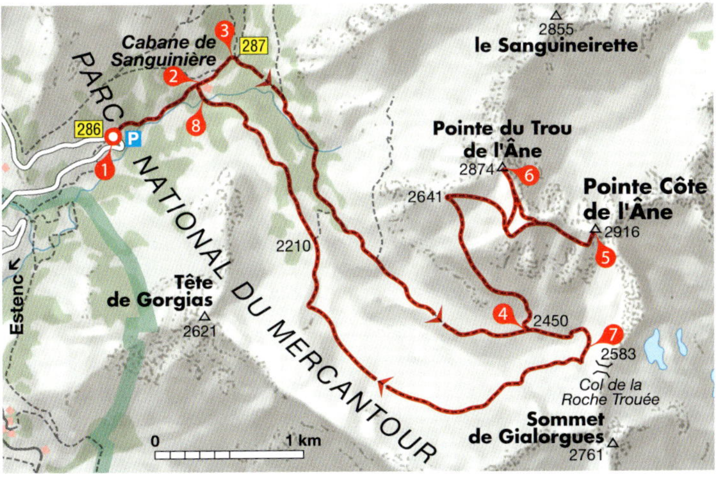

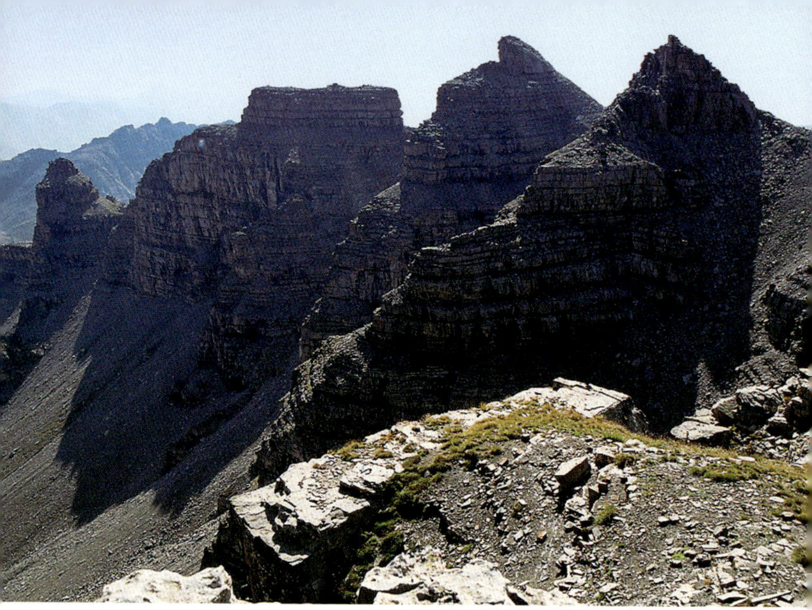

Fort Carra und Côte de l'Âne.

Vom **Parkplatz (1)** bei *#286* gehen wir zu den **Cabanes de Sanguinière (2)**, 2049 m, und weiter zu ***#287* (3)**, 2070 m. Hier schlagen wir keine der vom Wegzeiger angegebenen Richtungen ein, sondern nehmen den Weg nach rechts und gehen auf einer Holzbrücke über den Bach. Obwohl es mit zunehmenden Höhenmetern mehr und mehr über Geröllfelder geht, ist ein Weg wie vom Fliesenleger durch diese gelegt. Das war allerdings die Arbeit des französischen Militärs vor Beginn des Zweiten Weltkriegs, als eine Invasion der Italiener befürchtet wurde. Bei etwa 2450 m gelangen wir an eine mit einem **Steinmännchen (4)** gekennzeichnete Stelle, an der links ein Weg vom »Fliesenlegerweg« abknickt. Wir nehmen diesen Pfad und gelangen nach einer knappen Dreiviertelstunde an eine Spitzkehre, P. 2641, nach einer zusätzlichen guten Viertelstunde an eine weitere. Diese letzte Kehre schlagen wir nicht ein (sie führt auf die unscheinbarere Pointe du Trou de l'Âne), sondern wir folgen den Wegspuren östlich, die nach 3 Min. auf ein kleines Plateau führen. Auf dem Grat in Richtung des vorderen Gipfels, dann horizontal nach rechts bis unterhalb der hinteren Spitze des Zwillingsgipfels **Pointe Côte de l'Âne (5)** und direkt über einige Felsen zum Gipfel.
Auf dem Rückweg lohnt es sich, noch auf die **Pointe du Trou de l'Âne (6)** zu gehen, mit ganz anderem Blickwinkel auf Pointe Côte de l'Âne und Fort

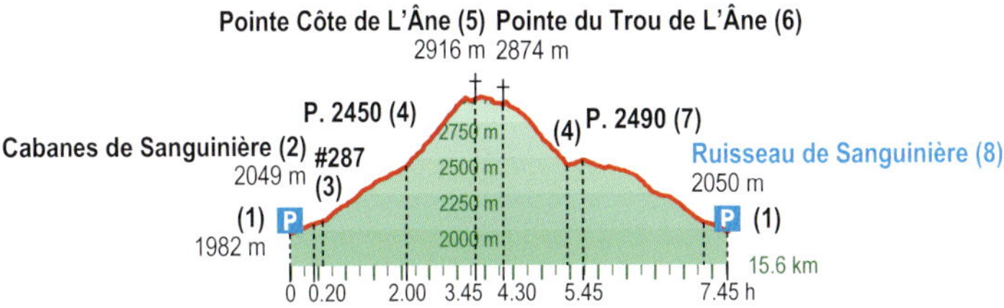

Carra. Wenn wir wieder auf dem »Fliesenlegerweg« angelangt sind, können wir ihn entweder so zurückgehen, wie wir gekommen sind, oder alternativ in die andere Richtung weitergehen bis zum Talende bei **P. 2490** (**7**, 10 Min.; hier geht ein Weg empor zum Col de la Roche Trouée) und in einem Bogen auf der anderen Talseite wieder zurück. Vom Talende aus gerechnet, gelangen wir nach etwa 1.15 Std. an einen Punkt, 2210 m, an dem rechts ein Weg abgeht. Diesen lassen wir unbeachtet. Nochmals eine halbe Stunde, und wir überqueren in der Nähe der Cabanes de Sanguinière den **Bach (8)** auf Steinen. Zurück zum **Parkplatz (1)** auf bekanntem Weg.

Weg zur Côte de l'Âne.

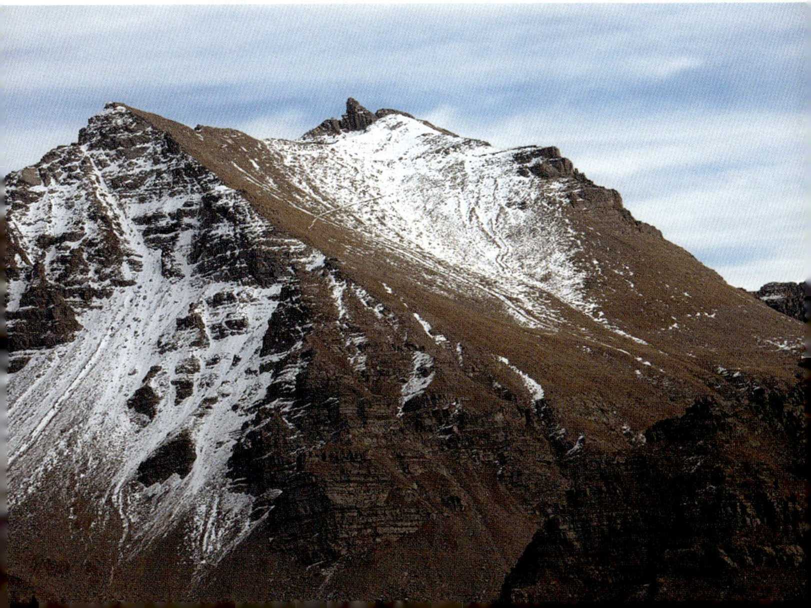

TOP **18**

Lac d'Allos, 2230 m, und Tête de l'Encombrette, 2681 m

2 Tage

Zweitagestour zu einem der spektakulärsten Bergseen der Alpen

Leser der ersten Auflage meinten, meine damalige Einleitung sei etwas zu enthusiastisch geraten: »Dieses Frühstück mag zu den denkwürdigsten Ihres Lebens gehören: Die Sonne beginnt gerade, mit ihren ersten warmen Strahlen den Lac d'Allos zu kitzeln. Die ihn einrahmenden Gipfelspitzen spiegeln sich in seinem azurnen Wasser wider, das mit dem Himmelsblau um die Wette strahlt. Ein glänzendes und duftendes Blumenmeer einschließlich seltener Orchideen ergänzen den Rahmen. Auf den gewellten Wiesenhängen schlummern noch die Schafherden. Und Sie genießen Ihren Kaffee auf der Terrasse vor der Hütte am Lac d'Allos.« Das mag sein. Überprüfen Sie es selbst!

Ausgangspunkt: Parkplatz auf dem Col de la Cayolle, 2326 m.
Höhenunterschied: 1. Tag: Aufstieg 320 m, Abstieg 410 m. 2. Tag: Aufstieg 1300 m, Abstieg 1200 m. Falls Umkehr an den Lacs de l'Encombrette, Aufstieg gute 900 m, Abstieg 800 m.
Anforderungen: Gute Wege mit Markierungsschildern des Nationalparks. Im l'Encombrette-Kessel weglos. Trittsicherheit auf die Tête de l'Encombrette. Sommer, Herbst. Mitte Juli bis Mitte August ist der Lac d'Allos stark frequentiert. Die Gehzeit des 2. Tages können wir auf 7.30 Std. abkürzen, indem wir nur bis zu den Lacs de l'Encombrette marschieren.
Varianten: (1) Kleine Seentour: Col de la Cayolle – Col de la Petite Cayolle – Pas du Lausson via Lac des Garrets – Col de la Cayolle (via *#295*, *#294*, *#301*). Gesamtzeit 3.45 Std.; Höhenunterschied 450 m. (2) Tagestour: Col de la Cayolle – Col de la Petite Cayolle – Lac d'Allos – Pas du Lausson – Col de la Cayolle. Gesamtzeit 6 Std. ohne Seeumrundung. Höhenunterschied 700 m.
Einkehr/Unterkunft: Traumhaft direkt am See liegt der Refuge du Lac d'Allos, Mitte Juni bis Mitte September, Schlafsaal für 10 und 18 Personen, Schlafraum für 5 und 6 Personen, Tel. 04 92 83 00 24, refugedulacdallos.com. Unbedingt reservieren. Refuge du Col de la Cayolle, einen knappen Kilometer nach dem Col de la Cayolle an der Passstraße abwärts nach Barcelonette, Mitte Juni bis Mitte September, neu renoviert, 4 Schlafsäle für je 8 Personen, Tel. 06 88 11 70 70, refuge-delacayolle.fr.
Hinweis: Wanderung verläuft im Parc National du Mercantour.
Karte: TOP 25, Haute Vallée du Var.

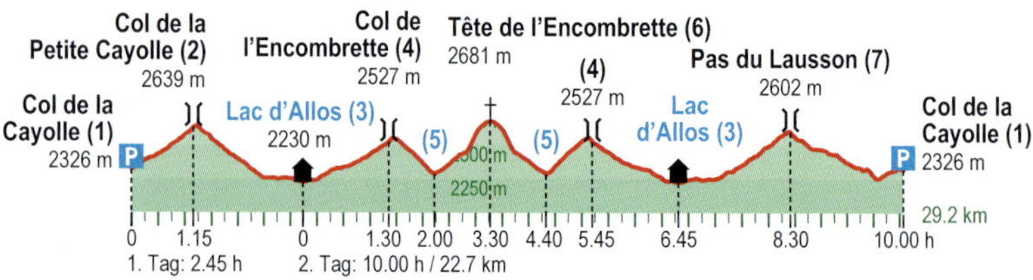

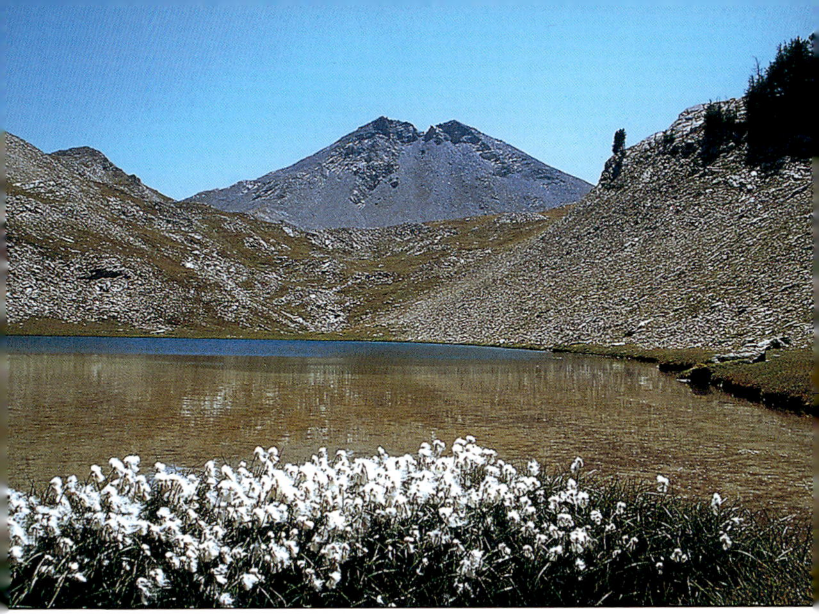

Einer schöner als der andere: der kleinere der Lacs de l'Encombrette ...

Die Haupttour vermittelt drei Perspektiven auf den Lac d'Allos: erstmals unmittelbar kurz vor Erreichen der Hütte (wunderschön, wenn der Morgen erwacht), dann vom Col de l'Encombrette, von wo wir auch die Lacs de l'Encombrette (kaum besucht) und den Zwillingsgipfel Tête de l'Encombrette auf der anderen Seite sehen, und schließlich vom Pas du Lausson.

1. Tag: Vom Parkplatz am **Col de la Cayolle (1)** schlagen wir bei Wegzeiger *#300* den Weg westwärts Richtung Col de la Petite Cayolle ein. Entlang eines Torfmoors (rechts) und eines kleinen Sees, 2494 m, links. Vom **Col de la Petite Cayolle (2)**, 2639 m, steigen wir ab Richtung Lac d'Allos. Bei der ersten Weggabelung, 2418 m (30 Min. vom Col), bei einer zweiten Weggabelung, 2351 m (15 Min. später), und bei einer Wegkreuzung an einer großen Wiese, 2259 m (nochmals nach 15 Min.), nehmen wir jeweils die Richtung Lac d'Allos. Und dann öffnet sich plötzlich der Blick auf den **Lac d'Allos (3)**, 2230 m. Ein Spaziergang um den See rundet den Tag ab.

2. Tag: Nach der Nacht in der Hütte nach Westen. An einer Gabelung, die in einer Viertelstunde erreicht ist, nach links. Durch leicht hügelige Almen geht es aufwärts bis zum **Col de l'Encombrette (4)**, 2527 m. Wir folgen dem Weg abwärts auf der anderen Seite des Passes bis auf etwa die Höhe des Schäferhäuschens (vom Pass aus sichtbar; der Weg geht etwa 100 m an der Ca-

bane vorbei), dann verlassen wir den Weg und steuern direkt auf die Schäferunterkunft zu. Von jetzt ab bestimmen wir selbst den Weg. Rechter Hand am ersten der **Lacs de l'Encombrette (5)**, 2290 m, vorbei steuern wir auf den Pass des westlichen (rechten) Gipfels der Tête de l'Encombrette zu. Der Aufstieg zum Pass erfolgt über die grasbewachsenen Schuttfelder, der Gipfelaufstieg über Geröllfelder. Von der **Tête de l'Encombrette (6)** sehen wir Entraunes im Südosten und im Süden den Col des Champs, der die Haute Vallée du Var mit der Vallée d'Allos verbindet.
Zurück zum Lac d'Allos gehen wir auf demselben Weg (es lohnt sich, beim Rückweg den zweiten, kleineren See der Lacs d'Encombrette »mitzunehmen«), ebenso noch auf bekannten Pfaden bis zur Wegkreuzung an der großen Wiese sowie der darauffolgenden Weggabelung, P. 2351. Hier weichen wir vom Hinweg ab und nehmen den Pfad nach rechts, der auf den Pas du Lausson, 2602 m, führt. Etwa 80 m vom Steinmann entfernt, der den Pas du Lausson markiert, ist ein alter, großer Grenzstein, der früher die Grenze zwischen Frankreich und dem Sardenreich kennzeichnete. Vom **Pas du Lausson (7)** geht es auf der anderen Seite ab, an Weggabelungen (*#295*, *#294*, *#301*) sich jeweils links haltend, wieder zurück zum **Col de la Cayolle (1)**.

... und der zauberhafte Lac d'Allos mit dem Refuge du Lac d'Allos.

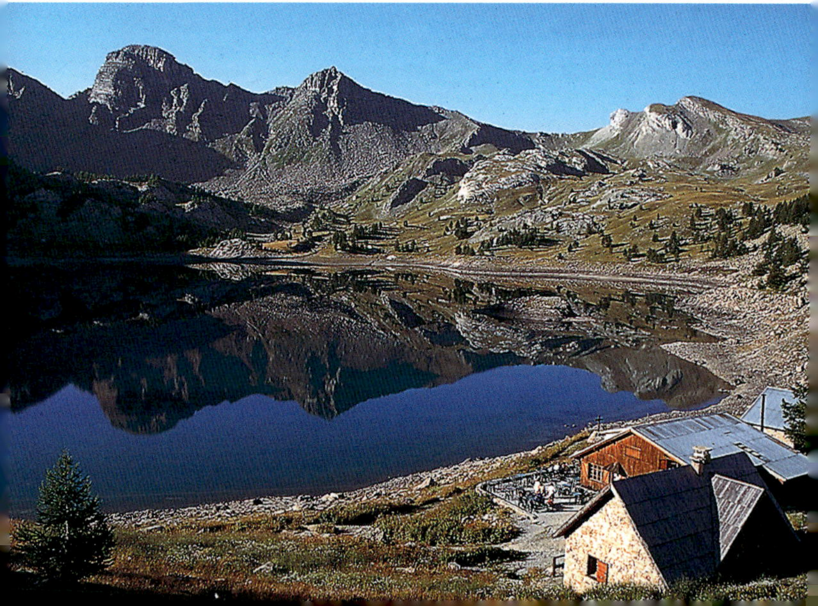

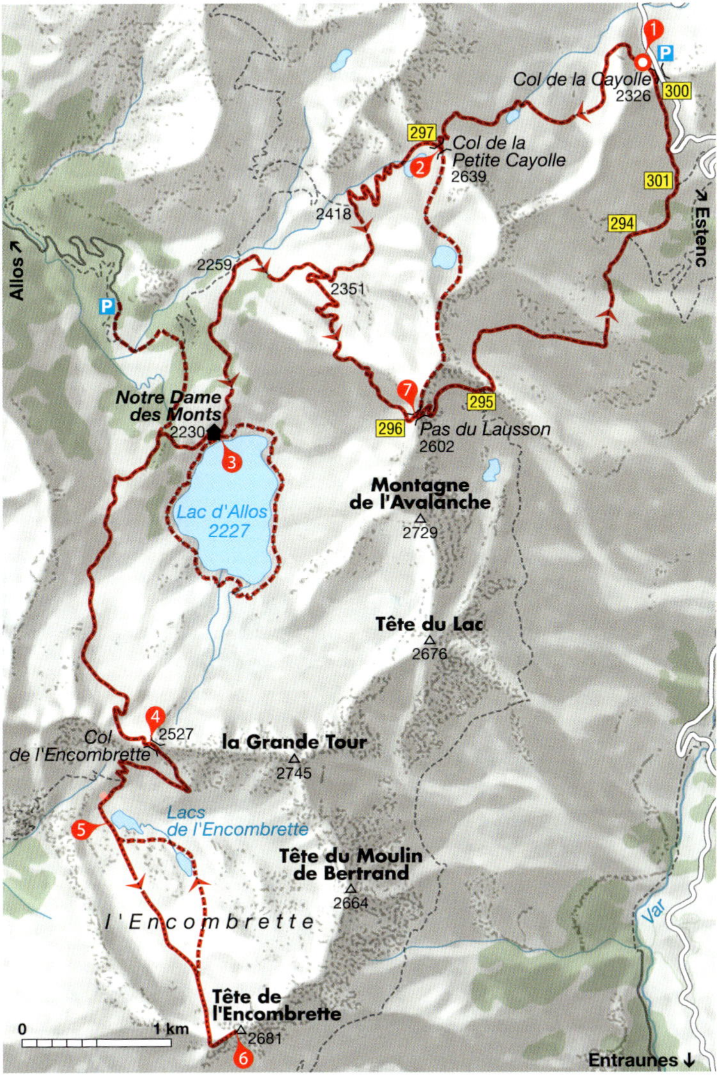

Col de la Cayolle
2326
300
297
Col de la
Petite Cayolle
2639
301
Estenc
294
2418
Allos
2259
2351
Notre Dame
des Monts
2230
295
296
Pas du Lausson
2602
Lac d'Allos
2227
Montagne
de l'Avalanche
2729
Tête du Lac
2676
2527
Col
de l'Encombrette
la Grande Tour
2745
Lacs
de l'Encombrette
Tête du Moulin
de Bertrand
2664
Var
l'Encombrette
Tête de
l'Encombrette
2681
0
1 km
Entraunes
1
2
3
4
5
6
7

TOP **19** *Mont Pelat, 3050 m* **9.00 Std.**

Hoch hinaus

Zwei Welten meint man auf dieser Tour zu durchwandern. Zum einen erfreut sich der Mont Pelat großer Beliebtheit, da es ein einfach zu erklimmender Dreitausender ist mit Blick bis zum Mont Blanc (Norden), Mont Ventoux in der Provence (Westen), Monte Viso (Italien im Osten). Außerdem lockt viele auch der Lac d'Allos, der schon alleine eine Reise wert ist. Dem regen Gepfeife der Murmeltiere nach zu urteilen, scheinen auch diese Gefallen an den Wiesenhängen des Mont Pelat zu finden. Wie anders ist dagegen die zweite Hälfte der Tour, dann, wenn wir beim Abstieg den Pas de la Grande Barre passiert haben. Ab hier ist man mit sich alleine, und nur die Fauna lässt grüßen: Der Autor hat auf seinen zwei Passagen – im zeitlichen Abstand von vier Jahren – beide Male Steinböcke an derselben Stelle beobachtet, und auch Leserbriefe haben die »obligatorischen« Steinböcke bestätigt.

Ausgangspunkt: Parkplatz auf dem Col de la Cayolle, 2326 m.
Höhenunterschied: 1280 m.
Anforderungen: Sehr lange Tour mit ordentlichem Höhenunterschied, deshalb gute Kondition notwendig; technisch nur mäßig schwierig, Trittsicherheit auf den letzten Metern des Anstiegs zum Mont Pelat. Am Pas de la Grande Barre ist der Abstieg kurz, aber sehr steil und geröllig; hier kann noch bis in den Sommer hinein Schnee liegen. Markierungsschilder des Nationalparks; rot-weiß auf dem *GR 56*. Sommer, Herbst.
Unterkunft: Siehe Tour 18.
Hinweis: Wanderung verläuft im Parc National du Mercantour.
Karte: TOP 25, Haute Vallée du Var.

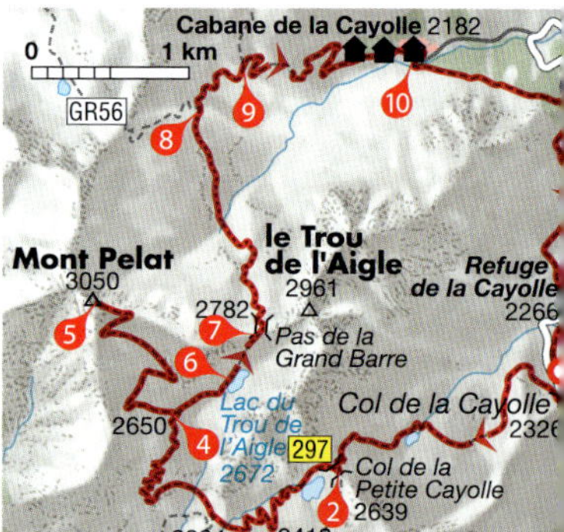

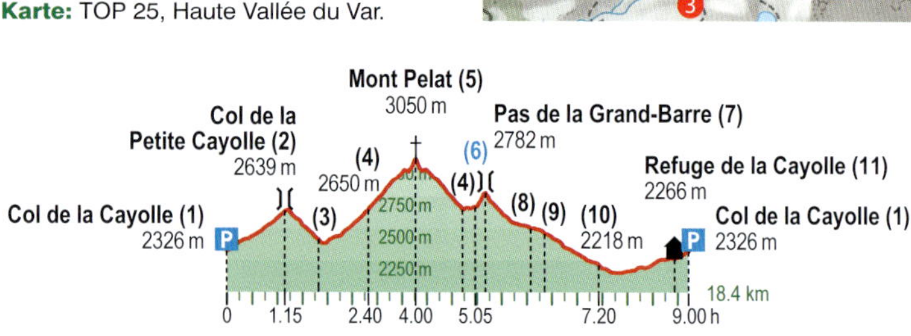

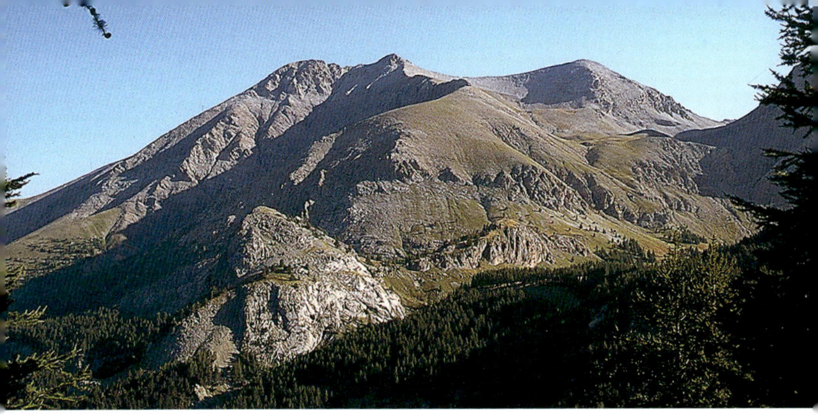

Mont Pelat, unweit des Refuge du Lac d'Allos aufgenommen.

Vom Parkplatz am **Col de la Cayolle (1)** gehen wir über den **Col de la Petite Cayolle (2)**, 2639 m, hinab zur ersten **Weggabelung (3)**, 2418 m (siehe Tour 18). Wir biegen nach rechts ab (angeschrieben ist Mont Pelat, 2.15 Std.), ebenso an der nächsten Abzweigung, 2384 m. In zahlreichen Serpentinen geht es aufwärts durch Wiesengründe, der Blick zurück offenbart eine schöne Sicht auf den Lac d'Allos. Nach einer knappen Stunde (von 2384 m aus gerechnet) führt vom Hauptweg, der scharf nach links abknickt, ein Pfad weg – etwa bei **P. 2650 (4)**; auf einem Stein am Boden ist Lac du Trou de l'Aigle markiert. Diesen Weg nehmen wir beim Rückweg. Noch aber bleiben wir auf dem Hauptweg und nähern uns in weiten Spitzkehren dem Gipfel. Die letzten Meter auf den **Mont Pelat (5)** geht es noch einmal steil, aber problemlos bergauf.
Wir gehen auf demselben Weg wieder zurück bis zu der oben genannten Stelle, wo wir den Hauptweg verlassen und einen kaum begangenen Weg einschlagen, der vorbei am **Lac du Trou de l'Aigle (6)**, 2672 m, auf den **Pas de la Grande Barre (7)** führt. Auf der anderen Seite des Passes geht es einige Kehren steil ab, dann durch Geröllfelder (Steinmännchen), bevor der Weg wieder in einen gemütlichen Pfad übergeht. Es ist wahrscheinlich, dass der Wanderer Gämsen und Steinböcke zu Gesicht bekommt. Wir stoßen schließlich bei **P. 2503 (8)** auf den *GR 56*, dem wir nach rechts folgen. An dem **Wegzeiger (9)**, 2461 m (links aufwärts geht's zum Col des Esbéliousses), wandern wir geradeaus weiter. Nach einer Stunde gelangen wir bei der **Cabane de la Cayolle (10)** an einen Fahrweg. Nach einer S-Kurve rechts in einen Pfad abbiegen, bei 2169 m. Nahe der Passstraße, 2194 m, nach rechts auf den Wanderweg, der zunächst oberhalb der Passstraße verläuft. Nach Passieren des **Refuge de la Cayolle (11)** erreichen wir wieder den Ausgangspunkt **Col de la Cayolle (1)**.

TOP **20**

Mont Mounier, 2817 m

7.30 Std.

Spieglein, Spieglein an der Wand: Wer ist schöner – Berg oder Aussicht?

Vielerorts ist der schön geschwungene Mont Mounier sichtbar, Kurz unterhalb des Gipfels wurde 1895 ein Observatorium fertiggestellt, das professionelle Sterngucker nur kurze Zeit benutzen konnten, da dessen Kuppel 1910 einem Brand zum Opfer fiel. Was heute außer den Ruinen übrig ist, ist die grandiose irdische Sicht.

Ausgangspunkt: Col de l'Espaul, 1748 m. Parkplatz. 5 km von Valberg.
Höhenunterschied: Knapp 1200 m.
Anforderungen: Langer Anstieg. Gelbe Markierung, auf *GR 5* rot-weiß. Der Mont Mounier ist stark dem Mistral ausgesetzt. Wetterbericht vorher einholen.
Varianten: (1) Rückweg wie Aufstieg; Gesamtzeit 6 Std.; Höhenunterschied knappe 1100 m. (2) Bei *#47* gleich zum Col de Moulines. Gesamtzeit 4.45 Std.; Höhenunterschied 800 m. (3) An *#44* rechts ab zu *#43*, dann zurück zum Parkplatz. Gesamtzeit 1.30 Std.; Höhenunterschied 230 m (M. Mounier nicht sichtbar).
Unterkunft: In Beuil (beuil.com): Hôtel l'Escapade, Tel. 04 93 02 31 27; Génépi Hotel Restaurant, Tel. 06 60 40 75 82, hotelgenepi.fr. Auf dem Col de la Couillole, 7 km östlich von Beuil auf der Straße nach Roubion: Auberge Quintessence, 7 Zimmer, Tel. 04 93 02 02 60, auberge-quintessence.com. Zahlreiche Hotels und Apartments in Valberg (Winterskigebiet); Touristeninfo: Tel. 04 93 23 24 25, valberg.com.
Hinweis: Wanderung verläuft zum Großteil im Parc National du Mercantour.
Karte: TOP 25, Haut Cians.

Vom **Col de l'Espaul** (**1**, *#7*) geht es auf der Fahrstraße bis **La Colle (2)**, 1787 m (einige Häuser; 2-mal Wegzeiger *#8*). Die Felsengruppe im Norden ist der Mont Demant; der Mont Mounier versteckt sich noch dahinter. Wir biegen vom Schotterweg ab und nehmen den nach Norden führenden Wanderweg. Nach einer weiteren Viertelstunde geht rechts bei ***#44* (3)** ein Weg ab (siehe Variante 3). Wir steigen jedoch weiter bergauf, vorbei an der Kletterschule, und erreichen schließlich

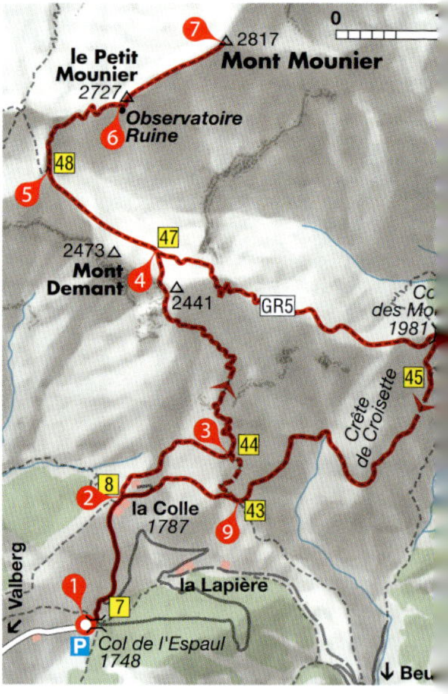

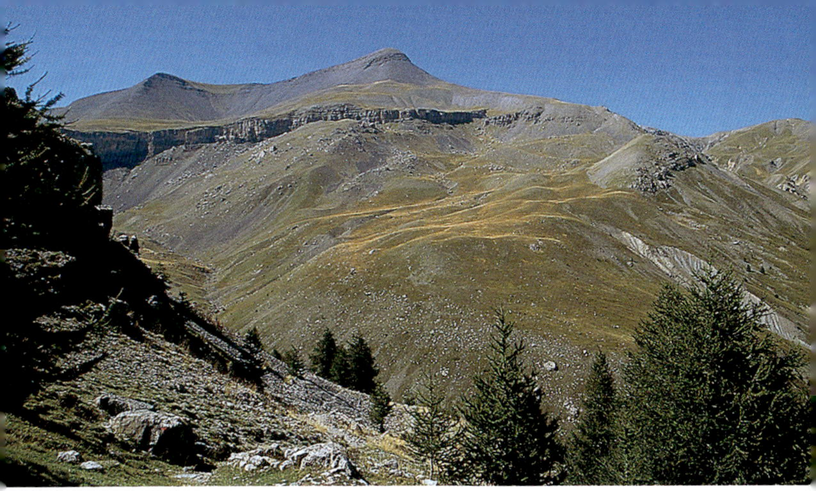

Mont Mounier im Sommer.

***#47* (4)**, etwa 2440 m (siehe Variante 2), wenig unterhalb des Mont Demant. Jetzt sind wir auf dem *GR 5*, dem wir eine halbe Stunde in nordwestlicher Richtung folgen, bis er bei ***#48* (5)** nach links abbiegt, wir jedoch weiter auf dem Grat bergauf gehen (100 m von *#48* ist ein Denkmal von 1936). Nach einer halben Stunde (von *#48* aus) sind wir an der Ruine eines Observatoriums auf dem **Petit Mounier (6)**, 2727 m, angelangt und nach einer weiteren halben Stunde auf dem **Mont Mounier (7)**. Den Rückweg gehen wir bis *#47* wie beim Aufstieg, bleiben dann aber auf dem *GR 5* bis zum **Col des Moulines (8)**, 1981 m (*#46*). Dort rechts und nach ein paar Minuten stoßen wir auf einen breiten Weg (*#45*) und kommen an den Ausläufer der Crête de Croisette. Der Wanderweg kürzt zwei Haarnadelkurven einer Schotterstraße ab (gelbe Markierung), dann geht es auf ihr zurück über ***#43* (9)** und **La Colle (2)** zum Parkplatz am **Col de l'Espaul (1)**.

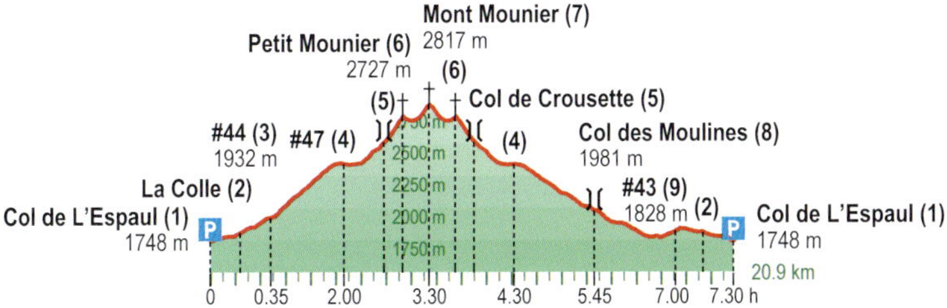

21 Les Cluots, 2106 m

6.30 Std.

Im Grünen rauf, im Roten runter – und oben Blick in die Gorges du Cians

Zwei ganz unterschiedliche Charaktere prägen diese Wanderung. Beim Aufstieg führt das letzte Drittel sanft ansteigend über Hochweideland. Der Rückweg verläuft auf dunkelroten Felsenformationen, die mit grünen Farbtupfern und im Sommer mit violetten Lavendelfarbklecksen geschmückt sind. Von den Cluots aus offenbart sich der ganze Kontrast: grün und flauschig der Osten, drehen wir uns westwärts, so liegen weinrot und wild die Schluchten des Cians vor uns.

Ausgangspunkt: Pierlas, 1070 m. In den Gorges du Cians bei Pra d'Astier auf ein enges Sträßchen abzweigen (von hier 7 km bis Pierlas). Parken nach der letzten Haarnadelkurve unterhalb von Pierlas am Straßenrand oder in der Ausbuchtung der Haarnadelkurve. Pierlas ist auch über eine Straße mit Ilonse verbunden, sodass der Zugang vom Tal der Tinée (Col de la Sinne) möglich ist (19 km). Beide Anfahrtswege sind eng und kurvenreich und ein kleines Abenteuer.

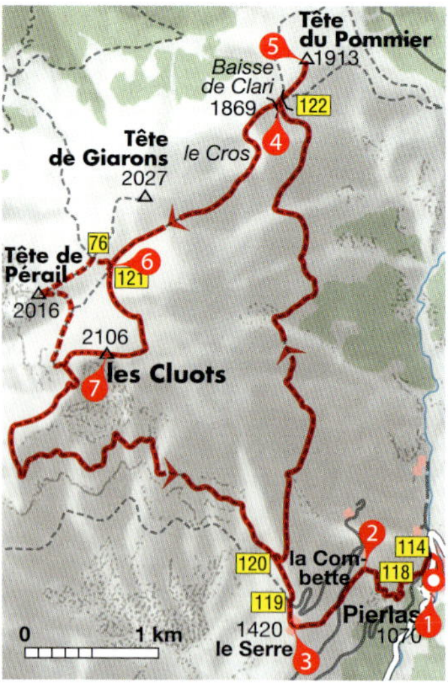

Höhenunterschied: 1050 m.

Anforderungen: Beim Rückweg auf der roten Erde zwei bis drei leicht abschüssige Passagen. Gelbe Markierung. Gelegentlich 1 m hohe Markierungspfosten, die das Zurechtfinden auf den Weidegründen erleichtern. Keine Schattenspender auf dieser Tour. Frühling bis Herbst.

Unterkunft: Gîtes d'étape und chambre d'hôtes in Pierlas. In Beuil oder Valberg, siehe Tour 20.

Variante: Vor dem Gipfel des Cluots direkt auf die Tête de Pérail, 2016 m, steigen. Dieser Gipfel ist zwar 90 Hm niedriger, aber man spart nur etwa 30 Hm gegenüber der Cluots-Variante. Allerdings gehen wir dann durch ein wahres Edelweißfeld: Beim Abstieg von der Tête de Pérail laufen wir etwa 50 Hm zurück wie gekommen, dann auf der Gegenseite schräg den Hang hoch – noch nie habe ich so viel »Edelweißes« gesehen wie an diesem Hang.

Karte: TOP 25, Haut Cians, oder TOP 25, Moyenne Tinée.

In der Haarnadelkurve unterhalb von **Pierlas** (**1**, *#114*) geht eine weitere Straße links tangential ab. Dieser folgen wir ein paar Meter bergab, gehen dann jedoch links über die Brücke (nochmals *#114*). Nach

dem 150 m langen Anstieg auf dem Schotterweg zweigt rechts der Wanderweg ab (*#118*). Nach zahlreichen Serpentinen führt der Weg vorbei an dem Bauernhof **La Combette (2)**.
Jetzt einen Linksbogen laufen, immer unterhalb und möglichst nahe der Trockenmauern und diese immer rechter Hand liegen lassen (mittlerer der drei Wege). Nach etwa 10 Min. überqueren wir einen Schotterweg – die Überquerung befindet sich etwa 250 m Luftlinie genau im Westen vom Bauernhof La Combette –, und kurz darauf sehen wir das aus einer Handvoll verlassener Scheunen bestehende **Le Serre (3)**, 1420 m, auf das wir zusteuern. Den gelben Markierungen folgen (die Ruinen von Le Serre bleiben immer rechter Hand). Nach 10 Min. nochmals Ruinen passieren, gleich darauf die Wegzeiger *#119* und *#120*; hier jeweils rechts halten.
Die weiteren etwa 400 Hm bis zur Baisse de Clari, 1869 m, verteilen sich ziemlich gleichmäßig auf 1.30 Std. Fußweg. Wenn wir rechts in 300 m Entfernung die Hütte eines Hirten, kurz darauf auch linker Hand eine Schäferhütte sehen, dann sind wir nur noch wenige Minuten von der **Baisse de Clari (4)** entfernt. Von der Baisse de Clari (zwei 80 m voneinander getrennte Wegpfosten *#122*) sind es 5 Min. auf die **Tête du Pommier (5)**, 1913 m.
Von der Baisse de Clari geht es auf der Fahrspur nach Südwesten. An einem großen, etwa 40 m tiefen Krater (le Cros) laufen wir im Uhrzeigersinn vorbei. Nach etwa einer Dreiviertelstunde, von der Baisse de Clari aus gerechnet, erreichen wir ***#121* (6)**, 1940 m. In einer großzügig geschwungenen Linkskurve zunächst auf den Sattel zwischen Tête de l'Abric und **Les Cluots (7)**, von hier 10 Min. im rechten Winkel bergauf, dann nochmals im rechten Winkel 5 Min. bis zum Gipfel.
Von Les Cluots steigen wir weglos in westlicher Richtung ab und erreichen nach wenigen Minuten wieder den Wanderweg (1-Meter-Pfosten, gelbe Markierungen). Der Weg führt um die Schulter der Cluots herum. An einer großen Tränkevorrichtung für die Schafe geht es nach Osten. Während die bisherige Strecke zum Großteil auf Wiesenwegen verlief, ändert sich jetzt der Charakter, und wir laufen auf den roten Felsenformationen. In knapp einer Stunde erreichen wir wieder Le Serre (*#119*, *#120*), und es geht auf bekanntem Weg über Le Serre und La Combette zurück zu unserem Ausgangspunkt **Pierlas (1)**.

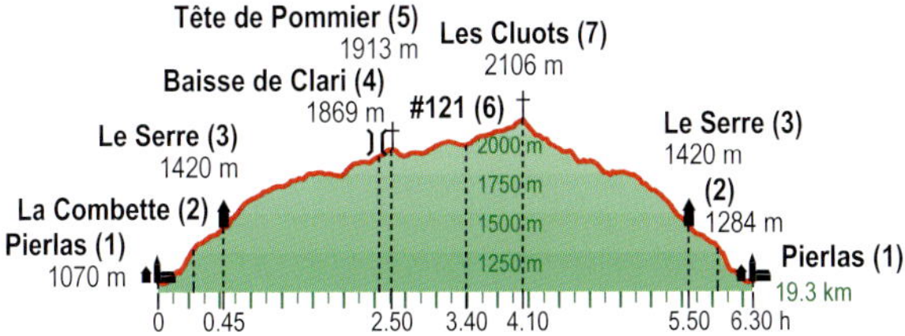

Tinée

Die Tinée entspringt am Col de la Bonette und mündet etwas nördlich bei Nizza in den Var. Wer von der Hauptdurchgangsstraße der Tinée abzweigt, kann zahlreiche Dörfer nach serpentinenreichen Anfahrten erreichen wie z. B. La Tour, Bairols, Clans, Marie, Ilonse. Im Tal liegen Saint-Sauveur-sur-Tinée, Isola und Saint-Étienne-de-Tinée.

Der Nizzaer beliebteste Skigebiete werden durch das Tal der Tinée angefahren, weshalb die Straße bis Saint-Étienne-de-Tinée sehr gut ausgebaut ist. In Isola biegt man ab Richtung Isola 2000, einem 1972 geschaffenen Skiresort und einem der schneereichsten in den französischen Alpen. Kurz vor Saint-Étienne-de-Tinée geht es nach Auron, einem weiteren stark frequentierten Skigebiet, das sich auch im Sommer regen Besuchs erfreut. In Auron gibt es eine Kabinenbahn und in Saint-Étienne-de-Tinée einen Sessellift, die auch Sommerfrischler auf die Gipfel befördern.

Nördlich von Saint-Étienne-de-Tinée spricht man von der Haute Vallée de la Tinée. Die Straße führt weiter auf den Col de la Bonette, der die Täler der Ubaye und der Tinée verbindet. Ursprünglich ein Mauleselweg, wurde die Straße in ihrer heutigen Form erst 1963–64 fertiggestellt. Der Col de la Bonette liegt auf 2715 m, was ihn zum zweithöchsten Pass Frankreichs macht (der Col de l'Iseran ist Frankreichs höchster Pass mit 2764 m). Allerdings kann man vom Col de la Bonette auf einer Schleife noch bis auf 2802 m am Fuß der Cime de la Bonettte fahren (streng genommen ist das kein Pass) und auf dieselbe in 10 Min. marschieren, 2862 m. Vom Tal der Tinée aus haben einige Klassiker der französischen Alpen ihren Ausgangspunkt wie die Touren zu den Lacs de Vens und dem Lac de Rabuons. Doch egal, wo wir die Stiefel schnüren: Wandern hier ist ein Traum.

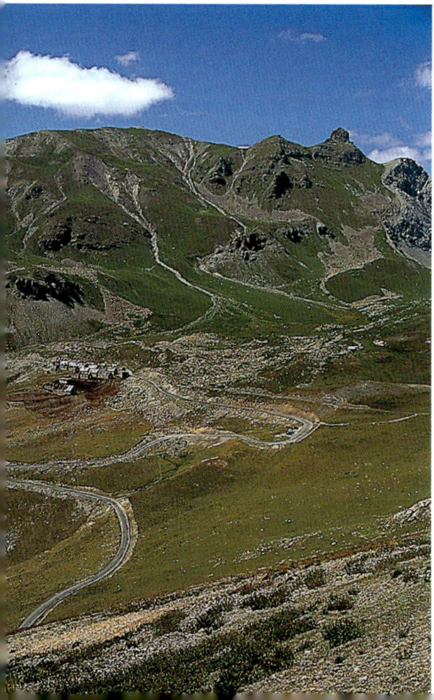

Links: Serpentinen auf den Col de la Bonette.
Rechts: Herbstlicher Farbenrausch auf dem Weg von Roure nach Roubion und der Mont Mounier nach dem ersten kräftigen Schneefall.

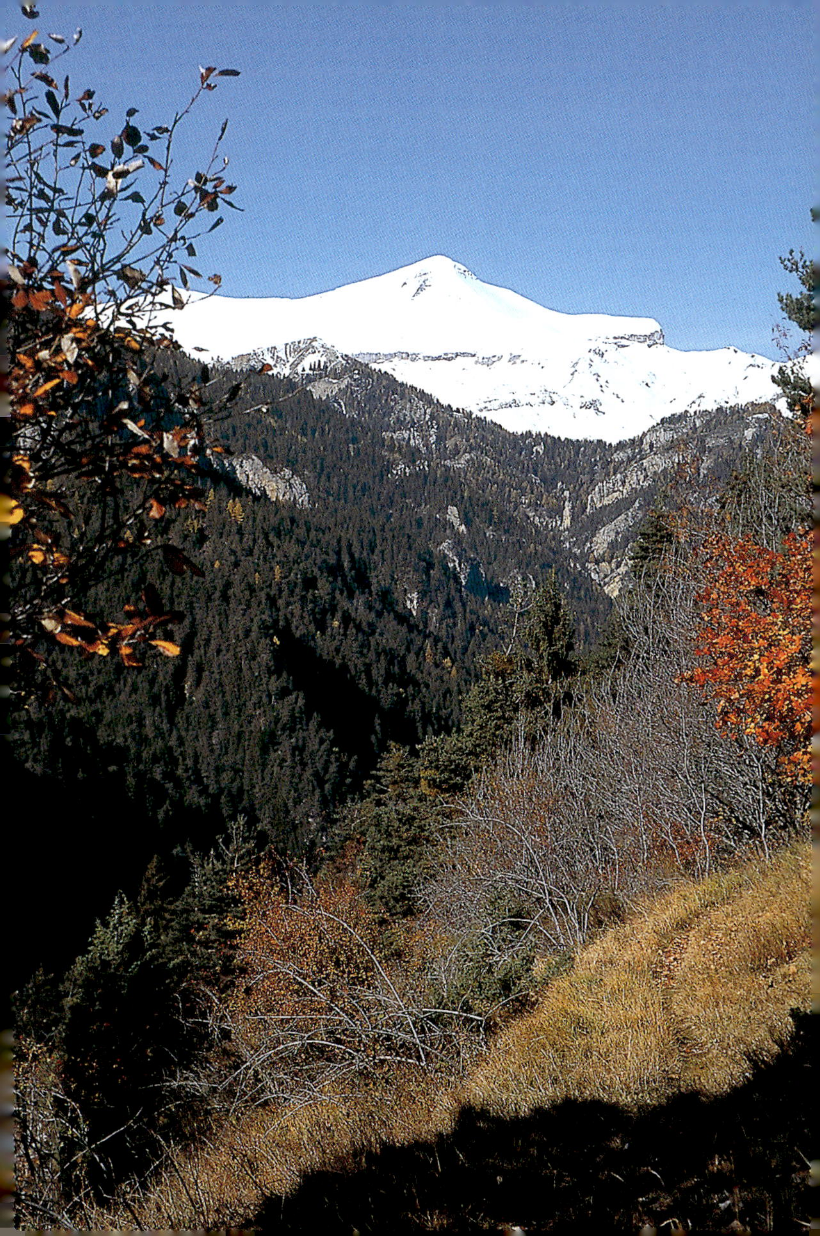

22 Pointe des Quatre Cantons, 1804 m

5.00 Std.

Vorposten im Tal der Tinée

Wer von Nizza kommend das Tal der Tinée hochbraust, wird etwa ein Dutzend Kilometer nach Talanfang durch ein großes Schild mit einem nach oben zeigenden Pfeil auf den Ort Bairols hingewiesen. Mag manch einer den Blick himmelan auf die 600 m über dem Tal thronenden Häuser lenken, sind diejenigen, die nach Bairols hochkurven, schon seltener, und es stimmt traurig, dass sich die jeweiligen Betreiber von Bairols' einziger Auberge, ehemals die Mühle des Orts, immer fragen müssen, ob sich das Geschäft überhaupt noch lohnt. Und auf die Pointe des Quatre Cantons zwischen Mittelmeer und Alpen verliert sich anscheinend gleich gar keiner mehr – außer uns jetzt.

Ausgangspunkt: Bairols, 850 m, erreichbar auf 7 km Serpentinen von der *D2205* aus. Parkplätze an der letzten Haarnadelkurve bis zum Dorfeingang.
Höhenunterschied: 950 m.
Anforderungen: Technisch keine. Gelbe Markierung, vor dem Gipfel Steinmännchen auf dem Grat.
Begehbar von Frühling bis Herbst. Heiß im Sommer, doch der Aufstieg ab *#196* auf dem Grat verläuft bis fast zum Gipfel im Wald.
Karte: TOP 25, Moyenne Tinée oder TOP 25, Moyen Var.

Zur letzten Haarnadelkurve vor dem Dorf **Bairols (1)** gehen und bei *#191* auf den Wanderpfad biegen. Ein paar Meter abwärts ins Tal und im Zickzack

Bairols.

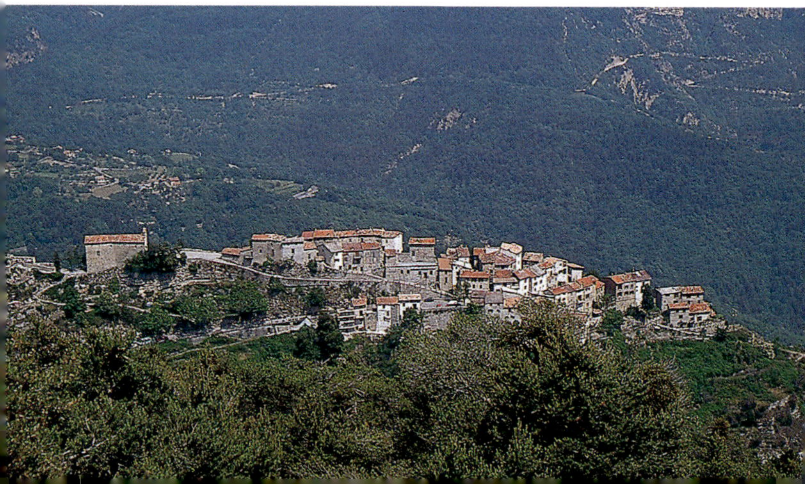

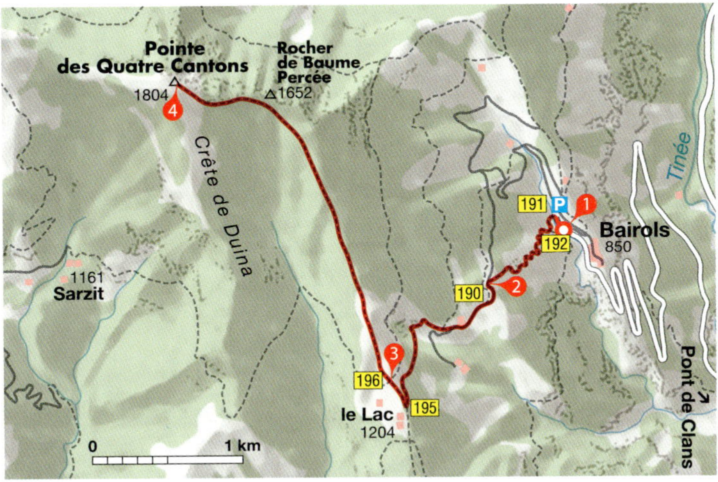

auf der Gegenseite aufwärts, bis wir bei ***#190*** **(2)**, 1070 m, auf einem Sträßchen anlangen. Nach links und auf der ebenen Straße nach 5 Min. den Wanderweg nehmen, der rechts von der Straße abgeht. Nach weiteren 130 Hm auf einen breiteren Weg (1200 m, *#195*; westlich ist Wiesengelände). Scharf nach rechts und nach 200 Schritten an einen ersten Wegzeiger ***#196*** **(3)**, 50 m links davon gibt es einen zweiten mit derselben Nummer und der Richtung »Pointe des Quatre Cantons« nach Norden angegeben, die wir auch einschlagen. Ein gleichmäßiger Anstieg beginnt, der alsbald im Wald verläuft, begleitet von zahlreichem Farn. Steinmännchen markieren den Weg. Beim Aufstieg können wir nicht fehlgehen, doch nahe des Gipfels, etwa ab dem Rocher de Baume Percée, wo es nach Norden steil abfällt, prägen wir uns den Weg ein, da es Wegspuren gibt, die nirgendwo hinführen außer beim Abstieg in die Irre. Rasten können wir in der Sonne auf dem steinigen Gipfel der **Pointe des Quatre Cantons (4)**.

Der Abstieg erfolgt auf demselben Weg; anfangs nicht nach Süden (Crête de Duina) verleiten lassen, sondern zuerst nach Osten halten bis zum Rocher de Baume Percée und anschließend zurück nach **Bairols (1)**.

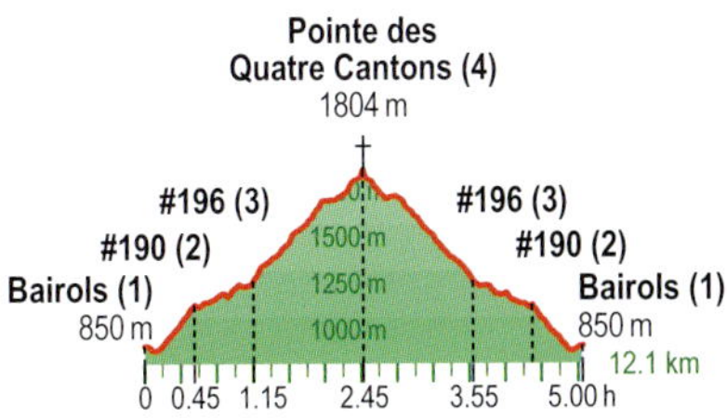

TOP **23**

Brec d'Utelle, 1604 m

8.50 Std.

Meer, Täler, Alpen – ein Augenschmaus

Ein weiterer Paradegipfel des Moyen Pays mit der Vereinigung von »Alpes« und »Maritimes«. Vom Brec d'Utelle haben wir Fernsicht bis zum Meer mit dem Cap d'Antibes; Rundblick über die gesamte Bergwelt der Alpes-Maritimes mit den Gipfeln des Mercantour, die je nach Jahreszeit mit Schnee bezuckert sind; Aussicht in die Täler der Vésubie, des Var und der Tinée. Plus das reizvoll hergerichtete Dorf La Tour.

Ausgangspunkt: La Tour, 600 m. Zahlreiche markierte Parkplätze am Straßenrand sowie direkt unterhalb von La Tour.
Höhenunterschied: Knappe 1400 m.
Anforderungen: Für den erfahrenen und konditionsstarken Wanderer. Auf den letzten Metern zum Gipfel sind die Hände zu Hilfe zu nehmen, etwas ausgesetzt. Teilweise Trittsicherheit beim Abstieg auf der Crête de l'Albaréa notwendig; Kurz vor der Chapelle Ste-Élizabeth sind vier mit Seilen gesicherte Kehren in die Felswand gehauen. Rot-weiße Markierung ab La Tour auf *GR 510,* dann *GR 5*. Ab *#438* gelbe Markierung. Der Brec d'Utelle ist z. T. auch im Winter schneefrei. Im Sommer kann es extrem heiß werden.
Variante: Wer auf schnellerem Wege auf den Brec d'Utelle möchte, fährt nach Utelle (s. »Unterkunft«). Hin- und Rückweg auf den Brec d'Utelle (*GR 5*) 4 Std.; Höhenunterschied 780 m. Es bietet sich auch an, die Hauptroute in 2 Tagen zu machen mit einer Übernachtung in Utelle.
Unterkunft: Als »Basislager« für die Touren 23, 34 und 35 eignet sich Madone d'Utelle (siehe Tour 34) oder Utelle (entweder auf der schmalen Straße von La Tour nach Utelle, oder von Nizza durch die Gorges (Schluchten) de la Vésubie und in St-Jean-la-Rivière nach Utelle abbiegen): Le Bellevue, 6 schöne Apartments mit 2–3 Zimmern für 2–6 Personen, vollständig ausgerüstet, Pool, Restaurant, Tel. 04 93 03 17 19, lebellevue-martinon.com; Gîte d'Utelle (ganzjährig), 12 Schlafplätze, Tel. 04 93 03 17 01 (Mairie).
Karte: TOP 25, Moyenne Tinée oder TOP 25, Vallée de la Vésubie.

La Tour – unser Ausgangsort.

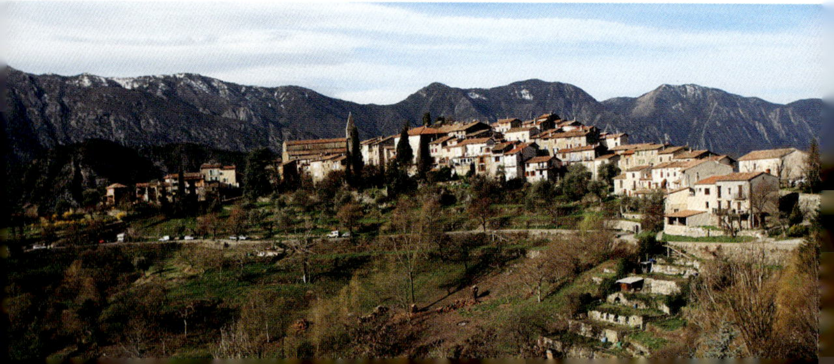

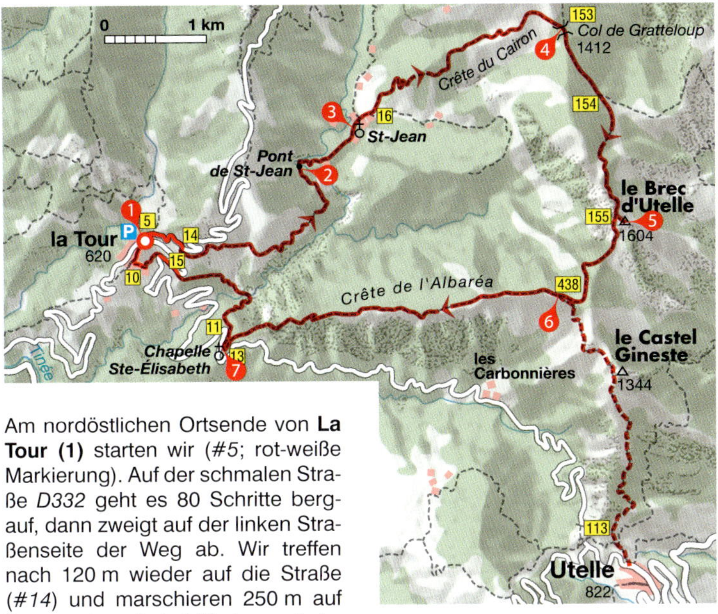

Am nordöstlichen Ortsende von **La Tour (1)** starten wir (*#5*; rot-weiße Markierung). Auf der schmalen Straße *D332* geht es 80 Schritte bergauf, dann zweigt auf der linken Straßenseite der Weg ab. Wir treffen nach 120 m wieder auf die Straße (*#14*) und marschieren 250 m auf ihr, um dann bei *#15* den auf der rechten Straßenseite abgehenden Weg zu nehmen. Auf einem schönen Balkonweg geht es im Mittel leicht bergab zum tiefsten Punkt beim Hinweg, der **Brücke St-Jean (2)**, 500 m.

In einer weiteren Viertelstunde sind wir an der **Kirche St-Jean (3)**, die ein paar Schritte oberhalb des Weges liegt. 50 m weiter vorbei an *#16*. Nach weiteren 150 m passieren wir die Handvoll Steinhäuser von St-Jean-de-la-Tour, 640 m. An dessen letzter Ruine weiter stetig bergauf (auf Höhe der letzten Ruine weder nach rechts noch wenige Meter aufwärts nach links). Jetzt heißt es, knappe 800 m Höhenunterschied auf der Crête du Cairon zu überwinden bis zum Col de Gratteloup, 1412 m (*#153*), teilweise im Wald und mit Blicken auf die immer kleiner werdende Kirche St-Jean.

Am **Col de Gratteloup (4)** rechts. Bis zur nächsten Weggabelung (*#154*) ist die Wegführung für den *GR 510* als auch den *GR 5* identisch. An dieser Gabelung rechts und weiter auf dem *GR 5* bis zum Fuß des Brec d'Utelle, 1520 m (*#155*) und von dort, ab und zu die Hände zu Hilfe nehmend, auf den **Brec d'Utelle (5)** (etwa 5 Min. nach *#155* ist es wohl empfehlenswert, nicht die Schutthalde linker Hand emporzusteigen, sondern geradeaus weiterzuklettern). Vom Brec d'Utelle haben wir eine prima 360-Grad-Rundsicht;

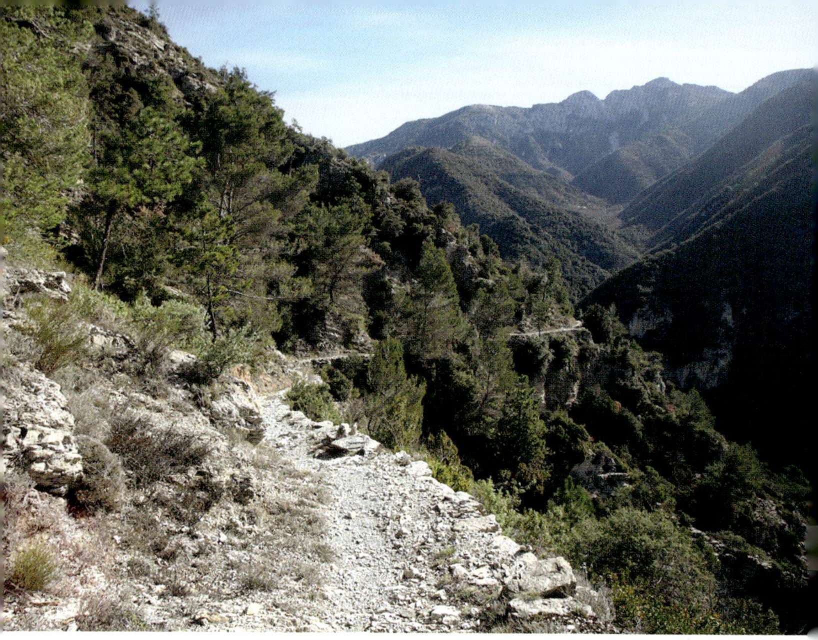

Noch ist es weit zum Brec d'Utelle … (die Erhebung ein Fünftel links vom rechten Bildrand).

auch das Dorf Utelle ist zu sehen. Abwärts geht es vom Wegzeiger *#155* aus weiter auf dem *GR 5* nach Süden. Am Col du Brec macht der Weg bei ***#438* (6)**, 1320 m, eine 180-Grad- Kurve. Hier verlassen wir den *GR 5* (oder links auf ihm nach Utelle, wer die Tour in zwei Tagen macht) und gehen auf dem Kamm nach Westen auf der Crête de l'Albaréa.
Beim langen, ziemlich geradlinig verlaufenden Abstieg auf der Crête de l'Albaréa auf die gelben Markierungen achten, die etwa alle 50 m bis 100 m angebracht sind; die Wegspur ist meist, aber nicht immer offensichtlich. Wenige Minuten nach *#438* geht es eine Viertelstunde steil abwärts (Trittsicherheit). Danach knappe 5 Min. eben, bevor ein leichter ein- bis zweiminütiger Anstieg erfolgt. Die nächsten paar Minuten ist etwas Wegsucherei angebracht: Der Weg verläuft links vom Grat auf recht »bröckeligem« Untergrund; eine gelbe Markierung auf einer dürren Kiefer signalisiert den »Einstieg«. Danach dürfte die Wegfindung keine Schwierigkeiten mehr machen.
Kurz vor der **Chapelle Ste-Élizabeth** (**7**, *#13*), 530 m, gibt es vier Kehren, die mit Seilen gesichert sind (Pas Masséna). An der Kapelle biegen wir rechts ab und treffen auf die Straße, die La Tour und Utelle verbindet. Wir gehen auf ihr eine Haarnadelkurve aus und biegen gleich danach rechts ab

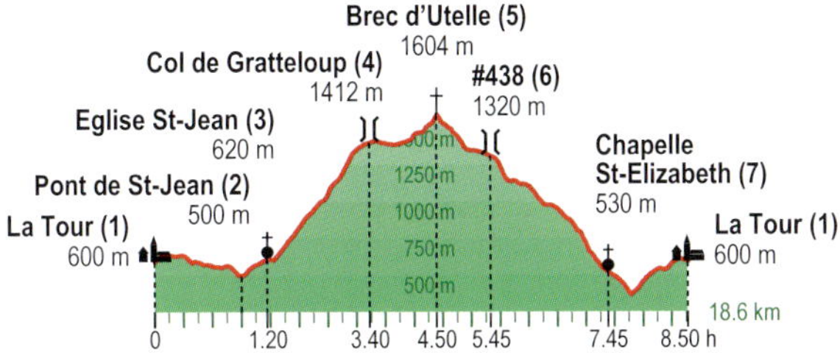

(*#11*). Der tiefste Punkt dieser Wanderung ist mit 369 m an der Brücke über einen Bach erreicht. Von dort geht es etwa eine halbe Stunde bergauf, bis wir wieder auf die Straße treffen. Diese überqueren wir und steigen auf der anderen Seite weiter bergauf. Wir gehen eine Linkskurve und kommen an *#10* wieder in **La Tour (1)** heraus.
Es lohnt sich noch, durch das Dorf La Tour zu schlendern. Es gibt einige Häuser mit schönen »Lüftlmalereien« zu besichtigen, einer Variante des Trompe-l'œil (Scheinmalerei): Manche Häuserfassaden wurden mit Malereien geschmückt.

Auf dem Gipfel von Brec d'Utelle.

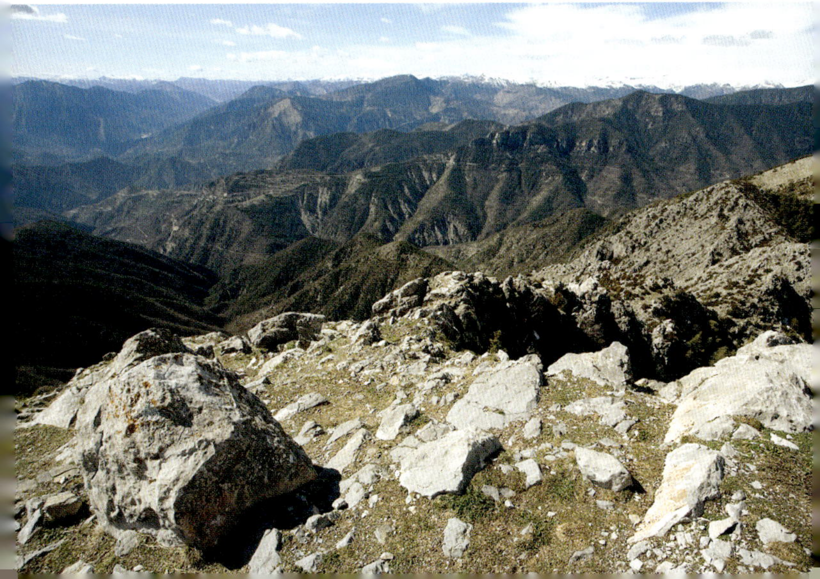

24 *Lauvet d'Ilonse, 1992 m*

4.15 Std.

Weiche Hänge, grüne Farbenspiele

Wer beim Blick auf die Wanderkarte schließt, dass die fast schnurgerade Strecke vom Col de la Sinne bis zum Lauvet d'Ilonse monoton oder gar langweilig sei, der täuscht sich: Die Wanderung ist von ausgesprochen bunter Vielfalt und offenbart immer wieder neue Blicke. Der Lauvet d'Ilonse ist baumlos und ermöglicht eine umfassende Rundumsicht. Verglichen mit anderen in diesem Wanderführer beschriebenen Gipfeln sehen er und seine Nachbarn, Tête du Pommier, Tête de Giarons, Tête de Pérail und Les Cluots, von der Ferne wie flauschige grüne Hügel aus.

Ausgangspunkt: Der Col de la Sinne, 1438 m, 3,5 km von Ilonse entfernt bzw. 15 km von der Durchgangsstraße des Tals der Tinée. Leicht nervenkitzelnde Anfahrt von beiden Tälern aus. Auf dem Pass eine große Picknickwiese. Parken an der Passstraße.
Höhenunterschied: 630 m.
Anforderungen: Einfache Tour. Gelbe Markierung. Frühjahr bis Herbst.
Karte: TOP 25, Moyenne Tinée.

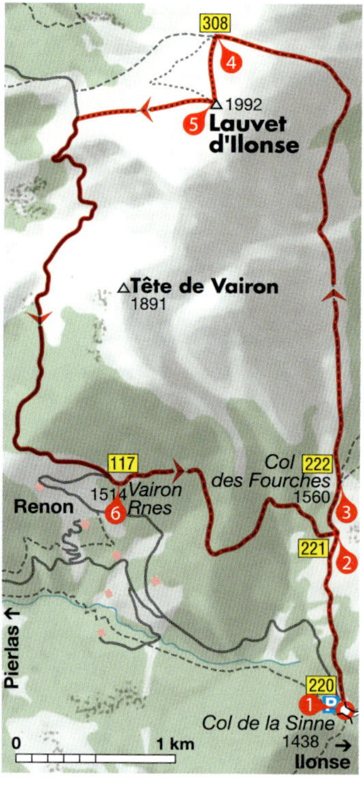

Vom **Col de la Sinne (1)** geht es an Wegzeiger *#220* nach Norden. Vorbei an **#221 (2)** erreichen wir den **Col des Fourches** (**3**, *#222*), 1560 m. Wir bleiben auf dem Kamm und gehen weiter schnurgeradeaus nach Norden. Der Blick nach Osten, bisher vom Le Mont geblockt, wird frei, und wir sehen den Ort Rimplas in der Nähe und die Bergkette des Mercantour mit dem Gélas in der Ferne.
Etwa 1.30 Std. vom Col de la Sinne aus geht es in Nordrichtung, dann kurvt der Weg nach links. Wir gehen nochmals 10 Min., dann sind wir am Wegzeiger ***#308* (4)**, 1850 m, angekommen. Jetzt erwartet uns noch ein viertelstündiger kräftiger An-

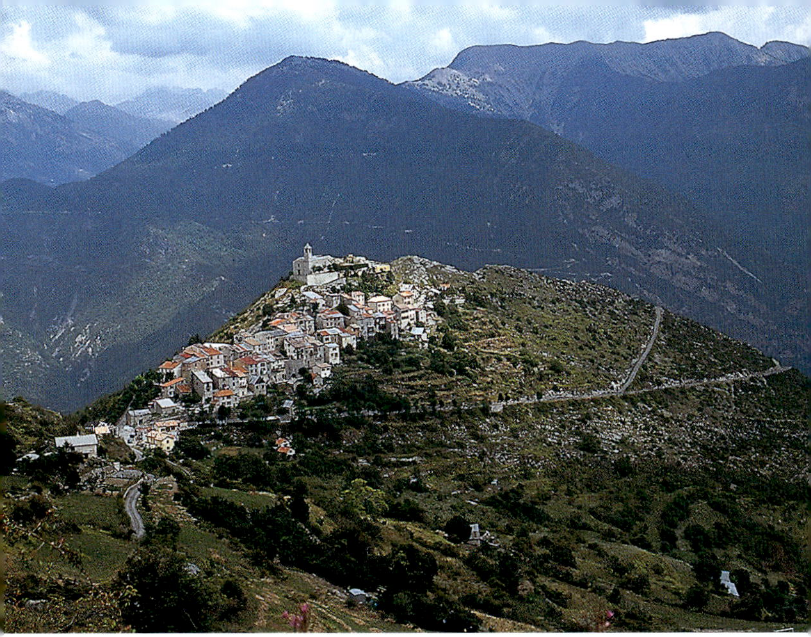

Das Dorf Ilonse.

stieg, für den wir durchaus die Direttissima wählen können, und wir sind am Ziel angelangt: auf dem **Lauvet d'Ilonse (5)**, der uns ein einmaliges Panorama beschert.

Für den Rückweg gehen wir weglos nach Westen und steigen durch die Wiesengründe ab, bis wir auf einen Schotterweg gelangen, etwas südlich von der Baisse de Tavanières. Diesem folgen wir abwärts bis zur Haarnadelkurve an den **Ruinen von Vairon** (**6**, *#117*), 1500 m.

Wir verlassen die Fahrstraße und folgen dem leicht ansteigenden Wanderweg. An der Weggabelung bei ***#221*** **(2)** gehen wir auf bekannten Wegen wieder zurück zu unserem Ausgangspunkt, dem **Col de la Sinne (1)**.

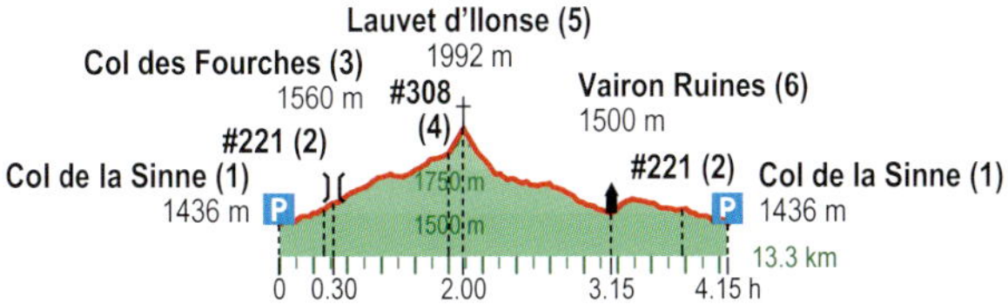

25 Caïre Gros, 2087 m

4.10 Std.

Bergsymphonie

Es gibt zahlreiche Gipfel von bescheidener Höhe, von denen wir eine allseitige Sicht auf das Bergpanorama der Seealpen genießen können. Der Caïre Gros ist ein solcher Berg und hat zudem noch recht kurze Anlaufzeiten, sodass wir auf dieser Tour ausnahmsweise durchaus auf Gleichgesinnte treffen, im Gegensatz zu den meisten anderen Touren in den Alpes-Maritimes.

Ausgangspunkt: St-Dalmas-de-Valdeblore, 1290 m. Parkplatz: vom Tinéetal kommend auf der *D2565* durch das Dorf Valdeblore. Am östlichen Ortsausgang gibt es nach der Linkskurve an der Kirche Ste Croix einen Parkplatz.
Höhenunterschied: 800 m.
Anforderungen: Einfache Tour. Frühjahr bis Herbst. Rot-weiße Markierung (*GR 5*) von St-Dalmas bis zum Col des deux Caïres; ansonsten gelbe Markierung.
Unterkunft: In Valdeblore: Auberge des Murès, Tel. 04 93 23 24 60; Gîte les Marmottes (ganzjährig), 7 Doppelzimmer, 1 Dreierzimmer, 2 Viererzimmer, Tel. 04 93 02 89 04, gite-marmottes.fr; Le Grand Chalet (ganzjährig, chambre d'hôtes), 5 Zimmer für 1–2 Personen, Tel. 04 93 02 83 50, grand-chalet.com; Les Cytises (ganzjährig, chambre d'hôtes), 3 Doppelzimmer, Tel. 04 89 77 00 85, mobil 06 18 51 18 25. In Valdeblore – La Bolline: Hotel de Valdeblore (ganzjährig), 9 Zimmer, Tel. 04 93 03 28 53, hotel-valdeblore.fr.
Karte: TOP 25, Moyenne Tinée oder TOP 25, Vallée de la Vésubie.

Saint-Dalmas-de-Valdeblore.

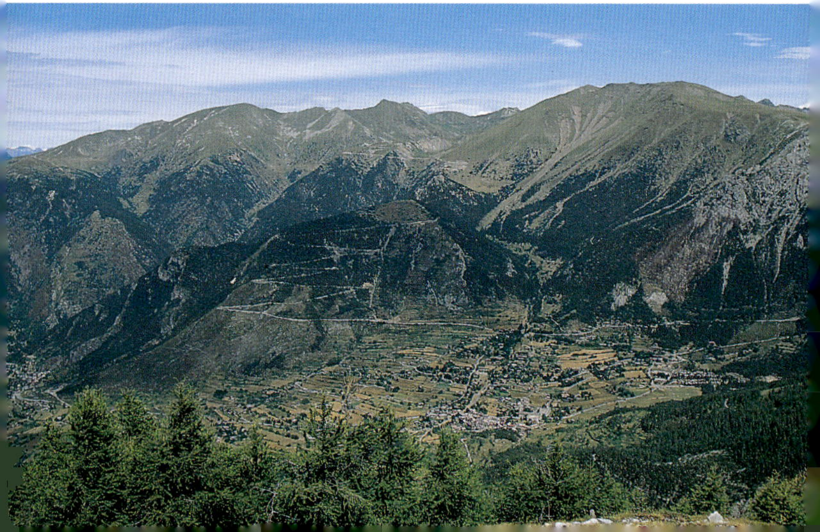

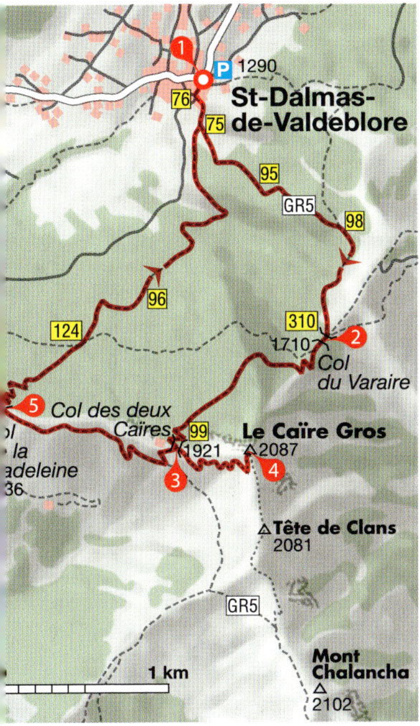

Am östlichen Ortsausgang von **St-Dalmas-de-Valdeblore (1)**, gegenüber der Kirche, wählen wir die nach Süden abzweigende Straße (rue de la Madone), die einen Rechtsbogen macht (*#76*, *#75*). An der Weggabelung bei #75 bleiben wir geradeaus auf dem *GR 5*. Nach einer weiteren Viertelstunde stößt der Weg auf einen Schotterweg. 50 m links aufwärts (*#95*) und auf dem schmaleren Schotterweg bergauf. An der Weggabelung (*#98*) rechts.

Am **Col du Varaire** (**2**, *#310*), 1710 m, geradeaus und, immer noch im Wald gehend, laufen wir bis zum **Col des deux Caïres** (**3**, *#99*), 1921 m. Wir verlassen den *GR 5* und erreichen über Weidegründe den Gipfel des **Caïre Gros (4)**, geschmückt von einer Telekommunikationsstation.

Denselben Weg zum Col des deux Caïres (*#99*) zurück und weiter zum **Col de la Madeleine** (**5**, *#97*), 1736 m.

Nach rechts in den Wald. Nach einer Viertelstunde wird ein Forstweg gekreuzt, in 10-Min.-Abständen zwei weitere Male (*#124*, *#96*), steil bergab gehend. Ein paar Minuten nach *#96* zweigt rechts ein Weg ab. Wir verlassen bald darauf den Wald, können im Sommer Wildkirschen am Wegrand verzehren, und kommen an *#75* wieder zu unserem Ausgangspunkt nach **St-Dalmas-de-Valdeblore (1)**.

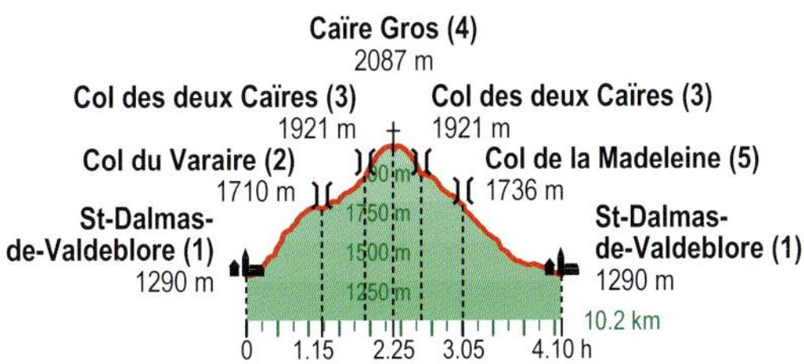

26 La Séréna (bis 1334 m)

3.00 Std.

Auch kleine Höhen geben schöne Blicke frei

Obwohl es ausnahmsweise einmal keine weltumspannende Sicht vom Gipfel gibt, ist diese Rundwanderung dennoch etwas fürs Auge. Meist im Wald verlaufend, gibt es immer wieder schöne Blicke auf die Dörfer der Commune de Valdeblore, nämlich La Bolline, La Roche und Saint-Dalmas, die gestaffelt zwischen 1000 und 1300 Höhenmetern inmitten von Blumen, Wiesen und Bäumen liegen, sowie das Dorf Rimplas.

Ausgangspunkt: St-Dalmas-de-Valdeblore – La Bolline, 1037 m. Parkplatz: vom Tinéetal kommend auf der D2565 durch den Ortsteil La Bolline, am Kreisverkehr geradeaus und 300 m weiter an der Kirche parken (die D2565 macht hier eine Linkskurve).

Höhenunterschied: 500 m.
Anforderungen: Einfache Tour. Gelbe Markierung, auf *GR 52A* rot-weiß. Eventuell kann die Tour auch im Winter begangen werden.
Unterkunft: Siehe Tour 25.
Karte: TOP 25, Moyenne Tinée.

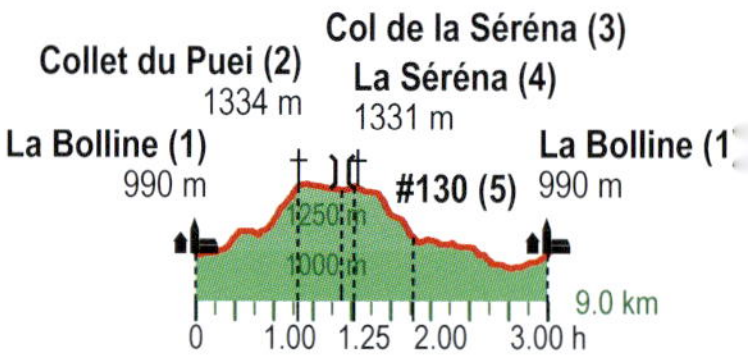

La Bolline.

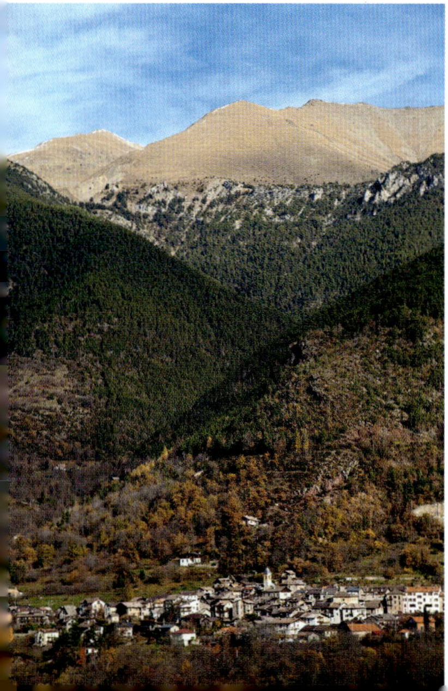

An der Stelle, an der die Straße bei der Kirche in **La Bolline (1)** eine scharfe Linkskurve (bergaufwärts geschaut) macht, biegt ein Wanderweg (*GR 52A*) rechts leicht bergab (*#139*, Vallon de St-Bernard, gleich gefolgt vom **Vallon de Bramafam**). Nach etwa 10 Min. geht es über einen (ausgetrockneten) Bach, hinter dem sich der *GR* in Serpentinen rechts hochwindet. Nach 5 Min. biegt er rechts ab (man läuft leicht Gefahr, hier geradeaus weiter anzusteigen, obwohl die Abzweigung mit dem *GR*-Zeichen markiert ist). Weitere 10 Min., und wir sind an ei-

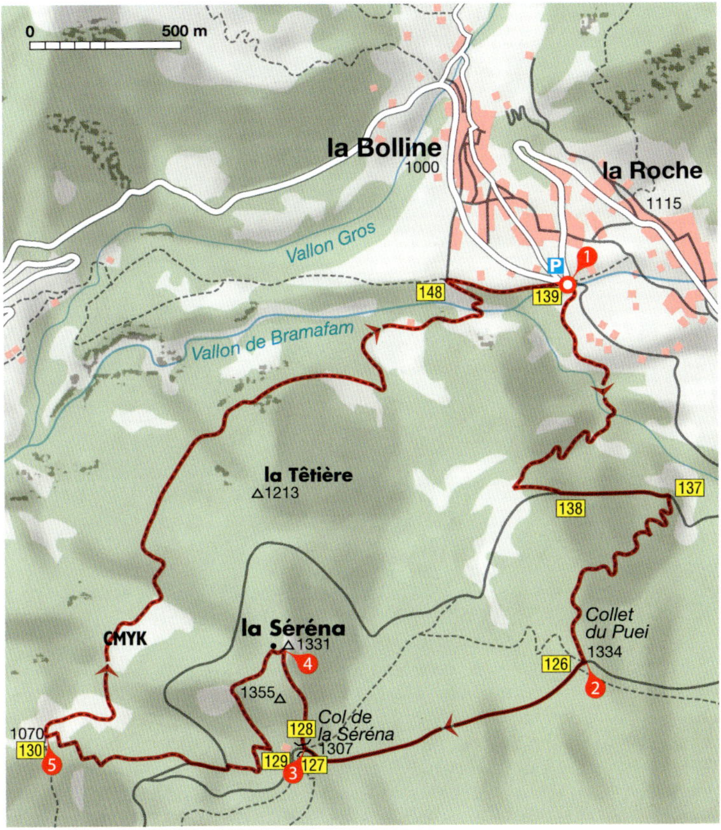

ner Lichtung angelangt, wo der *GR* links auf einem breiten Schotterweg weiterführt (nicht das scharf links abbiegende Weglein nehmen). 2 Min. später stoßen wir an *#138* auf ein geteertes Sträßchen, auf dem wir etwas mehr als 5 Min. bergab gehen bis zu *#137*. Dort verlassen wir den *GR 52A*, biegen nach rechts (ab jetzt gelbe Markierung) und steigen in zahlreichen Serpentinen, eine Forststraße überquerend, auf zum **Collet du Puei** (**2**, *#126*, Waldbänke zum Rasten, knappe 30 Minunten nach *#137*), 1334 m. Anschließend gehen wir auf der Forststraße rechts. Nach etwa 20 Min. sind wir am **Col de la Séréna (3)**, 1307 m. Hier macht die Forststraße eine scharfe Linkskurve;

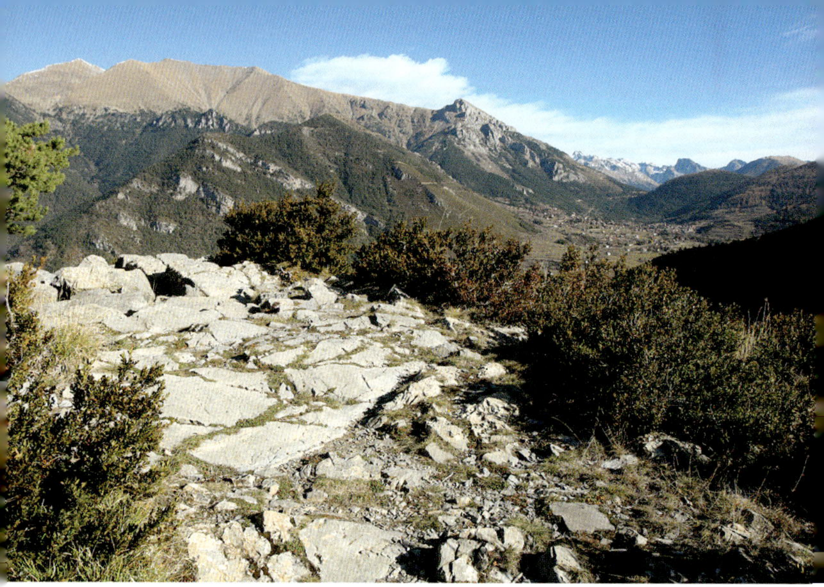

Auf La Séréna.

wir gehen stattdessen auf dem Wanderweg rechts leicht bergauf (*#128*) und erreichen nach 5 Min. die Aussichtsplatte **La Séréna (4)**, 1331 m.
Für die Rückkehr nehmen wir den schmalen Weg, der 5 Meter von der Felsplatte entfernt nach Westen steil bergab führt. Nach knappen 5 Min. an einer Weggabelung links (keine Wegzeichen) und eben auf breitem Weg in wenigen Minuten zur Wegteilung *#129*. Hier biegen wir rechts abwärts auf den Wanderpfad, nach 2 Min. an einer Gabelung wieder rechts, bis wir nach 10 Min. auf eine geteerte Forststraße (Kurve) kommen. Nur wenige Schritte auf der Straße nach rechts, dann biegt in der Kurve der Wanderweg links ab. Wir erreichen nach einer Viertelstunde die Gabelung **#130 (5)**, 1070 m. Wir biegen nach rechts und gehen nach etwa 100 Schritten an einer unscheinbaren Gabelung links einige Höhenmeter bergab, bis der Weg auf einen Forstweg trifft. Durch lichteres Gelände und nach 7 Min. an einer Abzweigung links (Steinmännchen). Schöne Blicke auf das Dorf Rimplas mit dem dahinter aufragenden Mont Mounier werden frei. Etwa 25 Min. nach der letzten Abzweigung an einer Gabelung links halten (nicht den aufwärtsführenden Pfad nehmen). Noch einige weitere Auf und Abs, dann erreichen wir an *#148* das Dorf **La Bolline (1)**. Rechts, und nach wenigen Minuten sind wir wieder an unserem Ausgangspunkt *#139* angelangt.

4.45 Std.

Roubion und Roure (bis 1314 m)

27 TOP

Farbenmeer im Herbst

Roubion und Roure sind zwei Bergdörfer par excellence: Kirchen und Kapellen (mit Werken bekannter Künstler: François Bréa in der Kirche Saint-Laurent in Roure und Andrea de Cella in der Chapelle St-Sébastien-et-St-Bernard in Roure), Schule, Mühle, Backofen, Brunnen, Friedhof, die Häuserdächer, Wasserkanal (7 km, Teile auf der Wanderung sichtbar). Exemplarisch auch die Landflucht: Roubion hatte 378 Einwohner im Jahr 1838, Roure 646. Heute sind es in beiden vielleicht je ein halbes Hundert permanente Einwohner. Dass es im Sommer mehr sind, verwundert nicht. Hier lässt es sich nicht nur vorzüglich wandern, auch das Arboretum von Roure, in dem etwa 250 Baumarten und ebenso viele Blumen- und Pflanzenarten gepflegt werden, zieht Besucher an.

Ausgangspunkt: Roubion, 1314 m. Parkplätze sind am Ortseingang und am Ortsende nach dem Tunnel vorhanden; ebenso gibt es einige Parkplätze eine Serpentine weiter oben (Roubion Haut Village).
Höhenunterschied: 750 m.
Anforderungen: Der Weg zwischen *#290* und *#253* geht teilweise am steilen Hang entlang. Frühling bis Herbst.

Einkehr/Unterkunft: In Roubion: siehe roubion.com. In Roure: Hôtel-Auberge Le Robur (auch »lo Robur«), 7 Zimmer, Tel. 04 93 02 03 57; Gîte d'étape, 5 Zimmer für 2–4 Personen, ganzjährig, Tel. 04 93 02 00 70 (Mairie).
Variante: Arboretum bei Roure, etwa 30 Min. vom Dorf entfernt. Nach der Kurve an *#240* geht es links auf den *GR 5*.
Karte: TOP 25, Moyenne Tinée.

Das Bergdorf Roubion.

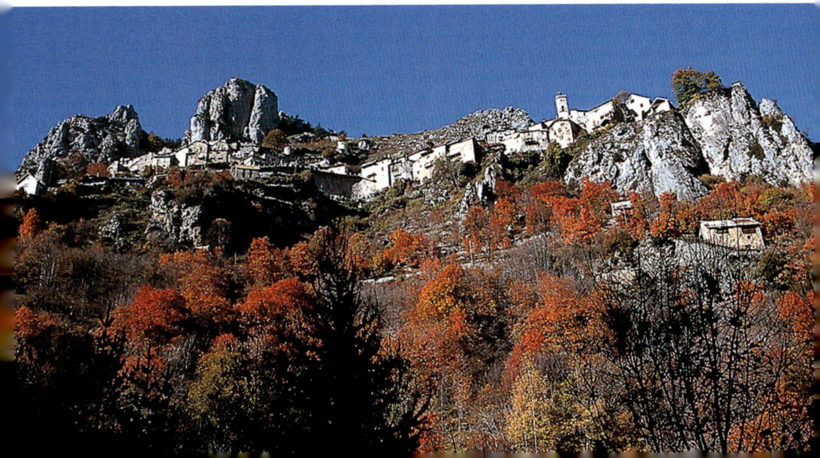

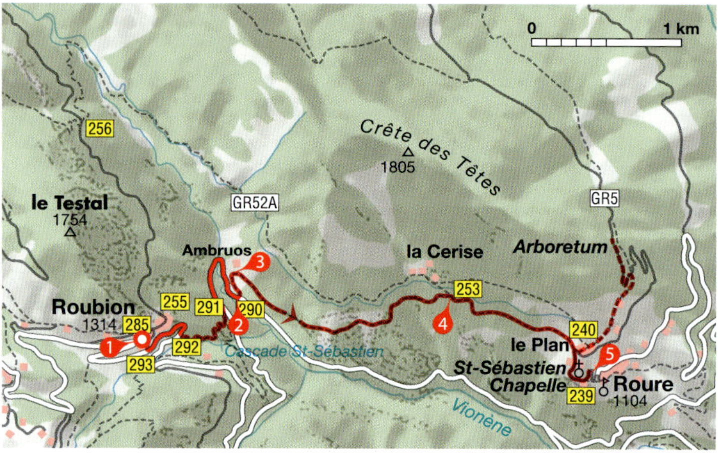

Vom Dorfparkplatz in **Roubion (1)** ein paar Schritte ins Dorf und an Wegzeiger *#285* den Weg bergab mit nachfolgender Rechtskurve. Wenn wir an *#293* auf die Landstraße stoßen, links (Chemin du Facteur, »Briefträgerweg«) und etwa 400 Schritte auf der Straße gehen. Etwa 50 m nach der Haarnadelkurve biegt der »Briefträgerweg« links ab (*#292*). In einer Viertelstunde sind wir wieder auf der Landstraße (*#291*). Auf ihr 10 Min. abwärts. Etwa 300 m nach der Brücke geht bei ***#290* (2)** links ein Wanderweg steil bergauf (bei etwa 960 m Höhe). Die Ruinen von **Ambruos (3)**, zunächst ein Haus, kurz darauf etwas abseits zwei Häuser, werden passiert. Es geht jetzt häufig über rotes Gestein, zum Teil am steilen Hang entlang. Nach einer halben Stunde ist der Weg unterhalb der Stromleitung auf etwa 100 m nicht sofort offensichtlich, jedoch helfen vier gelbe Markierungen an den Bäumen (zunächst etwas leicht bergab unter der Stromleitung). Kurz danach erblicken wir nach einem erneuten Zwischenanstieg Roure, die Hütten von La Cerise auf dem fast kirschroten Untergrund sowie in der Ferne den Caïre Gros. Wir kommen an einen Wasserkanal, in dem wir 200 m nach rechts gehen, dann ein letztes kurzes steiles Stück links bergauf, um an ***#253* (4)**

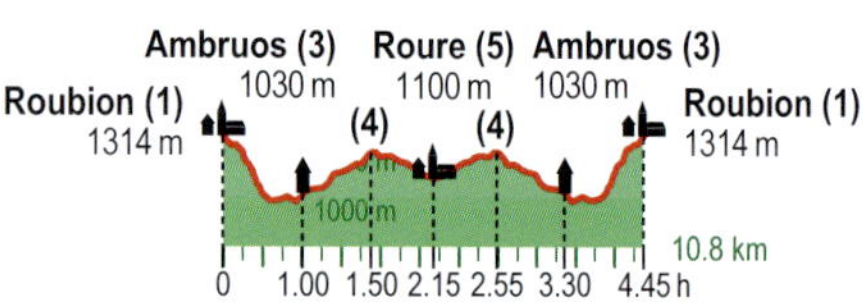

herauszukommen (ein paar Schritte oberhalb befindet sich La Cerise, eine ehemalige Siedlung, die aus einer Handvoll Häusern besteht). Der Kanal müsste weitgehend trocken sein, zumindest nach den ersten Metern. Ansonsten auf dem Kanalrand gehen (teilweise ausgesetzt) oder einfacher alternativ 50 m links, über den Kanal setzen und 100 m steil aufwärts. Von La Cerise in einer knappen halben Stunde, #240 passierend, nach **Roure (5)**. Zurück nach **Roubion (1)** auf demselben Weg.

Blick von Roure in das Tal der Tinée.

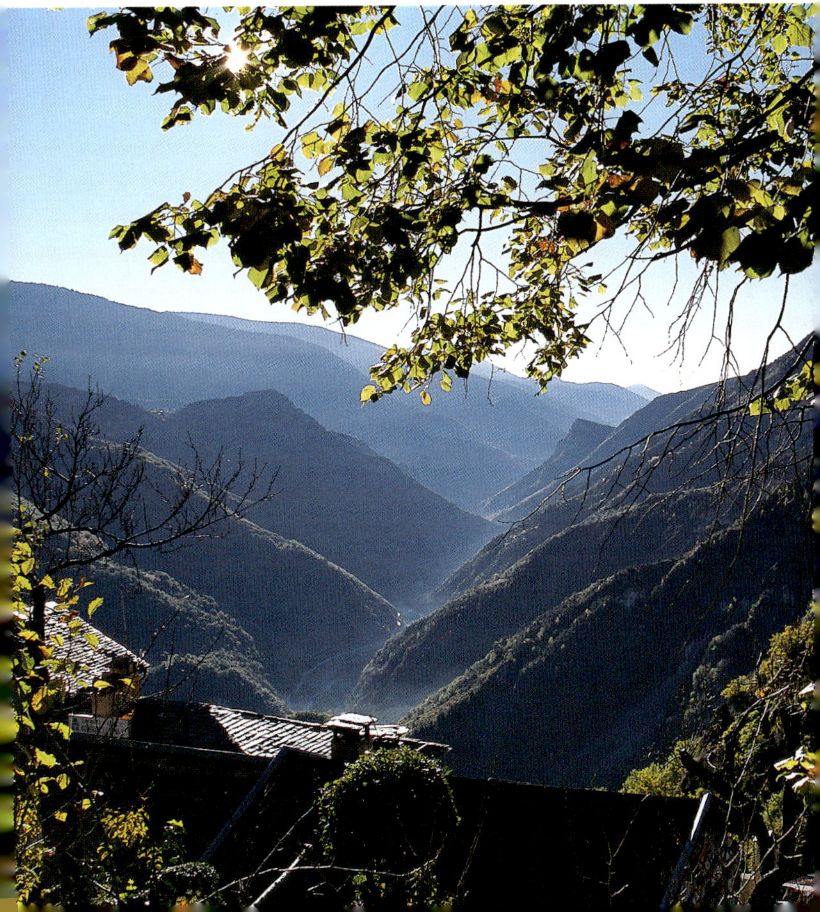

28 Vallon de Mollières, 1572 m

5.30 Std.

Talwanderung ans Ende der Welt

Auf vielen Touren in den Seealpen meint man, am Ende der Welt angelangt zu sein, obwohl fast alle der isolierten Dörfer heute mit dem Auto zu erreichen sind, wenn auch oft nur auf windigen, engen Sträßchen. Doch von all den Enden der Welt ist Mollières wirklich »au bout du monde«. Wer nach 2.30 bis 3 Std. Marsch durch das einsame Tal, vorbei an Häuserruinen und Ackerterrassen, die im (heute verfallenen) Weiler L'Educh recht hoch im vom Gletscher abgeschliffenen Berg angelegt wurden, schließlich im verlassenen Mollières eintrifft, hat Mühe zu verstehen, warum die Geschichte von Mollières derart turbulent sein musste. Als der Comté de Nice 1860 zu Frankreich kam, blieb Mollières italienisch. Im Zweiten Weltkrieg wurde die Bevölkerung nach Italien evakuiert. Mollières diente als Zuflucht für Franzosen und Italiener. 1944 wurde es von deutschen Soldaten niedergebrannt. 1947 wurde der Ort französisch. Gewohnt hat dort keiner mehr. Erst seit Schaffung des Nationalparks kehrte ein bisschen Leben zurück: Häuser werden wieder hergerichtet, mit Sonnenkollektoren ausgestattet und dienen im Sommer als Zweitwohnsitze. Von einigen anderen Häusern jedoch sind nach wie vor leider teilweise nur die Außenmauern übrig.

Ausgangspunkt: Wasserkraftwerk (Usine Hydro-électrique de Valabres), 666 m, 5,7 km vom Ortsausgang von St-Sauveur-sur-Tinée. 1 km nördl. des Pont Paule geht rechts von der Hauptstraße ein kleiner Schotterweg ab (180-Grad-Kurve). Dort parken.
Höhenunterschied: 900 m.
Anforderungen: Einfache Wanderung mit gleichmäßigem Anstieg. Frühjahr bis Herbst. Verlaufen kann man sich nicht; der Weg geht immer am Bach entlang bis nach Mollières.
Unterkunft: Die Mairie (Tel. 04 93 02 00 22) besitzt Gîtes, Reservierung über Tel. 04 92 15 21 30, gites-de-france-alpes-maritimes.com. Keine Unterkunft oder Einkehrmöglichkeit in Mollières (mollieres.fr).
Hinweis: Die Wanderung verläuft im Parc National du Mercantour.
Karte: TOP 25, Moyenne Tinée.

Die Brücke, die am **Wasserkraftwerk (1)** die Tinée überquert, ist der »Eingang« des Nationalparks. Gleich hinter der Brücke ist *#259*. Es geht auf der

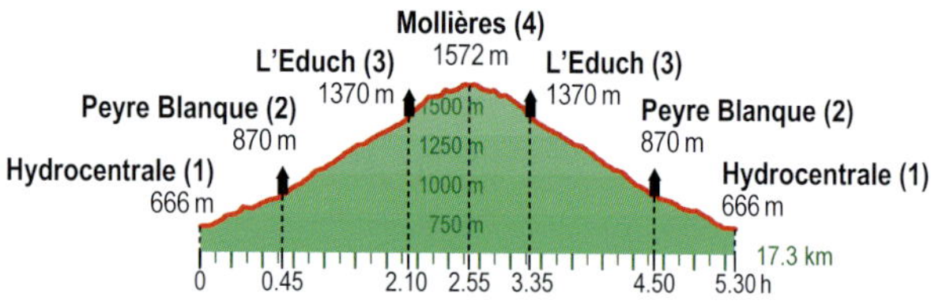

Forststraße entlang, die anfangs vier Kehren macht. Nach einer guten 30 Min. führt der Weg an einem Haus vorbei, das zu den Wasserkraftanlagen gehört. Kurz darauf tauchen links in den Hängen die Ruinen von **Peyre Blanque (2)** auf. Nochmals 15 Min. und wir sind an *#260,* 980 m, angelangt. Jetzt befinden wir uns auf einem schmalen Wanderweg. Die Ruinen zweier Weiler auf der gegenüberliegenden Flussseite, La Liume, später L'Educh, sind zu sehen. Bei **L'Educh (3)** wurden teilweise recht wagemutig die Terrassenanlagen angebracht, um jedes Zipfelchen Ackerboden zu nutzen. Nach L'Educh macht der Weg eine weitläufige Rechtskurve, und die fast 3000 m hohen Gipfel, die die französisch-italienische Grenze bilden, werden im Osten sichtbar. Kurz nachdem ein Brücklein überschritten wird, entfernt sich der Weg vom Flussbett und verläuft etwas oberhalb von ihm. Der Blick wird frei auf das Bergdorf **Mollières (4)**, das wir kurz darauf auch schon erreichen. – Rückweg wie Hinweg.

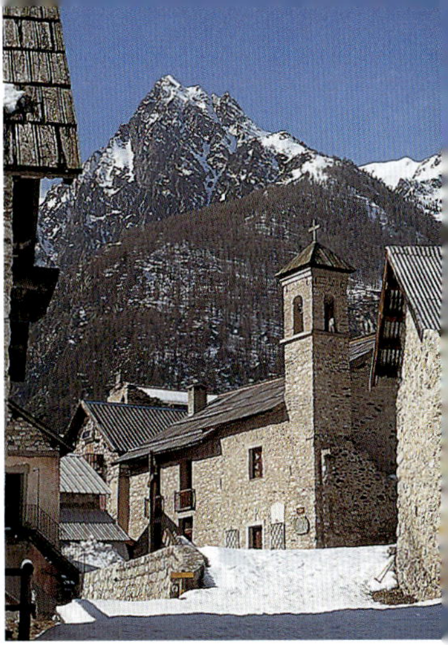

Mollières im Winter.

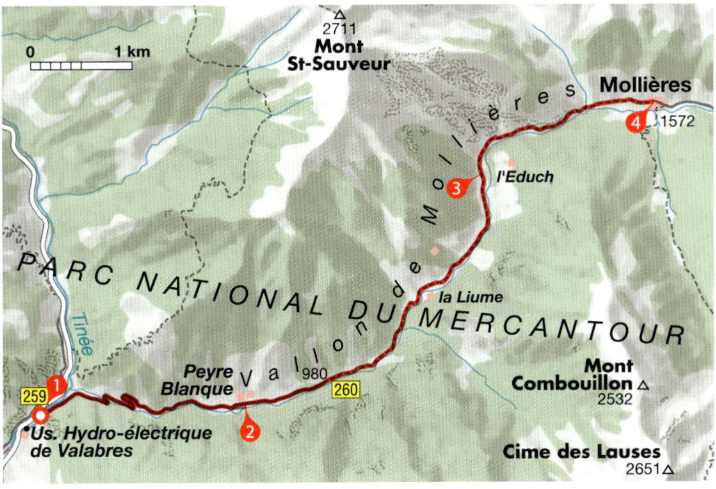

29 Mont Giraud, 2606 m

6.30 Std.

Höhenweg – Gratwanderung – See

Direkt an den Parc National du Mercantour angrenzend, lassen sich vom Mont Giraud die ganzen Gipfel des Mercantourmassivs mit dem Auge abtasten. Die Wanderung lässt sich gemütlich an mit einem fast zwei Stunden langen Höhenweg zu einer Alm (Vacherie de Rimplas), dann kommt ein Crescendo mit dem Anstieg auf den Mont Giraud, das in ein Forte übergeht, der einstündigen Gratwanderung zum Col Ferrière. An den Lacs des Millefonts lässt sich schließlich nochmals eine gemütliche Rast einlegen.

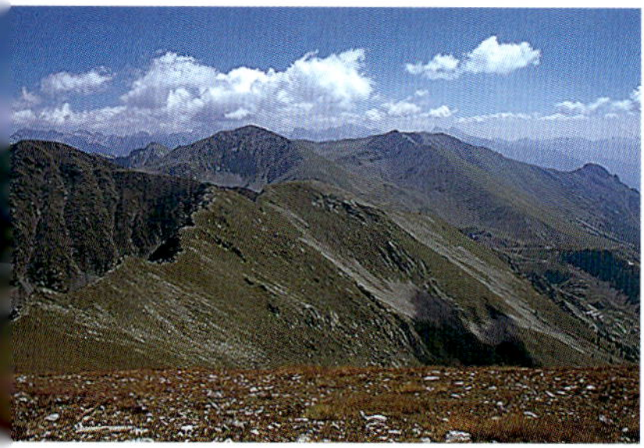

Blick vom Mont Giraud auf den Grat.

Ausgangspunkt: Parking de Millefonts, 2040 m, am Ende der geteerten Straße, 9,5 km von St-Dalmas-de-Valdeblore. Auf die »Verlangsamer« auf der Straße bei der Anfahrt achten.
Höhenunterschied: 950 m.
Anforderungen: Der Übergang vom Mont Giraud auf den Col Ferrière geht z. T. steil am Hang entlang (Tête de Velail bis Tête de la Tranche) und macht diese Tour »schwarz«. Ab und zu Wegspuren, dann muss man sich den Weg wieder selbst suchen. Ansonsten gelbe Markierung, auf dem letzten Teilstück ab dem Col de Veillfos rot-weiß (*GR 52*). Sommer, Herbst, ev. Frühjahr, da der Schnee auf dem Mont Giraud schnell taut.
Varianten: (1) Der direkte Abstieg vom Mont Giraud süd-süd-östlich über Almwiesen ist einfach. Auf Höhe 2060 m trifft man auf den Wanderweg und geht zurück über die Bergerie im Vallon des Millefonts zum Parkplatz. Gesamtzeit 5.30 Std.; Höhenunterschied 700 m.
(2) Vom Parkplatz direkt zu den Lacs des Millefonts (am Col de Veillos links). Links am Lac Petit vorbei und auf dessen Nordseite nordöstlich auf einem unmarkierten Weg bergauf. Am Lac Long trifft er auf den *GR 52*. Auf ihm auf den Col de Barn, 2452 m, dann wieder zurück auf dem *GR 52* zum Parkplatz. Gesamtzeit 3.30 Std.; Höhenunterschied 410 m.
(3) Eine gemütliche »blaue« Tour ist die Höhenwanderung vom Parkplatz Millefonts zur Vacherie de Rimplas wie in der Haupttour und auf demselben Weg wieder zurück. Gesamtzeit 4.30 Std.; Höhenunterschied 280 m.
Unterkunft: In St-Dalmas-de-Valdeblore, siehe Tour 25.
Karte: TOP 25, Moyenne Tinée.

Vom **Parkplatz Millefonts (1)** ein paar Schritte zurück bis zu *#82* am Straßenrand und den Wanderweg rechts abwärts nehmen. An der nächsten Weggabelung (*#146*) westwärts. Der Weg führt leicht bergauf, dann wieder etwas bergab zum Bach **Millefonts** (**2**, *#145*). Über eine Holzbrücke und den einige

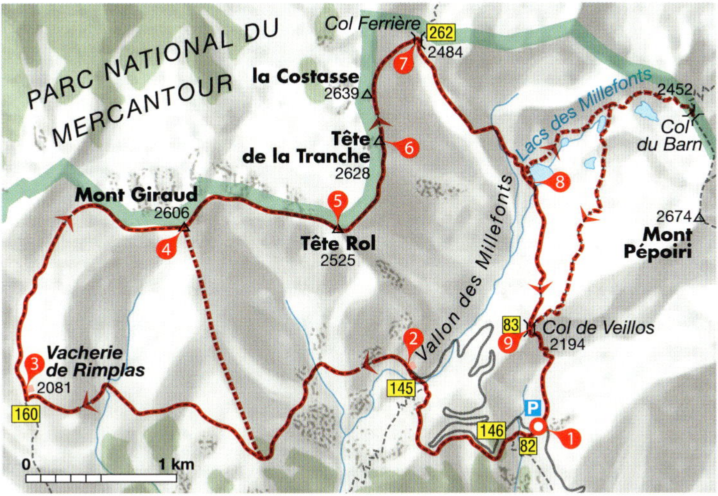

Meter ansteigenden Weg zwischen der kleinen Häusergruppe hindurch nehmen. Wieder leicht bergab, das Vallon de la Tune passieren, und nochmals aufwärts auf die südliche Kruppe des Mont Giraud (schöner Rastplatz). Weiter gen Westen bis zur **Vacherie de Rimplas** (**3**, *#160*), 2081 m, auf einem mit Steinbrocken »übersäten« Wiesenplateau. Ab jetzt geht's »richtig« bergauf, zunächst nach Norden in einer Talschneise, dann ostwärts bis zum Gipfel des **Mont Giraud (4)**. Wir steigen weiter in nördöstlicher, dann östlicher Richtung etwa 100 Hm bergab. Auf Wegspuren, zum Teil durch Geröll hindurch, am steilen Hang der Crête de la Tune entlang und weiter auf die **Tête Rol (5)**, 2525 m. Etwas bergab auf einen Minipass, dann wieder aufwärts zur **Tête de la Tranche (6)**, 2628 m. Weiter nach Norden, etwas unterhalb der Costasse, wandern wir dann in fast östlicher Richtung bergab zum **Col Ferrière** (**7**, *#262*), 2484 m. Nun geht es abwärts über grasbewachsene Hänge (Weg nicht immer klar erkennbar) zum größten See der Seengruppe »Lacs des Millefonts«, dem **Lac Petit** (**8,** »Kleiner See«, doch der größte), 2225 m. Zurück über den **Col de Veillos** (**9**, *#83*), 2194 m, zum **Parkplatz (1)**.

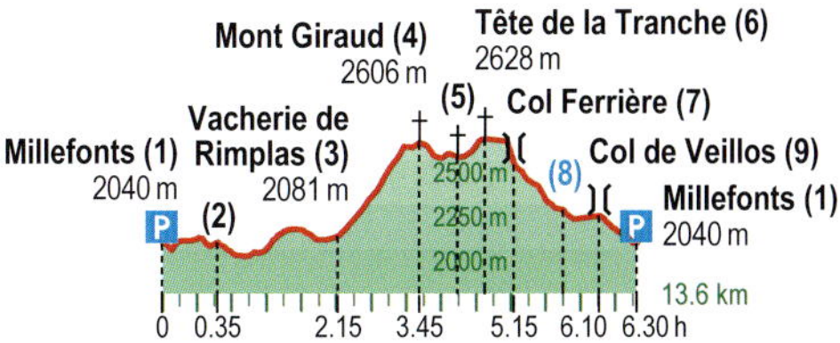

30 Cime de Pelousette, 2757 m

3.00 Std.

Auf den Spuren der jüngsten Vergangenheit

Was heute Teil des Nationalparks ist, war früher Militärgebiet. 1912 wurden die Kasernenanlagen auf dem Camp des Fourches errichtet, bis zum Ende des Zweiten Weltkriegs waren sie ganzjährig belegt. Da zwei Drittel des Jahres Schnee liegt, war die Versorgung dieses Postens keine Leichtigkeit. Eine Seilbahn vom Weiler Le Pras versorgte die Mannschaften. Wenn wir heute im Sommer vom Camp des Fourches auf die Cime de Pelousette steigen, auf dem ebenfalls noch Ruinen aus jener Zeit stehen, so können wir uns wohl nur schwerlich vorstellen, wie hier einst das Leben als Gebirgsjäger sein musste.

Ausgangspunkt: Camp des Fourches, 2240 m, 18 km von St-Étienne-de-Tinée. Parkplatz direkt an der Straße und hinter den Ruinen.
Höhenunterschied: 520 m.
Anforderungen: Technisch keine. Unmarkierter Weg, gelegentlich Steinmännchen. Sommer, Herbst.
Variante: Mont des Fourches, 2342 m. 45 Min. hin und zurück.
Unterkunft: Gîte de Bousiéyas, 5 km unterhalb vom Camp des Fourches an der Straße, äußerst einfach, 16 Betten, Tel. 04 93 02 69 73, gitedebousieyas.fr. In St-Étienne-sur-Tinée, siehe Tour 33.
Hinweis: Wanderung verläuft im Parc National du Mercantour.
Karte: TOP 25, Haute Tinée 1.

Vom Parkplatz **Camp des Fourches (1)** wandern wir nach Osten zum **Col des Fourches** (**2**, 2261 m, *#41*, kaum 10 Min.), wo wir einen Blick in den

Schafherde auf dem Col des Fourches.

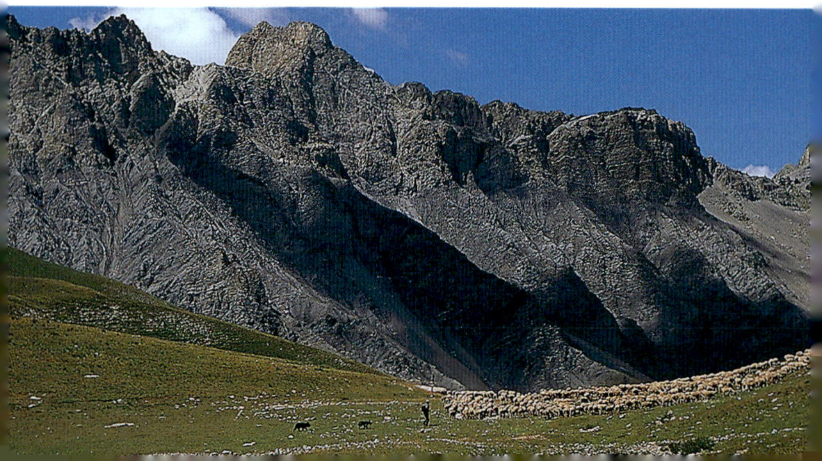

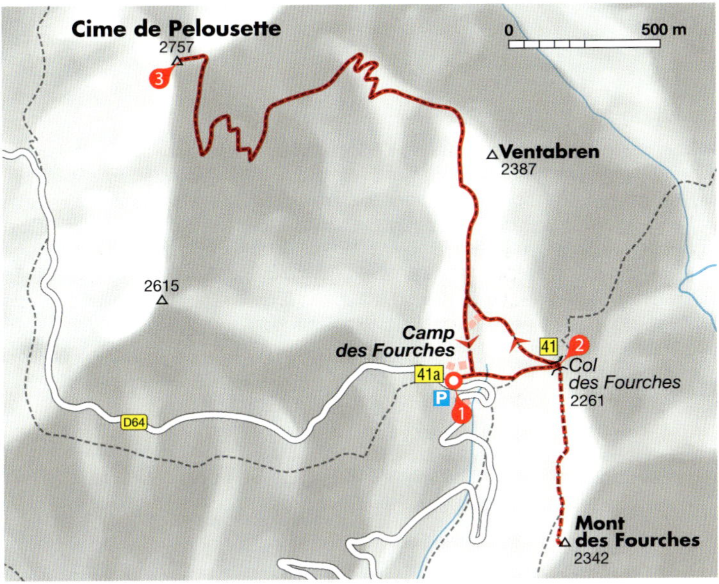

riesigen Bergkessel Salso Moréno werfen. In nordwestlicher Richtung über die Wiese und auf die zwei Steinhütten zuhalten. Wenige Meter dahinter befindet sich ein grasbewachsener ehemaliger Militärweg, zum Teil von rechts und links eingelassenen Steinen begrenzt. Die Wegspur führt nach Norden. Die grasbewachsene Flanke des Ventabren, 2387 m, lassen wir rechter Hand liegen. Kurz danach schwenkt der Weg wieder in nordwestliche Richtung. Ein breit angelegter Weg führt in einigen Serpentinen über das Geröllfeld. Der Weg wurde früher vom Militär angelegt, der Wanderer dankt es ihm heute.

Nach einem längeren Querstück schließen sich Serpentinen an über Wiesengrund, und nach einer weitläufigen Haarnadelkurve erreichen wir die **Cime de Pelousette (3)**.

Der Abstieg erfolgt auf demselben Weg. Die zwei Steinhütten lassen wir jedoch links liegen und bleiben auf dem Militärweg, bis wir wieder zum Parkplatz **Camp des Fourches (1)** gelangen.

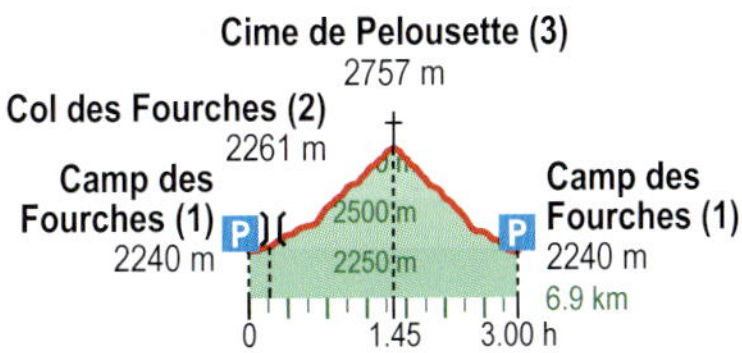

31 Tête de l'Enchastraye, 2954 m

7.30 Std.

Durch Dolinenlandschaft auf einen Grenzgipfel

Genau genommen liegt die Tête de l'Enchastraye nicht mehr im Département Alpes-Maritimes, sondern hälftig im angrenzenden Département Alpes-de-Haute-Provence und in Italien, und entsprechend zahlreich sind die italienischen Gipfelstürmer, die vom Sturatal aus losmarschieren. Wir erreichen die Tête de l'Enchastraye über das weite Tal Salso Moréno, das im Sommer und Herbst Tausenden von Schafen als Weidegrund dient. Beeindruckend sind die zahlreichen Trichter (Dolinen) des Tals Salso Moréno, die einen Umfang von 30 Metern und eine Tiefe bis zu 8 Metern erreichen und die im Laufe der Jahrtausende entstanden sind: Wasser dringt in die Ritzen von Steinen, löst langsam den darin enthaltenen Gips auf und gräbt sich so seinen Weg in die Tiefe.

Ausgangspunkt: Parkplatz am Camp des Fourches, 2240 m (siehe Tour 30).
Höhenunterschied: 1200 m.
Anforderungen: Steiler Anstieg im Korridor. Danach etwas beschwerlich (Trittsicherheit) über Geröllfelder, Felsplatten und -brocken zum Gipfel. Auf dem *GR 5 / GR 56* rot-weiß. Gelegentlich Steinmännchen auf dem Gipfelabschnitt.
Unterkunft: Gîte de Bousiéyas, siehe Tour 30; in St-Étienne-sur-Tinée, siehe Tour 33.
Hinweis: Wanderung verläuft im Parc National du Mercantour.
Karte: TOP 25, Haute Tinée 1.

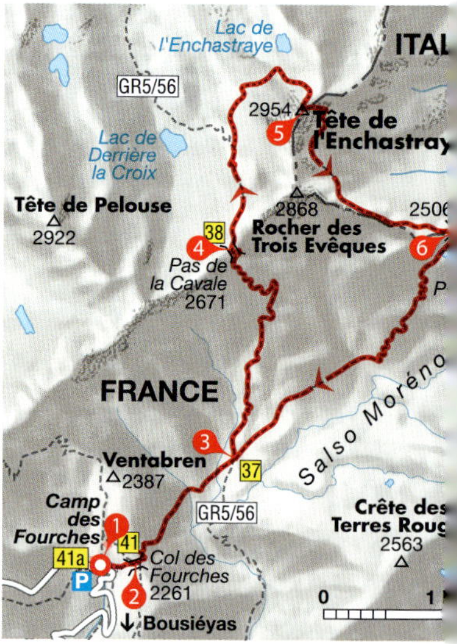

Vom Parkplatz an den Ruinen des **Camp des Fourches (1)** geht es auf dem *GR 5 / GR 56* gen Osten. In wenigen Minuten sind wir auf dem **Col des Fourches (2)**, 2261 m, dann geht es eine Viertelstunde bergab, bis ein kleiner Bach überquert wird, 2080 m. Nach weiteren 10 Min. sind wir an der Wegkreuzung ***#37* (3)** angelangt. Wir folgen weiterhin dem *GR 5/GR 56* und gehen nach Norden Richtung **Pas de la Cavale (4)**. Unterwegs passieren wir auf den geschwungenen Weidegründen mehrere Dolinen. Kurz nach den Lacs d'Agnel geht es im Zickzack nordwestlich auf den Pas de la Cavale, 2671 m (*#38*). Auf der anderen Seite ge-

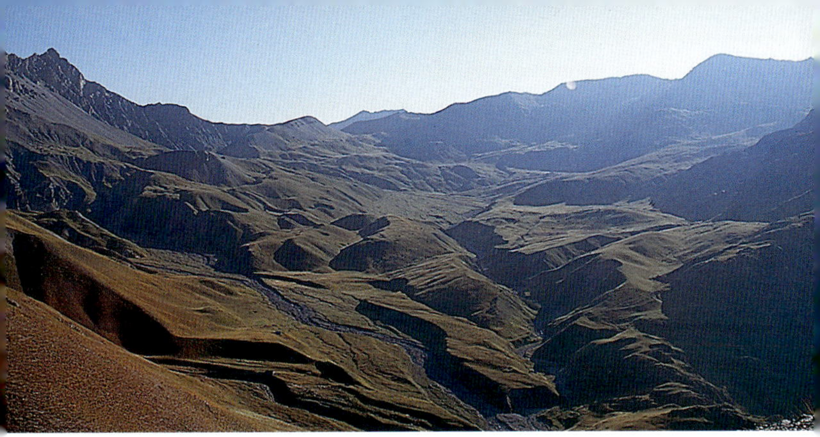

Dolinenlandschaft im Tal Salso Moréno.

hen wir etwa 10 Min. bergab, dann zeigt ein Steinmann eine Wegspur an, die rechts vom Hauptweg abgeht. Dieser Pfad löst sich alsbald auf. Nach weiteren etwa 10 Min. ist (halb-)links die kleine Erhebung, P. 2580, rechts (östliche Richtung) ein gut sichtbarer und steiler Korridor. Dieser lässt sich, zunächst weglos, dann auf einem gewundenen Pfad erklimmen. Vom Pass aus, etwa auf 2750 m, ist der Lac de l'Enchastraye zu sehen. Um vollends auf dem Gipfel der **Tête de l'Enchastraye (5)** zu stehen, folgen wir den Steinmännchen, die uns über Geröll, Steinplatten und Felsblöcke in einem Halbbogen zum Gipfel führen; auch der direktere Weg am Grat entlang dürfte möglich sein.
Von der Tête de l'Enchastraye geht der Abstieg zunächst einige Minuten nach Osten, dann wird eine Kehre gemacht und in einem großen Viertelkreis, zunächst über Geröll, auf italienischem Gebiet zum **Col de Pouriac (6)**, 2506 m, abgestiegen (Grenze Frankreich – Italien). Dort rechts und über Wiesen- und Weidegründe, von eifrigem Murmeltiergepfeife begleitet, nach einem langen, sanften Abstieg zur Wegteilung bei ***#37* (3)**. Auf bekanntem Weg zurück zum Parkplatz am **Camp des Fourches (1)**.

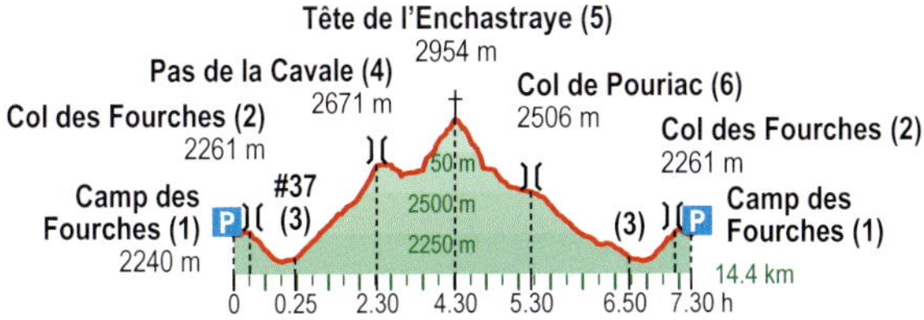

32 Lacs de Vens und Cime des Blanches, 2762 m

9.10 Std.

Die Se(h)en(swürdigkeiten) von Vens

Wie an einer Perlenschnur aneinandergereiht erscheinen von der Cime des Blanches die Lacs de Vens, eine Handvoll kaskadenartig angeordneter Gletscherseen zwischen etwa 2300 und 2400 Höhenmetern. Die Lacs de Vens gehören zu den klassischen Zielen in den französischen Alpen, und die Wanderwege sind im Juli und August entsprechend belebt.

Ausgangspunkt: Parkplatz in Le Pra, 1700 m, an der Passstraße zum Col de la Bonette, 10 km flussaufwärts von St-Étienne-de-Tinée.
Höhenunterschied: 1350 m mit Cime des Blanches. Ohne diesen Abstecher 180 m weniger.
Anforderungen: Der Kaminweg (»la cheminée«, *#26* bis zum Hauptweg) beim Abstieg ist steil. Wer ihn meiden möchte, geht von der Alpenvereinshütte nicht direkt an den Seen entlang, sondern nimmt ab *#24* den etwas oberhalb verlaufenden Weg bis zu *#23* und abwärts in Serpentinen. Alternativ Pas des Pêcheurs bei *#27*. Optimal im Sommer oder Herbst. Gesamtzeit 8–9 Std.; ohne Cime des Blanches etwa 7 Std.
Einkehr/Unterkunft: Refuge des Lacs de Vens, 2380 m (FFCAM, von Mitte Juni bis Mitte September), 45 Plätze. Reservierung übers Internet erforderlich: refugedevens.ffcam.fr.
Hinweis: Wanderung verläuft im Parc National de Mercantour.
Karte: TOP 25, Haute Tinée 1.

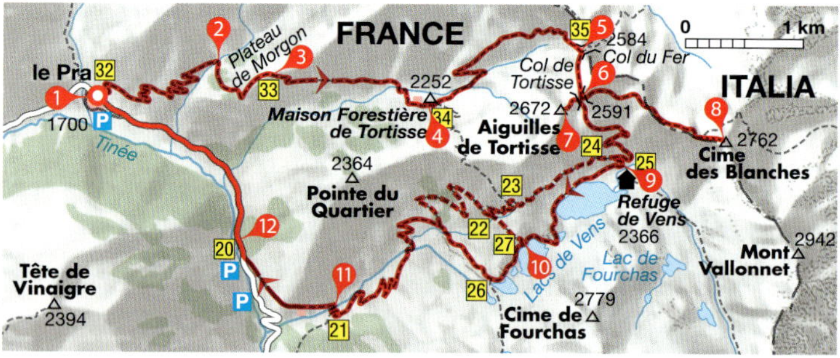

Gemütlich einlaufen ist hier nicht angesagt. Am Wegzeiger *#32* am Straßenrand von **Le Pra (1)** geht es gleich mit dem Anstieg los. Wir erreichen das **Plateau de Morgon (2)**, wo eine Brücke über ein Bächlein führt, 2060 m. Wenn wir nach weiteren 15 Min. Wegzeiger **#33 (3)**, 2140 m, passiert haben, geht es ein paar Minuten etwas bergab, bevor es wieder ansteigt. An dem **Maison Forestière de Tortisse (4)**, 2235 m, wandern wir vorbei zu *#34* und weiter in Richtung **Col du Fer (5)**. Vom Col du Fer, 2584 m (*#35*) sehen wir im Norden die Pyramide des Monte Viso emporragen. Nur 10 Min. sind es bis zum **Collet de Tortisse (6)**, 2591 m. Bevor wir mit dem Abstieg beginnen, können wir zwei Abstecher einlegen: einen kurzen rechts hoch auf die **Aiguilles de Tortisse (7)**, Zeitaufwand hin und zurück 15 Min., mit Blick auf den oberen der Seen, und/oder einen längeren auf die Cime des Blanches, 2762 m, wo wir den schönsten Blick auf die Seenkaskade von Vens haben, hin und zurück 1.30 Std. Der Weg zur Cime des Blanches führt über den Pas des Blanches, 2655 m. Etwa 300 m danach verlassen wir den Weg, der weiter zum Colleto di Panieris auf der italienischen Seite führt, und gehen weglos und problemlos auf dem Grat zur **Cime des Blanches (8)**.

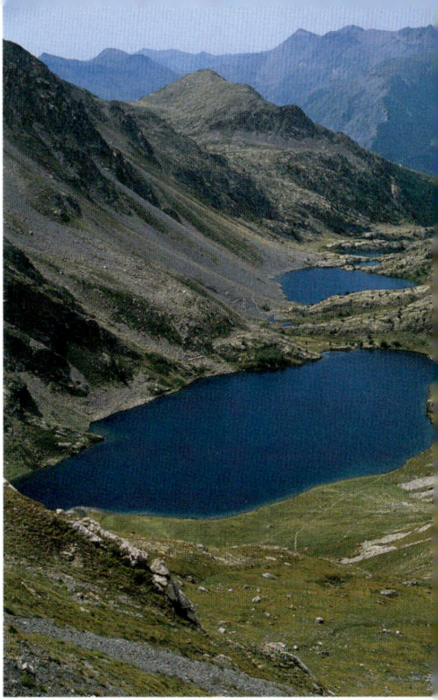

Die Seenkaskade Lacs de Vens, von der Cime des Blanches aus aufgenommen.

Vom Collet de Tortisse bergab zum **Refuge de Vens (9)**, 2366 m. Von hier nehmen wir den Weg, der direkt an den Seen entlangführt. Entweder am mittleren großen See bei **#27 (10)** den Pas des Pêcheurs zu *#22* oder weiter längs der Seen bis *#26*, wo rechts ab der steile »Kaminweg« geht (nicht angezeigt auf dem Wegzeiger). Wir laufen bergab bis auf eine **Forststraße** (**11**, *#21*) und biegen hier rechts ab. Nach 10 Min. erreichen wir einen **Parkplatz** (**12**, #20), und von ihm aus sind es noch etwa 300 m bis zur Straße. Auf ihr etwa 3 km aufwärts bis **Le Pra (1)**.

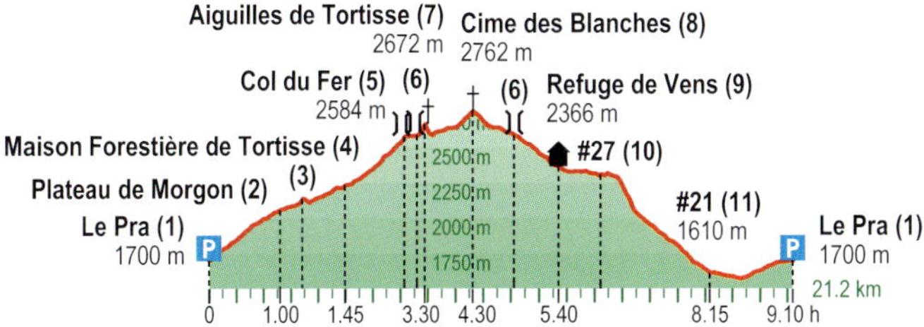

33 Lac de Rabuons, 2500 m, und Mont Ténibre, 3031 m

2 Tage

Zweitagestour zum größten See im Département Alpes-Maritimes

Der Lac de Rabuons, ein tiefer Gletschersee, liegt wahrhaft außergewöhnlich in einem Gebirgskessel, umgeben von den für den Wanderer anspruchsvollen Gipfeln Grand Cimon de Rabuons, 2995 m, Corborant, 3007 m (zweithöchster Gipfel der Haute Tinée), und Mont Ténibre, 3031 m. Letzterer ist der einfachste dieses Dreiergespanns; eine nur wenige Meter kurze, ausgesetzte Kletterpassage in Steinwurfweite des Gipfels sollte den erfahrenen Wanderer nicht abschrecken. Der Refuge de Rabuons ist idealer Ausgangspunkt für diese Touren, erfordert jedoch einen langen Anmarsch.

Ausgangspunkt: St-Étienne-de-Tinée, 1144 m.

Höhenunterschied: 1. Tag: 1400 m Aufstieg; 2. Tag: 550 m Aufstieg auf den Mont Ténibre; vom Mont Ténibre nach St-Étienne 2030 m Abstieg sowie knapp 100 m Anstieg.

Anforderungen: Bis zum Refuge nur die Höhenmeter. Von dem Refuge auf den Mont Ténibre viel Gehen über Geröllfelder. Trittsicherheit, Orientierungssinn. Wenige Meter vor dem Gipfel eine ausgesetzte Kletterpassage. Beim Abstieg von dem Refuge zwischen *#121* und *#122* verläuft der Weg eine halbe Stunde parallel zu einem Wasserkanal. Dieses Wegstück hat 3 Leitern, ein gesichertes Stück (Kette) und ist zum Teil etwas ausgesetzt; eine Kleinigkeit für diejenigen, die es bis hierher geschafft haben. Sommer, Herbst.

Variante: Anmarsch zum Refuge de Rabuons von dem Refuge de Vens (Tour 32) auf dem beeindruckenden Höhenweg »Chemin de l'Energie«. Gehzeit 5 Std.; Aufstieg 420 m; Abstieg 280 m.

Einkehr/Unterkunft: Alpenvereinshütte (FFCAM), 2523 m, am Lac de Rabuons, Mitte Juni bis Mitte September, 36 Plätze, Tel. 04 93 23 04 11. Reservierung über das Internet erforderlich: refugederabuons.ffcam.fr.
In St-Étienne-sur-Tinée: Gîte »le Corborant« ganzjährig, 20 Plätze in 6 Schlafräumen, Tel. 04 93 03 45 77, gite-tineemercantour.com. Außerdem mehrere einfache Hotels (ganzjährig): Lou Ben Manja, 8 Zimmer mit Halb-/Vollpension, Tel. 09 70 35 74 50, loubenmanja.com; le Régalivou, 14 Zimmer, Tel. 04 93 02 49 00; Les Amis, ganzjährig, 8 Zimmer, Tel. 04 93 02 40 30.
In Auron, einer Sommer- und Winterstation, 7 km von St-Étienne-sur-Tinée entfernt gibt es zahlreiche Hotels; sich dazu beim Tourismusbüro erkundigen, Tel. 04 93 23 02 66, auron.com.

Hinweis: Wanderung verläuft am 2. Tag etwas nördlich vom Lac de Rabuons bis zum Mont Ténibre im Parc National du Mercantour. Das Tourismusbüro in St-Étienne verkauft eine Broschüre mit zahlreichen Wandervorschlägen.

Karte: TOP 25, Haute Tinée 1.

1. Tag: Von der Brücke, die sich am nordöstlichen Ortsende von **St-Étienne (1)** über die Tinée spannt (*#100*), steigt ein gepflasterter Weg gleichmäßig durch das Gebiet Dailoutre. Nach etwa einer 30 Min. macht der Weg eine Kehre, 1346 m, und führt durch ehemaliges Anbaugebiet. Am Wegzeiger ***#101* (2)** gehen wir rechts und weiter bergauf durch den Lärchenwald

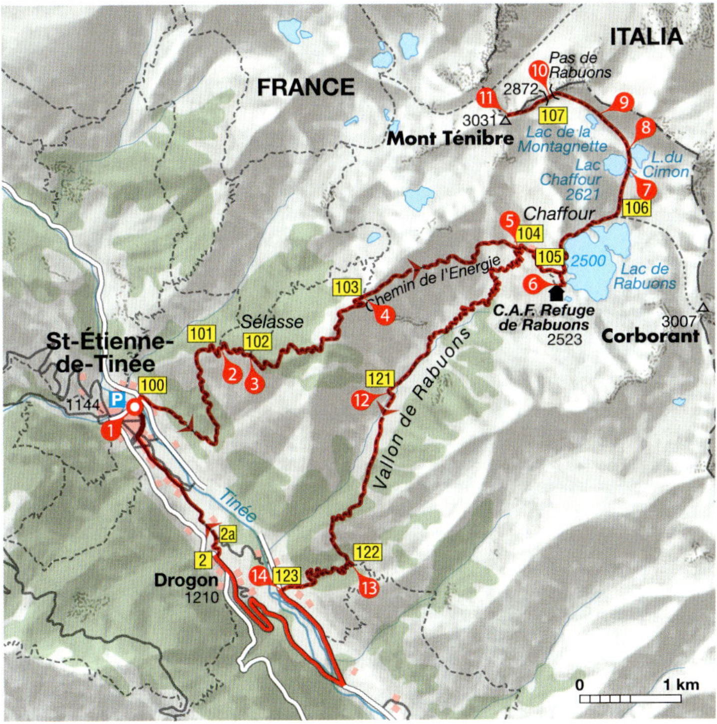

Sélasse; ebenso rechts bei ***#102*** **(3)**. Wenn wir den Wald verlassen, ist es noch eine knappe halbe Stunde bis zum **Chemin de l'Energie** bei ***#103*** **(4)**, 2382 m. Der »Energieweg« stammt aus den 30er-Jahren des letzten Jahrhunderts, als es den Plan gab, ein Wasserkraftwerk am Lac de Rabuons zu bauen. Dieser Plan wurde jedoch nie zu Ende geführt. Geblieben ist ein für Wanderer wunderbarer Höhenweg. Er führt kaum merklich ansteigend durch einige Tunnels und von Mauern gestützte Abschnitte zu ***#104*** **(5)**, von wo es nur noch ein kurzer Anstieg vorbei am alten Elektrizitätsgebäude zum Lac de Rabuons (*#105*) und zum **Refuge de Rabuons (6)**, 2523 m, ist.

2. Tag: Von dem Refuge de Rabuons steigen wir in Richtung des Sees ab (*#105*). Auf dem Weg steuern wir im Uhrzeigersinn das gegenüberliegende Ende des Sees an. Der Weg ist ordentlich trassiert und mit gelben Markierungen und Steinmännchen gezeichnet. Gelegentlich gibt es kurze Passa-

gen über Geröllfelder. Am anderen Ende des Sees (*#106*), in der Nähe des Regenmessers, geht es in nördlicher Richtung über einen grasbewachsenen Vorsprung bergauf zum **Lac Chaffour (7)**, 2621 m. Auch dieser Weg ist recht gut sichtbar und mit Steinmännchen markiert. Man sollte sich nicht zu weit vom Bach entfernen, der vom Lac Chaffour in den Lac de Rabuons führt; der Weg zwängt sich zwischen Lac Chaffour und dem etwa 25 Meter höher gelegenen **Lac du Cimon (8)** hindurch. Ab dem Lac du Cimon wird es geröllig. Der Weg bis zum Lac de la Montagnette ist mit Steinmännchen versehen. Am Ende des **Lac de la Montagnette (9)** geht der Weg rechts einige Meter steil hoch und führt auf einer vagen Wegspur auf der rechten Talseite durch kleinere Geröllbrocken zum Pas de Rabuons, 2872 m (*#107*), an der französisch-italienischen Grenze; dieser Weg ist einfacher, als sich im Tal einen Weg durch die größeren Felsbrocken zu suchen.
Am **Pas de Rabuons (10)** heißt es aufgepasst: der Berg in greifbarer Nähe in südlicher Richtung ist nicht der Mont Ténibre, sondern ein Berg ohne Namen, P. 2993; der Mont Ténibre ist vom Pas de Rabuons nicht sichtbar. Vom Pas de Rabuons ist auf dem Grat im Süden (d. h. auf dem von Westen nach Osten verlaufenden Grat) eine kaum mannsgroße »Zahnlücke« zumindest zu erahnen; durch diese Gasse führt der Weg. Dazu steigen wir am besten nahe dem in südwestlicher Richtung verlaufenden Grat durch das Geröllfeld und halten uns kurz unterhalb des sich von Westen nach Osten erstreckenden Grats nach links auf das Nadelöhr zu. Von ihm ist nun sowohl der **Mont Ténibre (11)** mit seinem großen Steinmann sichtbar als auch der Refuge de Rabuons. Etwa 30 m vor dem Gipfel ist eine ausgesetzte Stelle, bei der wir die Hände zu Hilfe nehmen müssen. Der Rückweg zum **Refuge de Rabuons** erfolgt auf demselben Weg.
Von dem Refuge geht es bis ***#104* (5)** auf bekanntem Pfad, dann biegen wir direkt ins Vallon de Rabuons ab. Begleitet vom Geräusch der Wasserfälle, steigen wir auf dem windungsreichen Weg ab. An ***#121* (12)** angelangt

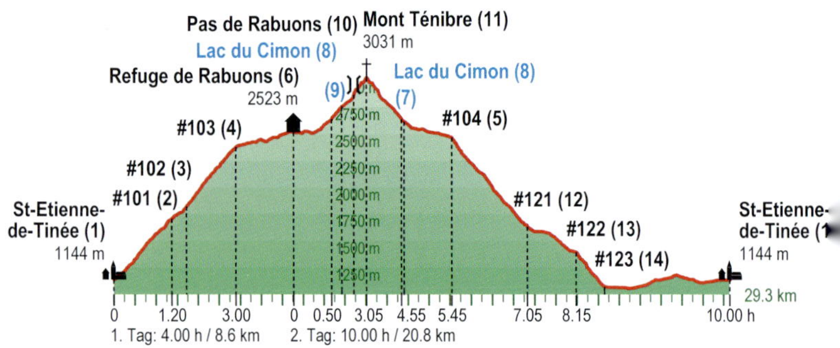

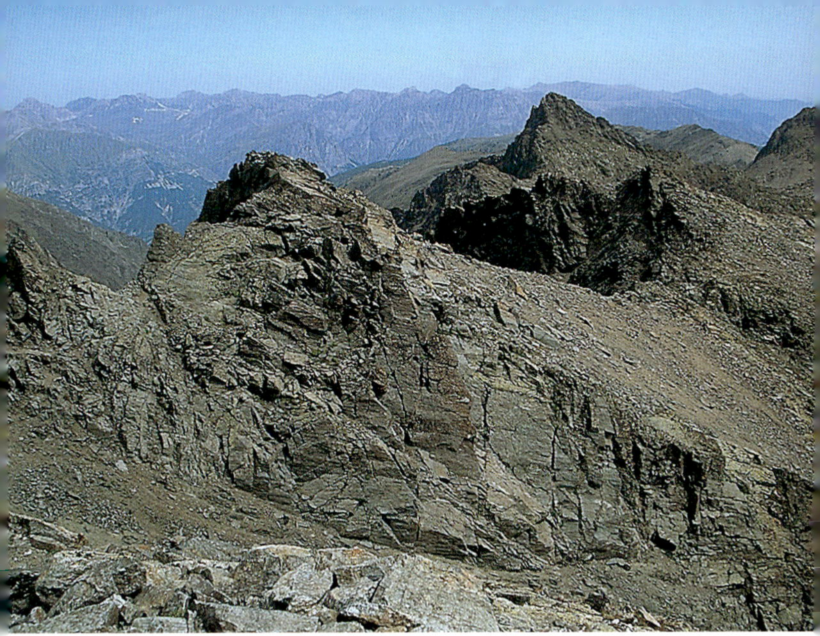

Blick vom Mont Ténibre auf die etwas heiklen letzten 30 Meter (Bildmitte).

(Scheune), gehen wir links und überqueren gleich danach auf einer Holzbrücke den Bach. Wenige Minuten später folgt der Weg 10 Min. lang parallel einem offenen Bewässerungskanal. Dann wird das Wasser im geschlossenen Rohr weitergeführt und der Weg verläuft auf diesem weitere 20 Min. Drei Leitern und eine mit Kette gesicherte Stelle sind auf diesem Streckenabschnitt angebracht.
Schließlich verlässt der Weg den Kanal und geht rechts ab weiter ins Tal. An ***#122*** **(13)** biegen wir rechts ab, bis wir an ***#123*** **(14)** die ehemalige Straße des Tals der Tinée erreichen, die nach St-Étienne führte. Jetzt müssen wir seltsamerweise nach links (!) gehen, obwohl St-Étienne rechts liegt. (Die etwas flussaufwärts auf den Karten eingezeichnete Brücke, die zu *#124* führen sollte, existiert nicht mehr: zwischen unserem Aufstiegs- und Abstiegsweg eingekeilt, liegt deutlich sichtbar mit 1000 m Länge und 600 m Höhe einer der größten aktiven Erdrutsche Europas.) Folglich gehen wir links zur Hauptstraße – von dort per Anhalter zurück wieder nach St-Étienne, oder wir laufen auf der Straße bis kurz nach dem Kreisverkehr bei Drogon und dann bei *#2* rechts, um nunmehr auf ruhigem Weg zu unserem Ausgangspunkt in **St-Étienne (1)** zu gelangen.

Vésubie

Die Vésubie wird von zwei Hauptquellen gespeist, dem Boréon und der Madone de Fenestre, die sich in St-Martin Vésubie zur Vésubie vereinigen. Sie mündet unweit von Nizza in den Fluss Var. St-Martin Vésubie wird als »Nizzaer Schweiz« bezeichnet. Zahlreiche Touren sowohl für die Familie als auch für den erfahrenen Alpinisten haben hier ihren Ausgangspunkt. Zusätzlich zu den ausführlich beschriebenen Touren zu den Lacs de Prals (Tour 37), auf den Gélas (Tour 38) und den Spaziergang bei Le Boréon (Tour 36) sei ein weiterer Tourencocktail in der »Suisse niçoise« vorgestellt:

- ab St-Martin Vésubie, etwa 950 m: Cime de la Palu, 2132 m (Aufstieg 4 Std.)
- ab Madone de Fenestre, 1903 m (12 km von St-Martin Vésubie):
  - Lac de Fenestre mit Col de Fenestre, 2474 m (Aufstieg 2 Std.)
  - Pas des Ladres, 2448 m (Aufstieg 2 Std.)
  - auf dem *GR* 52 via Pas du Mont Colomb, 2548 m, zum Refuge de Nice, 2232 m (3.30 Std., Trittsicherheit)
- ab Lac de Boréon, 1478 m (8 km von St-Martin Vésubie):
  - Cime de Guilié, 2999 m (Trittsicherheit, Orientierungssinn, Aufstieg 4.30 Std.)
  - über den Col de Cerise, 2543 m (Aufstieg 3.30 Std.) zur Cime du Mercantour, 2772 m (1.30 Std. vom Col de Cerise, Trittsicherheit); alternativ via Lac du Mercantour (etwas kürzer)

Olivenhain bei Le Suc (Tour 34).

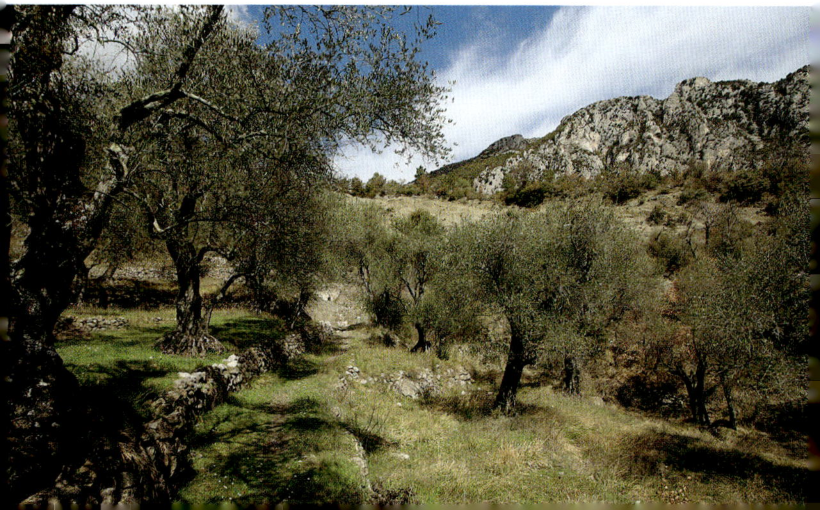

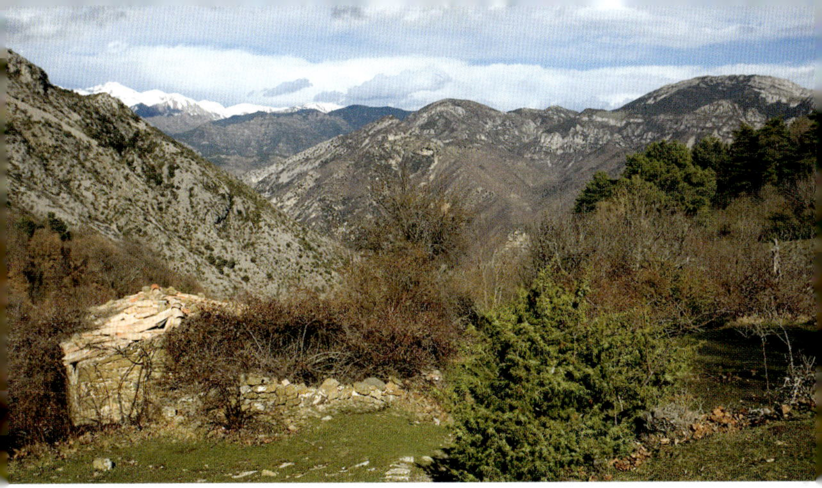

Beim Abstieg von der Crête de la Madone (Tour 34).

■ ab Vacherie de Boréon, 1629 m (11 km von St-Martin Vésubie):
– über Refuge de la Cougourde, 2090 m (Aufstieg knappe 2 Std., einfach, Tel. 04 93 03 26 00) auf den Caïres de Cougourde, 2921 m (Aufstieg weitere 3 Std., anspruchsvoll)
– Cime de l'Agnel, 2927 m (Aufstieg 3 Std. vom Refuge de la Cougourde, Trittsicherheit)
– Lacs Bessons, 2545 m (Aufstieg 2 Std. vom Refuge de la Cougourde, Trittsicherheit)
■ ab Salèse, 1670 m (*#434*; 12 km von St-Martin Vésubie):
– Cime de Fremamorte, 2731 m (Aufstieg 3.30 Std., Trittsicherheit ab Col de Fremamorte)
– Lac Negre, 2354 m (Aufstieg 2.30 Std.)
– über Col de la Vallette des Adus, 2356 m, zum Lac des Adus, 2130 m (Aufstieg 3 Std.)
■ ab Col St-Martin, 1500 m (8 km von St-Martin Vésubie):
– über Baus de la Frema, 2246 m, auf den Mont Pépoiri, 2674 m (Aufstieg 4 Std.)

Während die Haute Vallée de la Vésubie hochalpinen Charakter hat, sind in der Moyenne Vallée zwischen Lantosque und St-Jean-la-Rivière schon mediterrane Einflüsse erkennbar mit Ackerterrassen und Olivenhainen. Von St-Jean-la-Rivière bis zur Mündung in den Var wird das Tal sehr eng und von senkrechten Felswänden geprägt (Gorges de la Vésubie). In St-Jean-la-Rivière geht eine Straße ab, windet sich empor nach Utelle und weiter aufwärts zu Madone d'Utelle mit umwerfender Sicht auf Berge und Meer.

TOP 34

Madone d'Utelle, 1194 m

5.30 Std.

Die Augen spazieren gehen lassen – (fast alle) Berge und das Meer

Vom Mont St-Honorat im Westen bis zum Mangiabo im Osten, vom Cap d'Antibes im Süden bis zum Gélas im Norden, fast die gesamte Bergwelt der Seealpen und viele der in diesem Buch beschriebenen Gipfel einschließlich des Meeres lassen sich von Madone d'Utelle aus sehen. Dabei ist Madone d'Utelle auf nicht ganz 1200 m nicht einmal sehr hoch gelegen. Alle Gipfel sind auf der sehr detaillierten Orientierungstafel unter der Aussichtskuppel mit Namen aufgeführt. Dieser Logenplatz ist für jeden erreichbar, Wanderer, Radfahrer und Autofahrer. Nur der Rucksacktourist kommt allerdings in den Genuss, in die Schluchtenwelt der Vésubie, einem weiteren Höhepunkt dieser Wanderung, von etwas luftigeren Höhen aus zu blicken.

Ausgangspunkt: Das Dorf Le Cros d'Utelle, 350 m. 2,7 km von der Durchgangsstraße der Gorges de la Vésubie entfernt (nach 2,3 km an der Gabelung rechts (Eglise), nach 200 m die Kirche passieren und nach nochmals knapp 200 m am Friedhofsparkplatz nach der Haarnadelkurve parken).

Höhenunterschied: 920 m.

Anforderungen: Nach »blau« tendierend. Meist auch im Winter zu begehen. Gelbe Markierung, auf dem *GR 5* rot-weiß.

Einkehr/Unterkunft: Die Gîte de la Madone d'Utelle neben dem Sanctuaire ist leider seit Jahren geschlossen. Als »Basislager« für die Touren 23, 34 und 35 empfiehlt sich Utelle (siehe Tour 23).

Karte: TOP 25, Vallée de la Vésubie oder TOP 25, Vallée de la Bévéra.

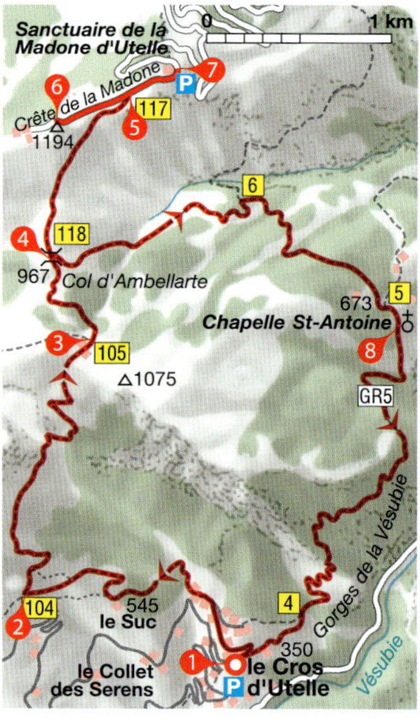

Wir gehen vom Friedhofsparkplatz von **Cros d'Utelle (1)** auf der Straße bergauf und nehmen das in der nächsten Haarnadelkurve links abzweigende Sträßlein. Von jetzt ab folgen wir den gelben Markierungen (die erste ist auf dem 30 m von der Kurve entfernten Holzmasten an der rechten Straßenseite angebracht). Der Weg geht am Ende der Straße durch eine kleine Häusergruppe hindurch (eine Handvoll Stufen links abwärts, ein paar Schritte durch die Unterquerung hindurch und nach ein paar Metern rechts und hinter dem rechten Haus vorbei). Etwa 150 Schritte nach diesem letzten Haus an der Gabelung geradeaus (sich nicht in die Olivenhaine rechter Hand verlieren). Gelbe Markierungen sind etwa alle 50 bis 100 m angebracht. Der Weg geht teilweise auf rotem Untergrund. Wir passieren eine Art Pass, links des Weges ein Haus, 60 m weiter eines rechts des Weges (le Suc). Hinter dem letzteren Haus rechts und wieder auf rot gebrannter Erde. 10 Min. später überqueren wir einen Fahrweg, um nach weiteren 5 Min. an eine Weggabelung zu gelangen (25 m vor uns ist eine mit Gebüsch verwucherte Ruine). Wir gehen rechts bergauf und erreichen wenige Minuten später bei ***#104* (2)** erneut eine Gabelung (eisernes Jungfrauenkreuz am Wegrand). Wir biegen rechts ab, und nach weiteren Serpentinen, einem »Balkonweg« und nochmaligem Zickzack kommen wir nach etwa einer Stunde bei ***#105* (3)** auf eine Anhöhe, 1043 m. In nordwestlicher Richtung ist die Crête de la Madone mit großer Empfänger- und Sendeanlage zu sehen. Jetzt geht es berg-

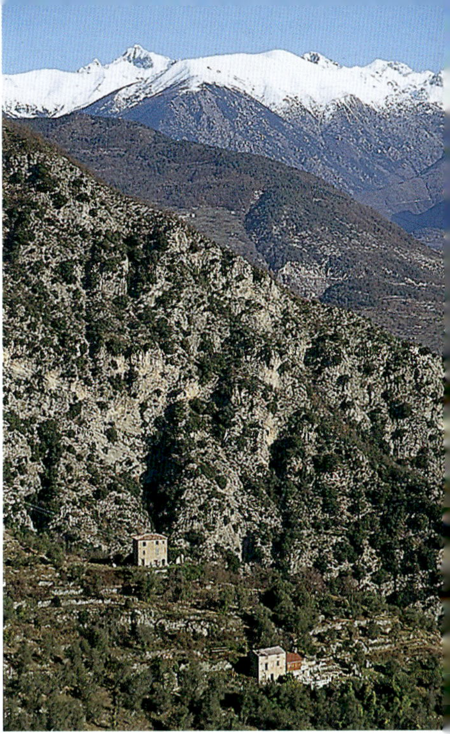

Vom Dorf Utelle in das Tal der Vésubie geschaut.

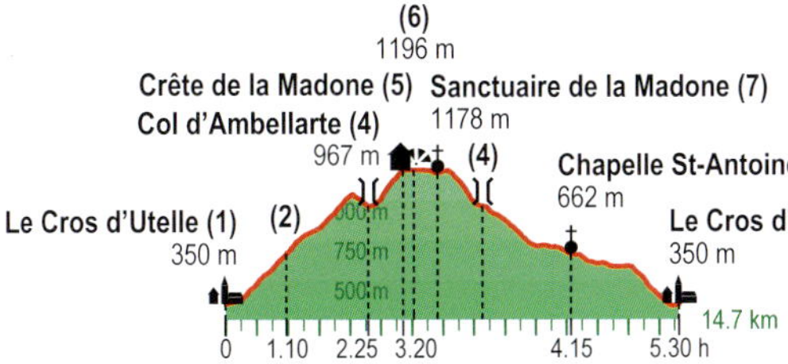

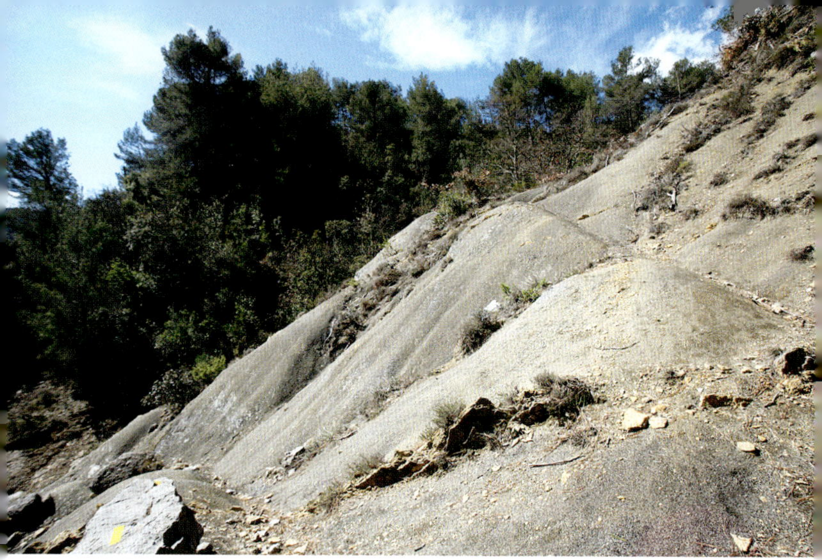

Aufstieg unweit von Cros d'Utelle.

ab: zunächst noch geradeaus, in einer weiten Linkskurve durch Wald und, sobald wir den Wald verlassen, links halten (nicht nach rechts auf der breiten Fahrspur) und in etwa 100 m zum **Col d'Ambellarte (4)**, 967 m (zwei Wegzeiger mit *#118*). Geradeaus weiter und auf einer breiten Fahrspur zunächst eine großzügige Rechtskurve auslaufen. Etwa 300 m nach *#118* vom Fahrweg links abzweigen (leicht zu übersehen) und den Anstieg schräg durch den Felshang auf die **Crête de la Madone** (**5**, *#117*; auf die zahlreichen gelben Markierungen achten) in Angriff nehmen. Auf dem Kamm empfiehlt es sich, die **Aussichtskuppel** (**6**, 400 m von *#117* entfernt) und in entgegengesetzter Richtung den **Sanctuaire de la Madone (7)** zu besuchen.
Wir gehen zurück zum Col d'Ambellarte. Dort nehmen wir den Weg links abwärts Richtung Chapelle St-Antoine. Nach einer halben Stunde trifft er auf den *GR 5* (*#6*). Auf dem *GR* gehen wir nach rechts (rot-weiße Markierung bis zum Ausgangspunkt) und erreichen *#5* und 50 m dahinter die **Chapelle St-Antoine (8)**. Auf dem Weg durch die Gorges de la Vésubie passieren wir einige abschüssige Stellen (jedoch breiter Weg). Auf der gegenüberliegenden Talseite sehen wir etwa 20 Min. nach der Kapelle den Wasserkanal, der sich 100–150 Hm unterhalb der kurvigen Landstraße entlangschlängelt und Nizza versorgt. Links an *#4* geht es zurück nach **Cros d'Utelle (1)**.

7.45 Std.

Cime de Roccassièra, 1501 m

35 TOP

Starke Tour auf einen Aussichtsberg zwischen Côte d'Azur und Mercantour

Augen, Nase und Gaumen kommen beim Wandern in den Seealpen immer auf ihre Kosten. Ob es auf dieser Tour je nach Blüte- und Erntezeit die Kirschen sind am Ausgangspunkt unserer Tour, der goldgelbe Ginster auf dem ersten langen Anstieg, die grüne Wiese am Col de l'Autaret, die wilden Brombeeren beim Abstieg von der Chapelle St-Michel, der duftende Rosmarin oder die Ginster- und Lavendelfarbtupfer – immer lassen sich Gründe finden, am Wegrand zu verweilen. Hoch oben auf 1100 m thront die Ruinenstadt Rocca-Sparvièra, die zur Blütezeit einige Hundert Einwohner hatte, jedoch Anfang des 17. Jahrhunderts durch ein Erdbeben zerstört wurde.

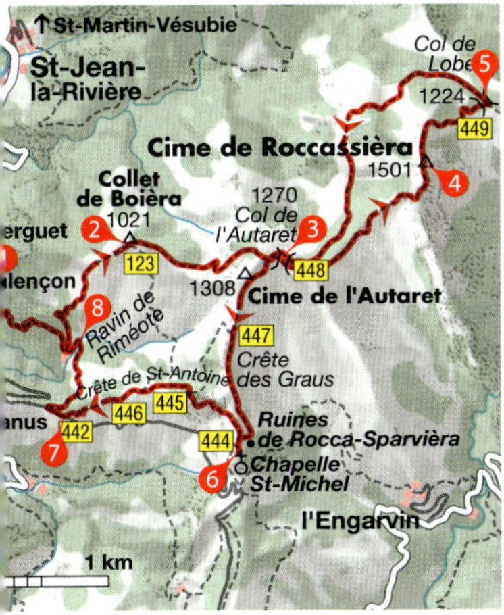

Ausgangspunkt: Der Weiler L'Imberguet, 440 m; etwa 10 Häuser), knappe 3 km südlich von St-Jean-la-Rivière. Parken entweder am Straßenrand beim Schild »Canyon de l'Imberguet« (*#122a*) oder die enge Seitenstraße links am Ortseingang (vom Vallée de la Vésubie kommend) 200 m aufwärts zur Madonnengedenkstelle (*#122*). Als »Basislager« für die Touren 23, 34 und 35 eignet sich entweder Utelle (siehe Tour 23) oder Madone d'Utelle (siehe Tour 34).
Höhenunterschied: 1150 m.
Anforderungen: Ausdauer. Gelbe Markierung. Häufig auch im Winter schneefrei. Heiß im Sommer. Der Abstieg von der Cime de Roccassièra zum Col de l'Autaret auf demselben Weg wie der Aufstieg spart 45 Min.
Karte: TOP 25, Vallée de la Vésubie oder TOP 25, Vallée de la Bévéra.

Falls wir in **L'Imberguet (1)** bei #122 geparkt haben, die paar Schritte abwärts zur Durchgangsstraße und auf ihr durch den Weiler. An #122a am Ortsausgang windet sich der Pfad gleichmäßig bergauf. Die eine oder andere Ruine wird passiert. Bei knapp 1000 Hm unterqueren wir eine Hochspannungsleitung. Etwa 150 Schritte danach nicht den an dieser Stelle besser ausgetretenen Pfad links leicht ansteigend nehmen, sondern geradeaus weiter, um wenige Minuten später den **Collet de Boièra (2)** zu erreichen, 1021 m (#123). Zunächst geht es eben weiter, später steil auf den **Col de**

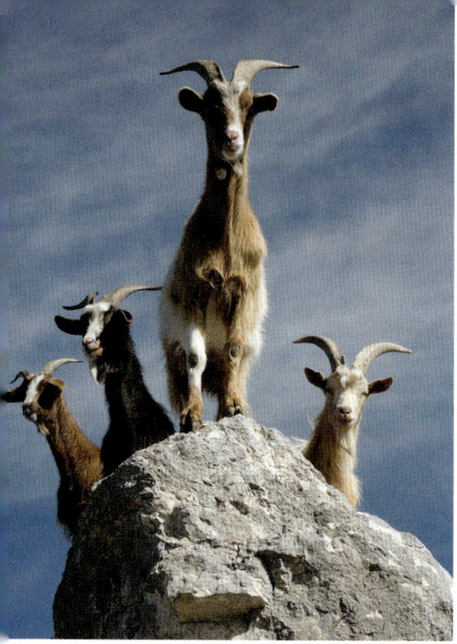

Besuch auf dem Gipfel der Cime de Roccassièra.

l'Autaret (**3** #448), 1270 m,den eine Wiese so groß wie ein Fußballfeld schmückt. Hier ist unser Gipfelziel erstmals zu sehen. Wir überqueren geradewegs die Wiese. Zunächst wieder relativ eben schlingt sich der Weg schließlich steil hoch auf den Grat. Kurz vor dem Grat Vorsicht an einer abschüssigen Stelle! Nach ein paar Metern auf dem Grat einige Höhenmeter absteigen, dann links haltend unterhalb des Grates gehen (gelbe Markierung), um schließlich auf dem eigentlichen Gipfel der **Cime de Roccassièra** (**4**), 1501 m, zu stehen, wo uns vielleicht sogar Gämsen begrüßen.

Für den Abstieg folgen wir auf dem Grat weiter nordwärts, dann auf östlicher Seite, teilweise inmitten von Kiefern in Serpentinen abwärts auf den **Col de Lobe** (**5**, *#449*), 1224 m. Wir zweigen nach links ab und erreichen nach einer Quasi-Umrundung des Roccassièra wieder unsere große grüne Wiese (*#448*). Diesmal halten wir uns südlich und gehen, zunächst auf grasigem Boden, weiter Richtung Chapelle St-Michel. Dazu vorbei an *#447* und auf der breiten Crête des Graus zu den Ruinen von Rocca-Sparvièra, 1100 m. Gleich dahinter befindet sich die **Chapelle St-Michel** (**6**, *#444*), 1089 m. Wir steigen nicht die steil abwärts führenden Serpentinen zum Col St-Michel ab, sondern gehen bei *#444* den links zunächst leicht ansteigenden Weg Richtung Crête de St-Antoine. Auf einem Balkonweg geht es gleichmäßig abwärts (*#445*, *#446*)

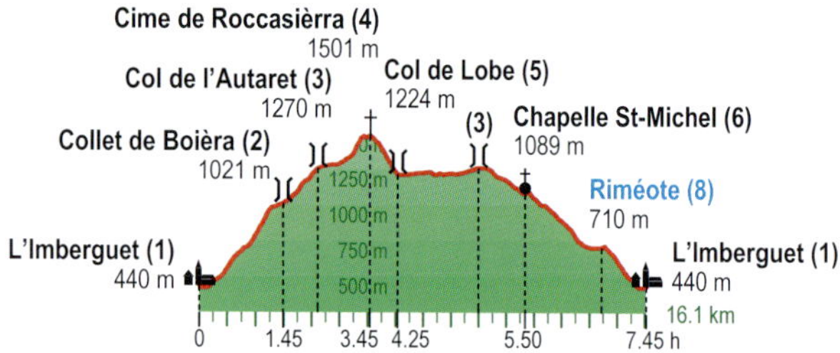

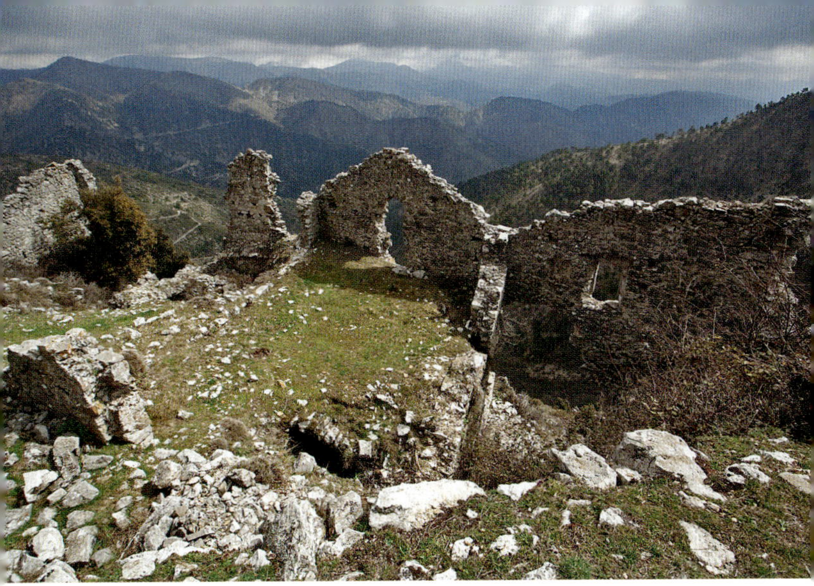

Ruinen von Rocca-Sparvièra.

– der Blick zurück zur Chapelle St-Michel lohnt – und nach der breiten Crête de St-Antoine stoßen wir bei **#442 (7)**, 760 m, auf den Schotterweg.
Wir bleiben nur 150 m auf dem Sträßlein bis zur Stelle, wo das Felsband am rechten Wegrand endet und ein schmaler Weg das Fahrsträßchen leicht »küsst«. Wir machen eine scharfe Kehre nach rechts auf diesen unmarkierten Weg und gehen in einem Wald einen kleinen Halbkessel aus. Im Tal **Ravin de Riméote (8)** hören wir einen Bach rauschen. Diesen gilt es zu überqueren. Nach etwa 7 Min. auf dem unmarkierten Weg überqueren wir ein Rinnsal, und 5 Min. später gehen wir an einer Abzweigung links hinab. Nach wenigen Metern überqueren wir den Bach – wem es gar zu heiß ist, der nehme noch ein Bad in den Tümpeln –, tauchen nach einem leichten Anstieg plötzlich aus dem Dickicht hervor und finden uns wieder bei einer Ruine am Hauptweg, 710 m. Auf bekanntem Weg zurück nach **L'Imberguet (1)**.

Blühender Ginster.

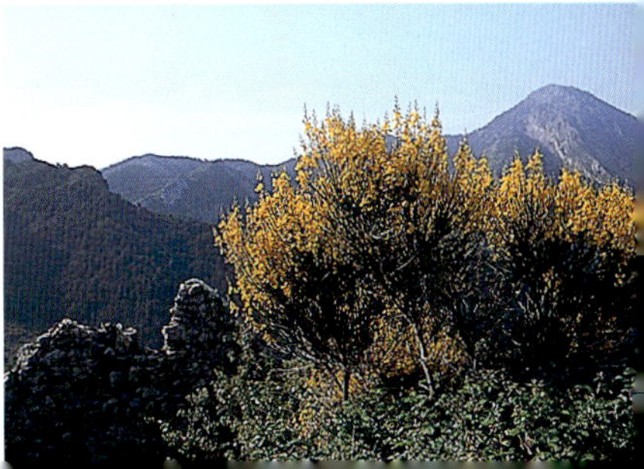

36 Circuit du Boréon (bis 1830 m)

2.30 Std.

Wandern in der Gämsenwelt

Le Boréon grenzt direkt an den Nationalpark Mercantour und ist im Sommer Ausgangspunkt zahlreicher Spaziergänge, Wanderungen und Klettertouren. Im Winter ist er ein beliebtes Skilanglaufgebiet. Wir stellen einen Spaziergang vor, auf dem der Autor Heerscharen von Gämsen angetroffen hat.

Ausgangspunkt: Le Boréon, 1473 m, 8 km nördlich von St-Martin Vésubie. Nach dem Stausee noch ein paar Hundert Meter weiterfahren und vor der Brücke bei Wegzeiger *#381* parken. Le Boréon ist Ausgangsort zahlreicher Touren.
Höhenunterschied: 330 m.
Anforderungen: Keine. Markierungstafeln des Nationalparks. Sommer, Herbst.
Unterkunft: In Le Boréon: Gîte d'étape du »Mercantour«, 50 Schlafplätze auf 9 Zimmer verteilt, giteduboreon.com. Hôtel du Boréon, 13 Zimmer, Tel. 04 93 03 20 35. In St-Martin Vésubie: Gîte d'étape la Rouguière (ganzjährig), 14 Schlafplätze in 3 Zimmern, Tel. 04 93 03 29 19, mobil 06 07 41 92 08, rouguiere.com; Gîte »le Champouns« (ganzjährig), auch möblierte Studios (Juli/August pro Woche) 1,5 km auf der Straße nach Venanson, Tel. 04 93 03 23 72, mobil 06 80 13 77 02, champouns.com. Mehrere Hotels: Hôtel le Gélas, ganzjährig, 7 Zimmer, Tel. 04 93 03 21 81; Hôtel la Châtaigneraie (Juni bis Oktober), 35 Zimmer, Tel. 04 93 03 21 22; Hôtel Relais St Louis, 7 Zimmer, Tel. 04 93 03 27 17, saintlouis-mercantour.com; Hôtel Restaurant la Bonne Auberge, 12 Zimmer, Tel. 04 93 03 20 49, labonne-auberge06.fr; Le Chalet, 7 Zimmer, Tel. 04 93 03 31 21.
Hinweis: Wanderung verläuft zum Teil im Parc National du Mercantour.
Karte: TOP 25, Vallée de la Vésubie.

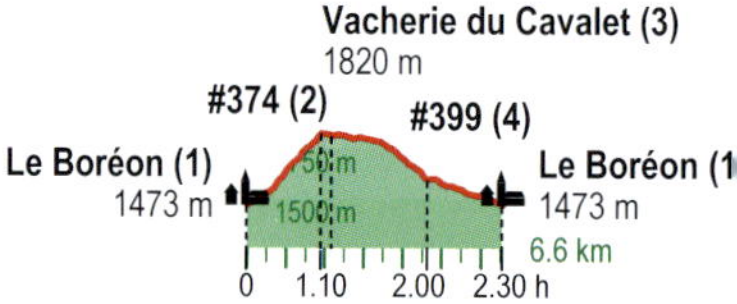

Auf dieser Tour bleibt man nicht alleine.

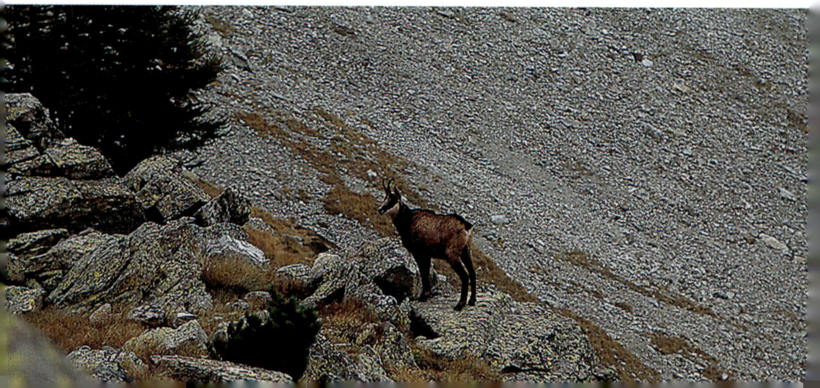

Von der Brücke bei **Le Boréon (1)** aus (rechts geht eine Straße zur Vacherie du Boréon, links zum Col de Salèse) gehen wir auf der Straße, die zum Col de Salèse führt, etwa 200 Meter bergan (*#370*). Scharf rechts führt die Auffahrt zum Gîte d'étape hoch. Wir wandern an ihr vorbei und bis zum Anfang des Nationalparks (*#371*). Nachdem wir links abgebogen sind, laufen wir an *#373* geradeaus, bei ***#374* (2)**, 1830 m, nach links, und dann geht es leicht bergab. Über eine Holzbrücke kommen wir zur **Vacherie du Cavalet (3)**. Etwa 20 Min. bleiben wir horizontal auf dem Waldweg, dann führt uns ein Schotterweg in vielen Serpentinen bergab (Vallière du Terras) bis zur Teerstraße bei ***#399* (4)**. Auf ihr gehen wir zurück – hier verläuft auch *GR 52* – zum Ausgangspunkt bei **Le Boréon (1)**, 2 km.

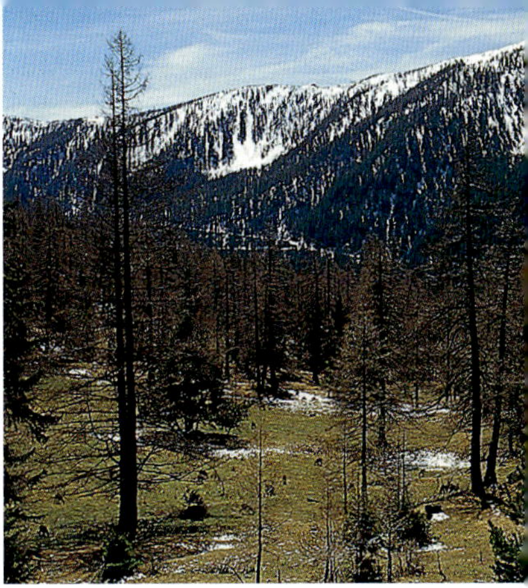

Das Wandergebiet Le Boréon.

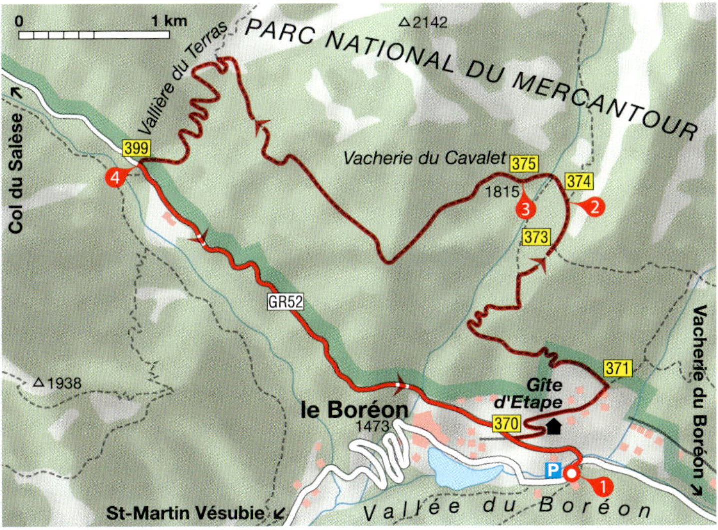

37 Lacs de Prals (Fünf Seen, bis 2496 m)

6.00 Std.

»Pack' die Badehose ein« – fürs Baden in fast 2300 m Höhe

Madone de Fenestre – ein wilder hochalpiner Kessel, der alles bietet, was des Wanderers Herz begehrt: hoch aufragende Bergspitzen, zum Teil über 3000 m, mit atemberaubendem Panorama; friedlich dahinplätschernde Bergströme, die sich aber auch in reißende Wildbäche verwandeln können; ein Blumenmeer; schattige Plätzchen im Wald, die zum Picknick einladen; wunderschöne Seen, die, obwohl hoch gelegen, gerade noch warm genug sind zum Baden. Und die Wanderwege sind sowohl für die Familie wie auch für den durchtrainierten Alpinisten geeignet.

Ausgangspunkt: Parkmöglichkeiten kurz unterhalb des Sanctuaire de la Madone de Fenestre bei der Brücke, 1820 m. 12 km von St-Martin Vésubie.
Höhenunterschied: 950 m.
Anforderungen: Einfache Wege. Gelbe Markierung bzw. Markierungstafeln des Nationalparks. Ein kleines Stück bei P. 2453 ohne Markierung und weglos. Sommer, Herbst.
Variante: Der direkte Weg zu den Lacs de Prals: an *#362* links bergan im Vallon de Prals bis zur Ebene Plan de Prals *(#363*, *#364)*. An *#364* links aufwärts zu den Seen. Einfach. Gesamtzeit 4 Std.; Höhenunterschied 530 m.
Unterkunft: Alpenvereinshütte (FFCAM) »Refuge de la Madone de Fenestre«, 1904 m, Mitte Juni–Ende Sept., 62 Betten, Tel. 06 09 17 89 58, Reservierung über das Internet erforderlich: chalet-madonedefenestre.ffcam.fr.
Hinweis: Wanderung verläuft z. T. im Parc National du Mercantour.
Karte: TOP 25, Vallée de la Vésubie.

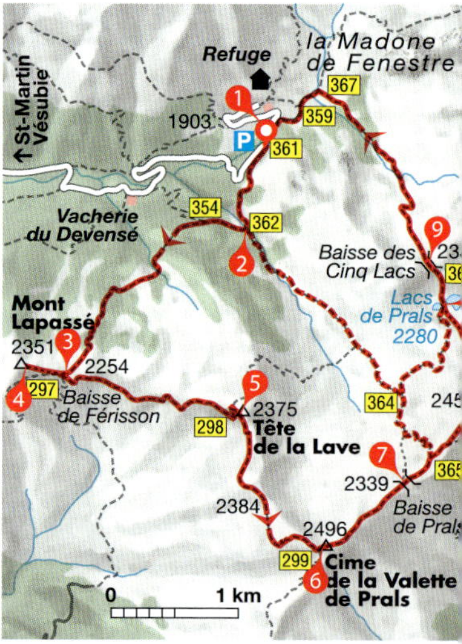

Wir starten von der Brücke, die in die Domaine du Sanctuaire de la **Madone de Fenestre (1)** führt, 250 m auf der Straße bergab, um anschließend links auf den Wanderweg abzubiegen und nach 50 m den Wegzeiger *#361* zu erreichen. Nach einer Viertelstunde passieren wir bei ***#362* (2)** über eine Brücke einen Bach. Hier laufen wir rechts bergauf (von jetzt ab gilt die gelbe Markierung) und an *#354* geradeaus weiter. Der Weg geht durch Wald, der immer wieder Blicke auf den riesigen Klotz, den Gélas, freigibt. An der

Baisse de Férisson (**3**, *#297*), 2254 m, wandern wir rechts und auf eigenen Wegen in 10 Min. auf den **Mont Lapassé (4)**, 2351 m. Einmalig ist die Sicht bis zum Meer mit Cap d'Antibes.

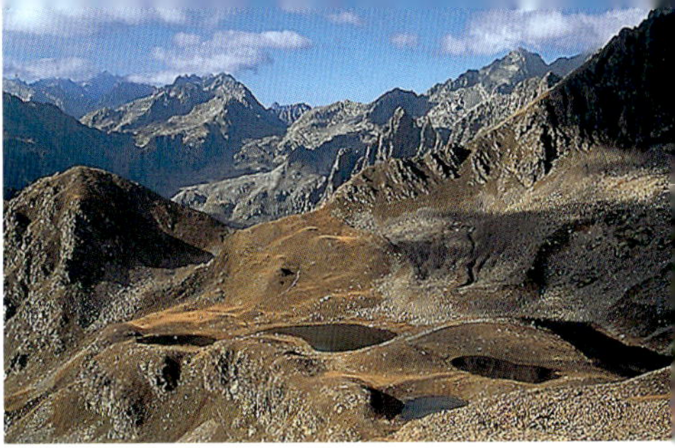

Die fünf Lacs de Prals.

Es geht wieder zurück auf die Baisse de Férisson und weiter gen Osten. Nach guten 10 Min. macht der Weg drei Serpentinen (nicht geradeaus weitergehen). Wir gelangen an *#298* zur **Tête de la Lave (5)**, 2375 m. Nach einer weiteren Viertelstunde erreichen wir einen Sattel, 2384 m, und erblicken die Lacs de Prals. Wir nehmen entweder den Weg über den Grat oder den rechts am Hang entlanglaufenden Weg. Falls man Letzteres wählt, nach 5 Min. den Weg links bergauf gehen (gelbe Markierung). Nach einer Viertelstunde erreichen wir den Wegzeiger *#299* und sind in weiteren 3 Min. auf dem Gipfel der **Cime de la Valette de Prals (6)**, 2496 m, mit dem Eisenkreuz angekommen.

Nun laufen wir bergab auf die **Baisse de Prals (7)**, 2339 m, und weiter zu *#365*. Eine Möglichkeit ist, nach links zickzack abwärtszusteigen, um dann bei *#364* zu den Lacs de Prals aufzusteigen. Wir folgen stattdessen dem Weg einige Minuten weiter geradeaus, bis wir an einen »Sattel«, 2335 m, kommen, wo der gelb markierte Weg rechts ab ins Tal de la Gordolasque führt, wir aber die Wegspur bergauf zu P. 2453 nehmen. Von hier aus haben wir die beste Sicht auf die Lacs de Prals und sehen »alle Fünfe auf einen Streich«.

Wir steigen genau nach Norden weglos ab zu den **Lacs de Prals** (**8**, Fünf Seen), 2280 m. Da die Seen nicht besonders tief sind, ist das Wasser im Juli und August durchaus so temperiert, dass genügend Mutige ein Bad nehmen. Es gilt nochmals, einen kleinen Anstieg auf die **Baisse des Cinq Lacs** (**9**, *#366*), 2335 m, zu überwinden, dann geht es gemächlich bergab, nach einer Viertelstunde wird es steiler und gerölliger. An den Wegzeigern *#367* und *#359* gehen wir links, und wir sind wieder am **Ausgangspunkt (1)** angelangt.

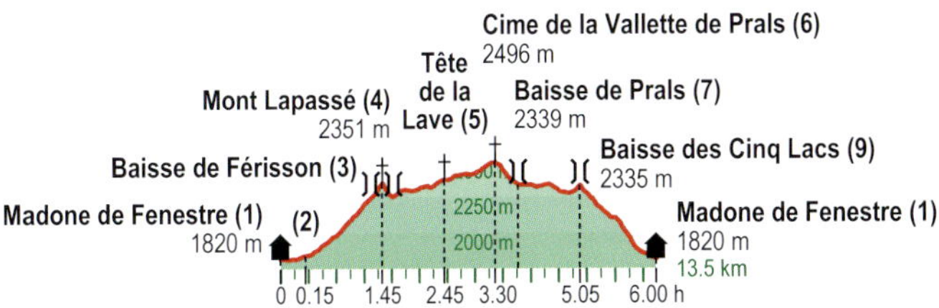

38 Balcon du Gélas, 3050 m

9.15 Std.

Wolkenwärts – höher geht's nicht in den Alpes-Maritimes

Der Gélas ist vom Ausgangspunkt sichtbar: Es ist der wuchtige, leicht gespaltene Gipfel mit der langen rechten Flanke nord-östlich von Madone de Fenestre. Links davon ist die Cime Saint Robert, 2919 m, die durch die Perspektive bedingt mitunter höher erscheint. Der Weg geht an der rechten Flanke des Gélas vorbei und auf der anderen Seite durch einen »Kamin« aufwärts zum Gipfel. Auf dieser Tour gibt es mehr Steinmännchen, als einem lieb ist, führen doch gleich mehrere Wegspuren zum Gipfel. Sehr früh aufbrechen ist angesagt, denn um die Mittagszeit bilden sich regelmäßig Wolken um den Gélas; auch Wärmegewitter sind möglich.

Ausgangspunkt: Sanctuaire de la Madone de Fenestre, 1903 m. Zahlreiche Parkmöglichkeiten.
Höhenunterschied: 1240 m.
Anforderungen: Anspruchsvollste Tour dieses Führers, auf der man gelegentlich ganz schön über Steine und Felsblöcke steigen muss. Orientierungssinn. Die letzten 100 Hm auf den Gipfel, 3143 m, sind dem erfahrenen Bergwanderer vorbehalten: Eine steile, enge Rinne mit Kletterpassagen ist zu passieren. Ausrüstung nicht nötig, sofern schneefrei. Allerdings kann bis in den Sommer hinein Schnee in der Rinne liegen. Achtung: Steinschlaggefahr durch vorausgehende Wanderer auf diesem letzten Stück. Wer den Kamin auslässt und »nur« auf den »Balkon«, 3050 m, geht, hat ebenfalls eine schöne Aussicht. Juli–September.
Unterkunft: Siehe Tour 37.
Hinweis: Wanderung verläuft im Parc National du Mercantour.
Karte: TOP 25, Vallée de la Vésubie.

Gleich hinter der Alpenvereinshütte **Refuge de la Madone de Fenestre** (**1**, *#357*) begeben wir uns in nord-nord-östlicher Richtung auf den *GR 52*. Nach einer halben Stunde gabelt sich der Weg bei ***#368*** **(2)**. Wir verlassen den *GR 52* und bleiben auf dem rechten, breiteren Weg. Es folgen einige Serpentinen. 15 Min. nach *#368* biegt in einer der Haarnadelkurven eine Wegspur deutlich sichtbar nach rechts ab, der wir folgen. Wir überqueren eine Steinhalde (etwa 50 m lang) und gelangen nach 10 Min. an den Fuß (auf etwa

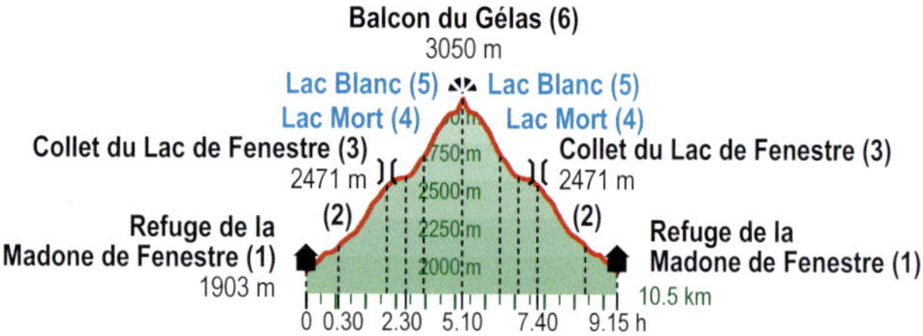

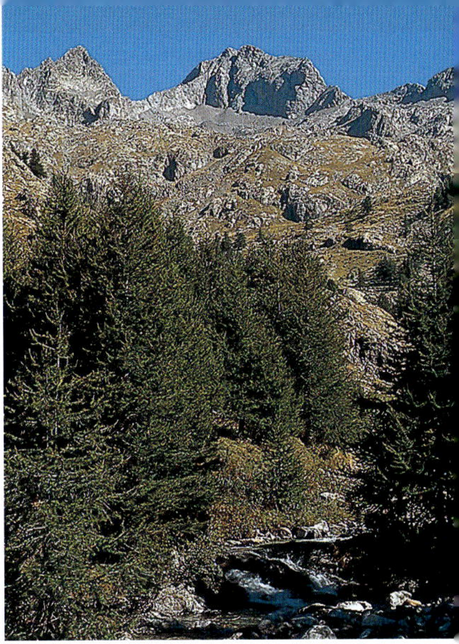

Cime du Gélas.

2200 m) eines kleinen Gipfels. Der Pfad spaltet sich wieder: Wir nehmen nicht die nach rechts abbiegende Traverse, sondern steigen in kurz gehaltenen Zickzacks den Grat aufwärts.

Nach guten 5 Min. verläuft der Pfad schräg rechts ansteigend, entlang eines Felsenmassivs linker Hand. Wir erreichen den **Collet du Lac de Fenestre (3)**; genau nördlich davon ist der Pas du St-Robert (der Gipfel des St-Robert ist östlich davon, und noch weiter östlich der Collet St-Robert). Weiter geht's auf dem mit Steinmännchen markierten Pfad zu den großen Felsblöcken, die unmittelbar südlich an den **Lac Mort (4)**, 2527 m, grenzen. Die Spur verläuft einige Meter südlich des Sees, geht etwas bergab und steigt dann wieder an (lang gezogene gelbe Markierungen). Auf etwa 2600 m verlassen wir den Weg, der auf den Collet St-Robert führt, und biegen nach rechts, um über Steinterrassen unweit am **Lac Blanc (5)**, 2665 m, vorbeizukommen. Es geht steil und geröllig aufwärts bis an den Punkt, wo Madone de Fenestre aus der Sichtweite verschwindet und wir auf der anderen Seite der Flanke des Gélas nach Norden weitergehen.

Linker Hand wird nach etwa einer Viertelstunde erstmals die steile und enge Rinne sichtbar, die auf den Gipfel des Gélas führt. Wer auf den diesen Nervenkitzel lieber verzichten möchte, geht geradeaus weiter auf dem Geröllfeld auf den **Balcon du Gélas (6)**. – Zurück zum **Refuge de la Madone de Fenestre (1)** auf demselben Weg.

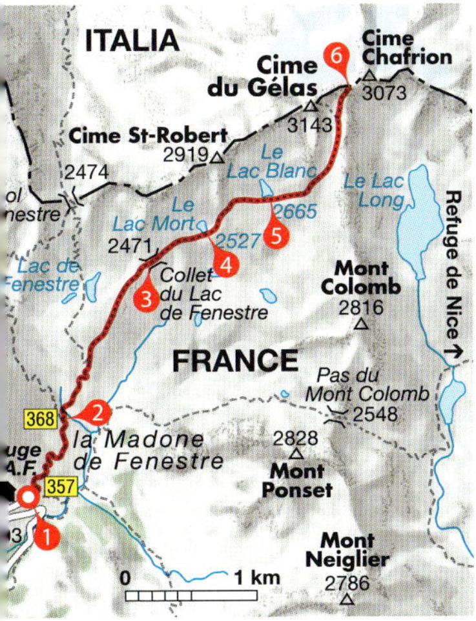

Bévéra und Roya

Die Täler der Bévéra und der Roya bilden den östlichen Teil des Département Alpes-Maritimes. Beide Täler sind sehr gut mit der Eisenbahn zu erreichen. In Breil-sur-Roya vereinigen sich zwei Eisenbahnlinien, eine von Nizza kommend, die andere von Ventimiglia. Ein technisches Meisterwerk ist die Linie, die sich das Tal der Roya von Ventimiglia an der italienischen Riviera bis Tende regelrecht hochschraubt, mittels eines 8 km langen Tunnels unterhalb des Col de Tende/Colle di Tenda die Gebirgswand zwischen Frankreich und Italien durchstößt, um dann auf der italienischen Seite das Tal der Vermenagna abwärts nach Cuneo in der Poebene zu rollen. Dass es ein Dreivierteljahrhundert von der Konzeption, 1852 durch das damalige Königreich Piemont-Sardinien, bis zur Fertigstellung 1928 gedauert hat, lag aber weniger an den technischen Herausforderungen, sondern mehr an den politischen Wirren. Nur wenige Jahre konnten die Züge dann von Ventimiglia über Breil, Tende und Limone nach Cuneo verkehren, dann wurde die strategisch wichtige Linie während des Zweiten Weltkriegs stark beschädigt. Nochmals ein Vierteljahrhundert politischen Zauderns, wird das Tal der Roya schließlich ab 1973 eine gigantische Baustelle, und seit 1979 können die Züge wieder ungehindert vom Mittelmeer in die Poebene und umgekehrt schnaufen.

Fotogene Häuserfassaden in Sospel.

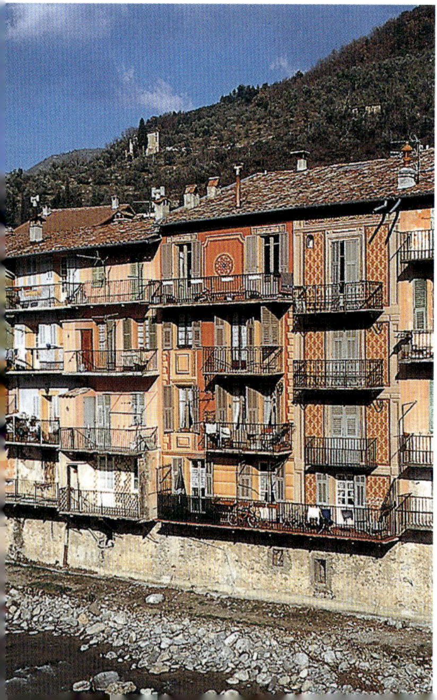

Wer mit dem Auto von Nizza kommt, hat mehrere Routen zur Auswahl. Am schnellsten ist es auf der Autobahn A8 bis nach Ventimiglia, dann die Route du Col de Tende (Nizza – Breil 45 Min.). Wer Spaß am Passfahren hat, nehme die Strecke Nizza – Col de Nice – Col de Braus – Sospel – Col de Brouis – Breil-sur-Roya (1.45 Std.). Eine Mischung aus Autobahn und Passfahren ist es, auf der A8 bis nach Menton zu fahren, dann via Sospel und über den Col de Brouis nach Breil-sur-Roya (1.15 Std.).

Sospel war nach Nizza die zweitwichtigste Stadt des Comté de Nice und von alters her dank seiner strategischen Lage ein Knotenpunkt für

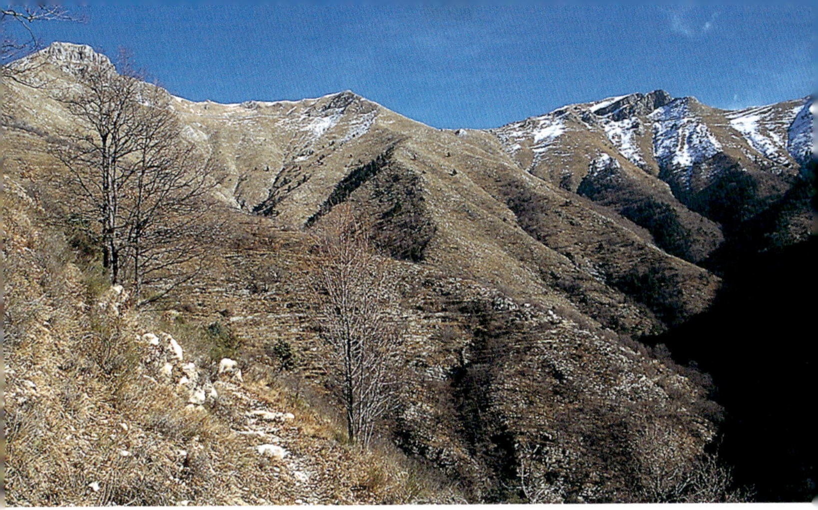

Auf dem Weg zum Mangiabo.

den Handel und das Militär. Im Mittelalter eine Metropole mit etwa 3000 Einwohnern, verlor Sospel bis ins 20. Jahrhundert mehr und mehr an Einfluss, und die Bevölkerung schrumpfte. Heute hat Sospel wieder etwa 2700 Einwohner.

Folgen wir von Sospel aus weiter der Bévéra, schneidet sich die Straße durch die Gorges du Piaon, passiert das Dorf Moulinet und erklimmt den Col de Turini. Von hier bietet sich eine kleine Rundtour mit dem Auto um das Massif de l'Authion an, mit sehr schönen Blicken auf die Spitzen des Mercantour und auf die Gipfel im Hinterland von Nizza.

Als der Comté de Nice im Jahre 1860 an Frankreich kam, blieb die Haute Vallée de la Roya mit den Dörfern Tende, La Brigue, Piène, Libre und Mollières außen vor und wurde Teil des (1861 gegründeten) Königreichs Italien. Nach Ende des Zweiten Weltkriegs wurden diese Dörfer 1947 wieder Frankreich eingegliedert, und ich habe in diesen Dörfern mehrmals mit Personen sprechen können, die diese Zeit miterlebt haben.

Auf halbem Wege zwischen Meer und Hochalpen liegt zu beiden Seiten der Roya auf etwa 300 Hm Breil-sur-Roya, ein lebhaftes Städtchen mit etwa 2000 Einwohnern. Weiter talaufwärts offenbart sich uns am Ausgang der Gorges de Saorge das thronende, tibetanisch anmutende Dorf Saorge. Tende, an der Grenze zu Italien liegend, ist mit etwa 2000 Einwohnern ebenfalls ein munteres Örtchen. Früher ein wichtiges kommerzielles Zentrum aufgrund der Salzstraße, ist es heute einer der Zugänge in die Vallée des Merveilles, berühmt wegen seiner Tausenden von Felsgravuren.

39 Cuore (bis 700 m)

3.15 Std.

Sospel – Kreuzungspunkt mehrerer Weitwanderwege

Sospel liegt zu beiden Seiten der Bévéra und wird verbunden über eine Brücke mit Turm, Le Pont-Vieux, das Wahrzeichen von Sospel. Seit dem 16. Jahrhundert diente die Brücke auch als Zahlungsstation für diejenigen, die die Route du Sel (Salzstraße) von Nizza nach Turin und umgekehrt benutzten. Zahlreiche Militärinstallationen sind Zeugnis für seine früher wichtige strategische Lage. Vier Befestigungsanlagen, Teile der Maginotlinie, wurden zum Schutz von Sospel errichtet: Castillon, Barbonnet, Saint-Roch und Agaisen. War Sospel früher ein Knotenpunkt für den Handel und das Militär, ist es heute Drehscheibe mehrerer Weitwanderwege: GR 510, GR 52 und GR 52A kreuzen sich hier.

Ausgangspunkt: Sospel, 350 m. Parkplatz entweder hinter dem Pont de Libération, etwa 200 m westlich des Pont-Vieux mit dem Turm, oder am Place de la Concorde oder am Bahnhof. Sospel liegt an der Bahnlinie Nizza – Breil-sur-Roya.
Höhenunterschied: 350 m.
Anforderungen: Leichte Tour. Gelbe Markierung, auf *GR 52* rot-weiß, sehr gut markiert. Zu jeder Jahreszeit.
Varianten: (1) Von Sospel auf dem *GR 52* über den Collet de l'Agaisen auf den Mont Agaisen, 751 m. Zurück nach Sospel auf dem *GR 52A*. Höhenunterschied 400 m; Gesamtzeit 3.15 Std.
(2) Der größere Bruder unserer beschriebenen Tour: die Besteigung des Cuore, 1095 m, und Tête de Cuore, zurück über den Col de Razet nach Sospel. Höhenunterschied 770 m; Gesamtzeit 6 Std.
(3) Der Mangiabo, 1821 m (siehe Tour 40), lässt sich auf einer Großtour auch von Sospel aus besteigen: aufwärts auf dem *GR 52*, Abstieg über die Baisse de Levens. Höhenunterschied 1500 m; Gesamtzeit 9 Std.
Unterkunft: In Sospel: Gîte »la Frighiera« (Friguièra), knappe 2 km auf der Straße von Sospel Richtung Moulinet, im Winter nur an Wochenenden für Gruppen, Schlafsäle für 5 und 7 Personen, 3 Zi., Tel. 04 93 04 12 33. Das Hôtel des Etrangers, 30 Zimmer, Tel. 04 93 04 00 09, sospel.net, beherbergt auch den Gîte »le Mercantour« (Schlafsäle für 4 und 6 Personen). Weitere Hotels sind Auberge du Pont Vieux, 6 Zimmer; Auberge Provençale, 12 Zimmer, Tel. 04 93 04 00 31, aubergeprovencale.fr (etwa 1 km außerhalb von Sospel an der Straße *D2566* zum Col de Castillon).
Karte: TOP 25, Vallée de la Bévéra.

Wir laufen vom Parkplatz in **Sospel (1)** zurück über den Pont de Libération, links, vorbei an dem Pont-Vieux, über die Straße und queren schräg den Dorfplatz, an dessen anderem Ende die Vereinshütte des Bouleklubs ist (etwas rechts, westlich, davon ist ein Kriegerdenkmal, nochmals 20 m rechts davon Wegzeiger *#105*). Auf dem Sträßchen geht es weiter nach Osten. 8 Min. nach dem Dorfplatz erreichen wir *#103* (die asphaltierte Straße gabelt sich hier). Wir gehen rechts Richtung »Cuore«, einer früheren Minisiedlung, nicht auf »le Cuore«, den gleichnamigen Berg, überschreiten nach 70 m das

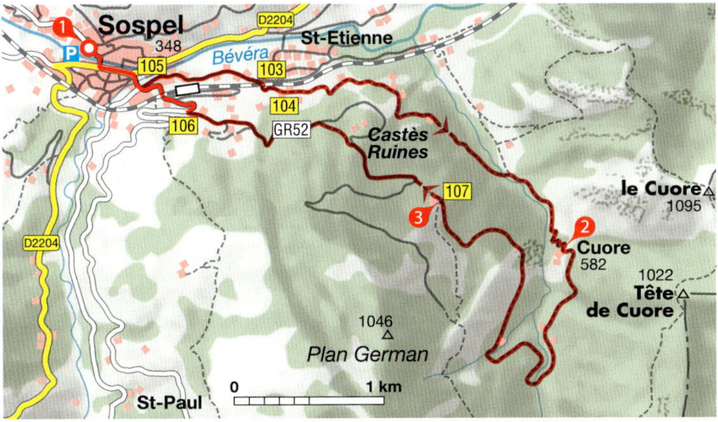

Bahngleis und passieren nach weiteren 100 m *#104*. Noch etwa 800 m auf dem Sträßchen, an dem sich links und rechts Wohnresidenzen befinden, danach geht es auf schmalem Wanderweg weiter. Nach 20 Min. auf dem schmalen Wanderweg überqueren wir auf Steinen einen Bach, und es geht steiler aufwärts. Nochmals eine halbe Stunde und wir erreichen eine tennisplatzgroße, ebene Wiese mit der Ruine **Cuore (2)**, 582 m.

Wir folgen weiter der gelben Markierung nach Süden. 5 Min. nach Cuore erreichen wir eine lokale Höhe, nehmen 30 m danach an der Gabelung den Weg nach links, überqueren kurz darauf ein Bächlein und 20 Min. nach diesem ein weiteres (hier ist der höchste Punkt der Wanderung mit 700 m). An letzterem scharf rechts gehen (wer ein paar Schritte weiter auf eine Ruine stößt, ist zu weit nach oben gegangen).

Nach 45 Min. trifft der Weg an ***#107* (3)**, 630 m, auf den *GR 52*. Nach wenigen Metern gelangen wir auf eine breite Forststraße, der wir etwa 10 Min. lang folgen. Wo die Straße eine scharfe Rechtskurve macht (Ruinen von Castès, ein Befestigungspfosten mit Blick auf Sospel), geht links der Wanderweg ab und kürzt eine große Schleife der Straße ab. Nach 5 Min. sind wir wieder auf der Forststraße. Auf ihr laufen wir jetzt bergab bis zur Landstraße (*#106*).

Wir kürzen die Kurve ab und gehen auf der Straße zurück nach **Sospel (1)**, auf dessen Dorfplatz wir nachmittags sicher noch einigen Boulespielern zuschauen können.

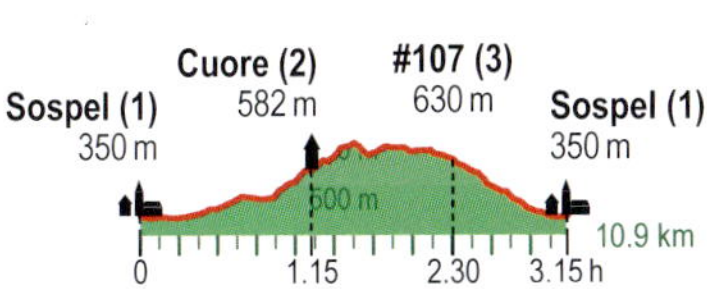

40 Mangiabo, 1821 m

6.30 Std.

Über den Wolken

Wenn wir von den Gipfeln der mehr im Südwesten des Département Alpes-Maritimes gelegenen Touren dieses Führers die Bergsilhouette des Mercantour in Richtung Meer nachzeichnen, gelangt unser Auge am südlichen Rand der Bergkette an einen Gipfel, der von einem grünen Samtteppich überzogen zu sein scheint – den Mangiabo. Früher dienten seine Hänge als Weidegründe, und die Männer trugen das Heu auf ihrem Rücken oder auf Mauleseln ins Tal nach Sospel oder bis nach Menton. Nur etwa 16 km vom Meer entfernt, ist seine dem Dorf Sospel zugewandte Südseite immer ausgesprochen schnell vom Schnee befreit.

Ausgangspunkt: Moulinet, 801 m. Parken auf dem Dorfplatz oder entlang der Durchgangsstraße in Moulinet.
Höhenunterschied: 1130 m.
Anforderungen: Technisch keine. Gelbe Markierung, z.T. auch alte grün-weiße und grün-gelbe; auf *GR 52* und *GR 52A* rot-weiß. Frühjahr bis Herbst.
Variante: An dem Bachzusammenfluss am Waldrand, der eine Viertelstunde nach Capou erreicht ist, zunächst den linken Bach überqueren wie in der Hauptvariante, dann jedoch etwa 30 m rechts haltend aufwärts und an geeigneter Stelle über den zweiten Bach. Am linken Ufer (in Flussrichtung) geht ein Pfad schräg am Hang bergauf. Etwa 10 Min. ansteigend, anschließend ebener. Noch weitere 45 Min. im Wald (Weg ist kaum begangen), dann biegt der Weg nach rechts ab (Steinmauer am linken Wegesrand; Moulinet jetzt sichtbar). In vielen Zickzacks abwärts bis zur Chapelle St-Sébastien und zurück nach Moulinet. Gehzeit vom Bachzusammenfluss bis Moulinet 2 Std.; Gesamtzeit 3.45 Std.; Höhenunterschied knappe 500 m.
Unterkunft: In Moulinet, Gîte de Moulinet, ganzjährig, 2 Schlafsäle für je 9 Personen, Apartments für 4–5 Personen, Tel. 04 93 04 80 07 (Mairie).
Hinweis: Wanderung verläuft fast ganz im Parc National du Mercantour.
Karte: TOP 25, Vallée de la Bévéra oder TOP 25, Vallée de la Roya.

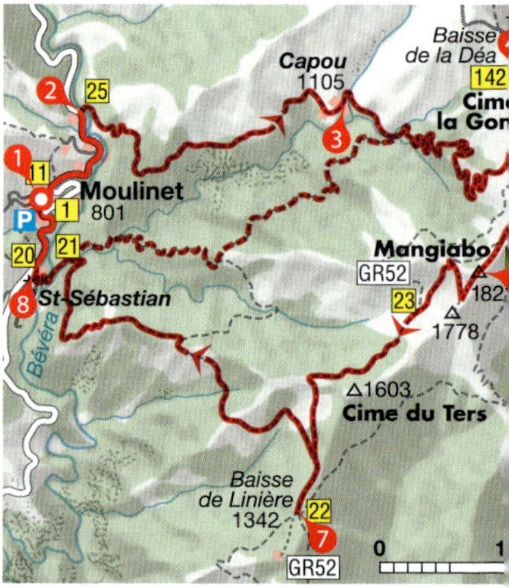

Vom Dorfplatz in **Moulinet (1**, *#1*) gehen wir die Rue Carnot hinauf und biegen rechts in die Rue d'Eglise mit der Kirche St-Bernard. Vorbei an der Kirche und weiter, bis der Weg die Haarnadelkurve der Durchgangsstraße tan-

giert (*#11*). Nach knapp 50 m zweigt der *GR 52A* links ab; wir gehen jedoch geradeaus weiter, zunächst auf betoniertem Weg, dann auf dem Wanderweg, schließlich auf einem geteerten Sträßchen, bis wir wieder auf die Straße treffen, die von Moulinet auf den Col de Turini führt. Erst wandern wir 250 m auf der Straße bergauf, biegen dann rechts auf den Wanderweg, und betreten bei ***#25* (2)** den Parc National du Mercantour.
Der Weg steigt an und gibt Blicke frei auf Moulinet mit seinen Terrassenanlagen. Nach etwa einer Stunde vom Eintritt in den Nationalpark ist die Ruinensiedlung **Capou (3)**, 1105 m, erreicht (die 2 Std., die auf dem Schild *#25* nach Capou angegeben sind, können wohl nicht stimmen). Nach einer weiteren Viertelstunde treffen wir auf einen Bachzusammenfluss am Waldrand. Wir überqueren den von links oben kommenden Bach und wandern die nächste Dreiviertelstunde im Wald. In engen, dann wieder weitläufiger gehaltenen Kehren geht es stetig aufwärts. Die Spitze einer scharfen Kehre bei ***#142* (4)**; die angegebenen 15 Min. bis zum Gipfel müssen für Rennläufer gelten) befindet sich kurz vor der Baisse de la Déa. An dieser Kehre führt uns der Weg in südlicher Richtung, jetzt auf dem *GR 52*. Wir passieren den Wegzeiger *#143,* 1706 m, wo wir den *GR 52* für die Gipfelbesteigung verlassen. Links unten im Tal liegt Breil-sur-Roya. Wir wandern an Wegzeiger ***#144* (5)** vorbei und erreichen schließlich den Gipfel des **Mangiabo (6)**.
Abwärts geht es auf der anderen Seite, zunächst auf dem Grat, dann macht die Wegspur eine Kehrtwendung nach rechts, und nach einigen Serpentinen gelangen wir wieder auf den *GR 52* (*#23*). Diesem folgen wir bis zur **Baisse de Linière (7)**, einem fußballplatzgroßen Plateau, 1342 m (*#22*; kurz vorher kommen wir an Kanonenrohren aus dem Zweiten Weltkrieg vorbei).
Wir verlassen den *GR 52* wieder und schlagen den Weg nach Moulinet ein, der zunächst nach Norden führt. Der Weg ist mit alten grün-gelben, z. T. auch grün-weißen Markierungen gekennzeichnet. Nach etwas mehr als einer Stunde Abstieg überqueren wir eine hübsche Brücke (*#21* ist nur wenige Schritte dahinter), gleich darauf eine zweite. An der Chapelle St-Sébastien geht es rechts einige Höhenmeter aufwärts und schließlich geradewegs bis zur Straße bei ***#20* (8)**, die uns zurück zu unserem Ausgangspunkt nach **Moulinet (1)** bringt.

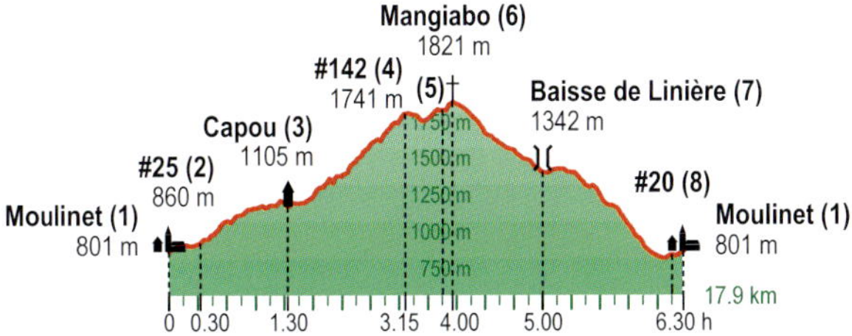

41 Cime de Suorcas, 1516 m, Cime de la Calmette, 1786 m

3.45 Std.

Wald – Meeresblick – Rallye Monte Carlo

Wald – die Wälder von Turini, gelegen zwischen dem Tal der Vésubie und dem Tal der Bévéra, gehören zu den schönsten Waldgebieten im Département Alpes-Maritimes. Meeresblick – das Cap d'Antibes und das Esterelgebirge, das sich westlich von Cannes erhebt, sind von unseren Gipfeln aus sichtbar. Rallye Monte Carlo – die berüchtigte »Nacht der langen Messer« auf den Col de Turini ist das wohl bekannteste Teilstück der jährlich im Januar ausgetragenen Rallye.

Ausgangspunkt: Col de Turini, 1604 m, 24 km von Sospel, 15 km vom Tal der Vésubie (über La Bollène-Vésubie).
Höhenunterschied: 450 m.
Anforderungen: Trotz der drei Stellen auf dem Grat, an dem Naturstufen zu überwinden sind, leichte Tour. Gelbe Markierung, auf *GR 52A* rot-weiß. Bis Herbst.
Unterkunft: Folgende Hotels (meist ganzjährig) befinden sich auf dem Col de Turini: Le Ranch, 9 Zimmer für 1, 2 oder 3 Personen, Tel. 04 93 91 57 23, ranch-turini.com; Les Trois Vallées, 17 Zimmer, Tel. 04 93 04 23 23, les3vallees-turini.fr; Les Chamois, 15 Zimmer, Tel. 04 93 91 58 31, hotel-les-chamois.com. Auf der Baisse de Camp d'Argent (2 km aufwärts vom Col de Turini) befindet sich l'Estive du Mercantour, Hotel und Gîte, Tel. 04 93 91 57 58, estive-mercantour.fr.
Karte: TOP 25, Vallée de la Bévéra oder TOP 25, Vallée de la Vésubie.

Vom Parkplatz am **Col de Turini (1)** auf der Straße nach Süden und an *#195* rechts auf breitem Forstweg (»Piste de Tardei«, *GR*-Markierung) im Wald gleichmäßig bergab. Nach einer halben Stunde passieren wir einen Wasserfall, kurz darauf ***#196* (2)**. Weiter auf dem *GR 52A* bis zu ***#191* (3)**, 1370 m. Hier nehmen wir den links abzweigenden und ansteigenden Weg. Nach einer halben Stunde erreichen wir einen Pass (2-mal *#192*, 20 m voneinander entfernt). Weiter wandern wir gen Westen auf dem Grat (nicht auf dem Forstweg, der nach rechts geht) und in 10 Min. auf die **Cime de Suorcas (4)**, 1516 m, mit Blick aufs Meer bis zum Cap d'Antibes. – Wir laufen wieder zu-

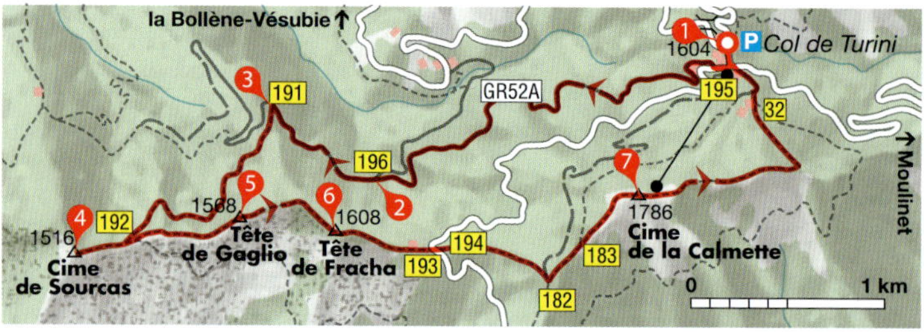

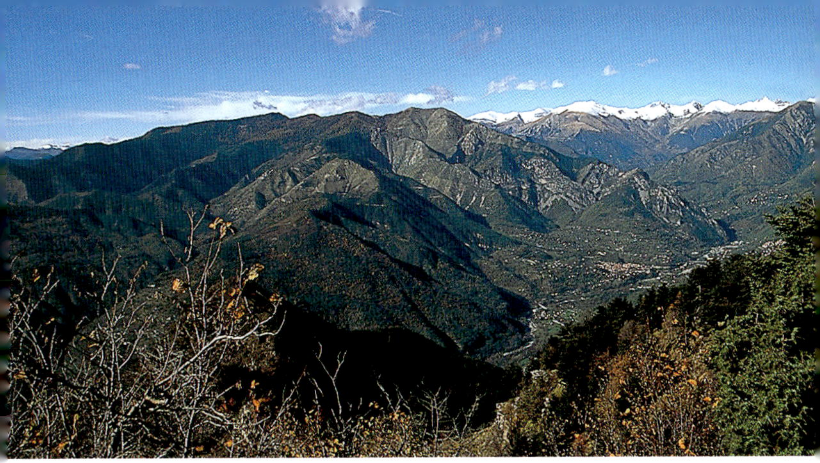

Das Tal der Vésubie von der Cime de Suorcas.

rück zu *#192* und weiter auf dem Grat nach Osten (Richtung »Maison Forestière«); der Waldweg macht einige Meter nach *#192* zwei Serpentinen. Der Weg auf dem Grat ist ansteigend; an drei Stellen sind Felsstufen zu überwinden (leicht). **Tête de Gaglio (5)**, 1568 m, und **Tête de Fracha (6)**, 1608 m, werden, kaum dass wir es merken, »mitgenommen«. Nach einer halben Stunde geht es wieder etwas bergab. Das Waldhaus wird passiert, wonach wir auch schon die Straße (*D2566*) erreicht haben (*#193*, 1593 m). Auf der anderen Straßenseite (*#194*) überwinden wir eine 1 m hohe Mauer. Der Weg gewinnt an Höhe. Nach einer Viertelstunde erreichen wir einen Forstweg, hier biegen wir nach rechts ab, und nach 100 m (gelbe Markierung) bei *#182* nach links. Nochmals 5 Min., und wir nehmen den nach rechts ansteigenden Weg (*#183*), der uns auf das Plateau der **Cime de la Calmette (7)**, 1786 m, führt.

Wir gehen in östlicher Richtung, kommen am Ende eines Skilifts vorbei und finden rechter Hand nochmals einen sehr schönen Aussichtspunkt. Der Weg setzt sich leicht bergab in östlicher Richtung fort und macht, etwa 10 Min. vom Skilift aus gerechnet, eine scharfe Linkskurve. Ein Forstweg wird überquert, und nach 100 m stoßen wir auf *#32* (zwei Ruinen). Hier links, und nach 100 m gibt's ein zweites Mal den Wegzeiger *#32*. Wir gehen schräg nach rechts ab und gehen auf dem Forstweg in wenigen Minuten zurück auf den **Col de Turini (1)**.

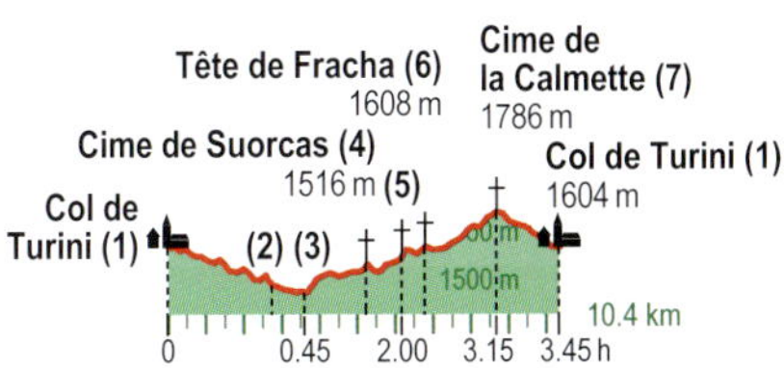

42 Von Breil-sur-Roya über Piène Haute nach Sospel (bis 600 m)

5.00 Std.

Und Gott erschuf den Olivenbaum

Der Olivenbaum ist der Mittelmeerbaum schlechthin. Die Hauptsorte im Département Alpes-Maritimes ist »le cailletier«, eine kleine Olive, deren Farbe zwischen Schwarz und Violett liegt. Sie liefert das Nizzaer Olivenöl (l'huile d'olive de Nice). Die frostempfindlichen Oliven finden sich bis etwa 600 Höhenmeter. Unsere Wanderung bewegt sich zwischen 300 und 600 Höhenmetern und trägt uns deshalb durch zahlreiche Olivenhaine mit altehrwürdigen Olivenbäumen. »Alpes« und »Maritimes« verschmelzen auf wunderbare Weise auf dieser Tour im Moyen Pays.

Ausgangs-/Endpunkt: Auto in Sospel, 350 m, parken, dann mit dem Zug nach Breil-sur-Roya, 310 m.
Höhenunterschied: Aufstieg 580 m, Abstieg 540 m.
Anforderungen: Einf. Tour zu jeder Jahreszeit. Gelbe Mark., auf *GR 510* rot-weiß.
Einkehr/Unterkunft: In Breil-sur-Roya: Hôtel le Roya, 12 Zimmer, Tel. 04 93 04 48 10; Le Castel du Roy (April bis Ende Sept., 3 Sterne), 17 Zimmer, Tel. 04 93 04 43 66; Hôtel Restaurant la Bonne Auberge, 7 Zimmer, Tel. 04 93 04 41 50, labonneaubergebreil.fr. In Sospel, siehe Tour 39.
Karte: TOP 25, Vallée de la Bévéra oder TOP 25, Vallée de la Roya.

Vom Bahnhof in **Breil-sur-Roya (1)** folgen wir rechts abwärts auf dem Gehweg unter Platanen der Durchgangsstraße. Sie überquert die Roya, führt vorbei an der sich an die Bergwände schmiegenden Altstadt und passiert die Roya ein zweites Mal. 30 m nach der Brücke beginnt bei ***#2* (2)** der *GR 510* mit einigen ansteigenden Serpentinen (an der zweiten Kurve nicht geradeaus gehen).

Nach etwa einer halben Stunde erreichen wir bei ***#118* (3)** eine Weggabelung. Wir verlassen den rechts bergauf führenden *GR 510* und gehen geradeaus weiter, jetzt gelben Markierungen folgend. Nach 5 Min. sehen wir im Süden das Château von Piène Haute.

Eine halbe Stunde onduliert der Weg leicht, dann geht es 10 Min. richtig bergab ins Tal. Wir überqueren ein Rinnsal und nehmen den schweißtreibenden Aufstieg nach Piène Haute in Angriff. Bis *#439* sind es Serpentinen, dann geht es geradlinig bergauf nach **Piène Haute** (**4**, *#113*, 610 m, ein zweiter Wegzeiger *#113* befindet sich am Ortsausgang). Nach einem Ortsbummel ver-

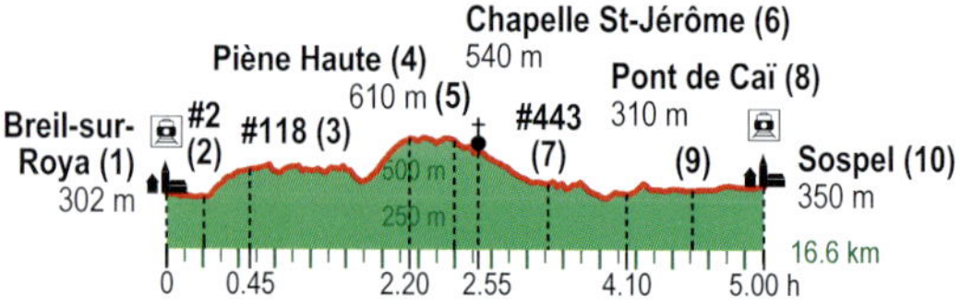

lassen wir Piène Haute – es kam erst 1947 zu Frankreich – in westlicher Richtung und bleiben auf der Landstraße *D193*, vorbei an *#115* (ab hier sind wir wieder auf dem *GR 510* bis Sospel) und nochmals etwa 350 m, bis an ***#440* (5)** nach der Linkskurve ein Schotterweg linker Hand bergab geht. Nach der **Chapelle St-Jérôme (6)** wird der Weg schmaler. Wir erreichen eine Straße, einen Steinwurf von der italienisch-französischen Grenze entfernt. Rechts leicht abwärts auf der Straße (*#441*, *#442*), und nach einer Haarnadelkurve an einem Aquädukt-Siphon vorbei. Es versorgte das Dorf Olivetta mit Wasser. Danach noch 80 m die Straße bergauf, dann zweigt bei ***#443* (7)** ein Weg links ab. Nach einem kleinen Anstieg folgt der Weg der Bévéra, zunächst noch hoch über ihr thronend, dann direkt an ihr entlang (Bademöglichkeiten oder zumindest die Möglichkeit, die Füße ins Wasser zu tauchen). Leicht aufwärts, unterqueren wir die Eisenbahnbrücke **Pont de Caï (8)**, überqueren gleich dahinter den Bach Basséra und gehen an der Eisenbahnbrücke 200 Schritte den Fahrweg aufwärts bis zur Straße *D93* (*#89*). Auf ihr gehen wir etwa 1 km sanft bergab, dann kürzen wir die Schleife ab, die die Straße nach der Brücke über die Nièya macht. Wir queren nun die Straße (*#102*) und gehen auf einer längeren Geraden, zunächst auf einem Wander-, dann auf einem Schotterweg zwischen dem **Bauerngehöft St-Gervais (9)** hindurch. 200 m nach dem Gehöft rechts auf einen Pfad und kurz darauf wieder auf asphaltiertem Untergrund bis zur Durchgangsstraße *D2204* (*#101*), der wir auf dem Gehweg nach **Sospel (10)**, unserem Ziel, folgen.

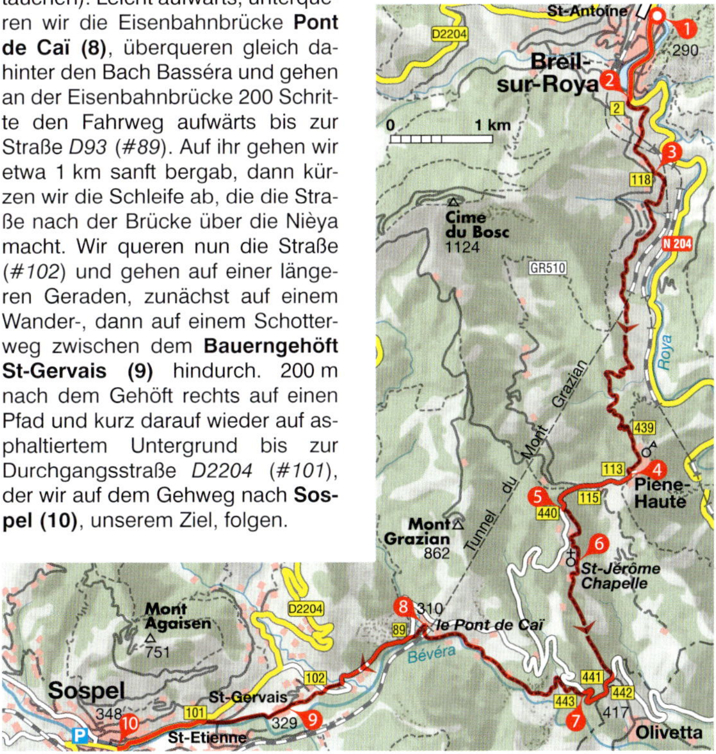

TOP **43**

In die Schluchten der Maglia (bis 1074 m)

5.45 Std.

Auf trockenen – oder nassen – Wegen in den Schluchten der Maglia

Die Alpes-Maritimes besitzen mit die schönsten Schluchten oder Klusen (clues) in Europa, ideal geeignet für »Canyoning«, eine noch junge Sportart. Es ist eine Mischung aus Alpinismus, Höhlenforschung und Wandern. Wenn uns auf dieser reizvollen Tour in die Clue de la Maglia Froschmänner mit Kletterausrüstung begegnen, dann sind das die Zeitgenossen, die die nasse Variante im Flussbett bevorzugen.

Ausgangspunkt: Breil-sur-Roya, 310 m, Bahnhof. Parkplatz auch in La Giandola vorhanden.
Kurzvariante: Entweder nur bis zum Ende oder zum Anfang der Canyoningstrecke und zurück; Gesamtzeit 2–3.30 Std.
Höhenunterschied: 870 m. Kurzvariante zwischen 100 und 300 m.
Anforderungen: Balkonweg ins Tal der Maglia hinein teilweise abschüssig, aber breit. Gelbe Markierung. Zu jeder Jahreszeit, im Sommer heiß.
Hinweis: Die Alpes-Maritimes sind ein bekanntes und beliebtes Canyoninggebiet. Wer das einmal versuchen möchte, kann sich einer Gruppe mit Führer anschließen (Roya-Evasion in Breil, Tel. 06 38 67 73 79, royaevasion.com).
Einkehr/Unterkunft: In Breil, s. Tour 42.
Karte: TOP 25, Vallée de la Roya oder TOP 25, Vallée de la Bévéra.

Wir verlassen den Bahnhof in **Breil-sur-Roya (1)** und biegen links auf den Gehweg unter den Platanen, überqueren nach 10 Min. die Landstraße

Der Weg, jetzt weit oberhalb der Maglia.

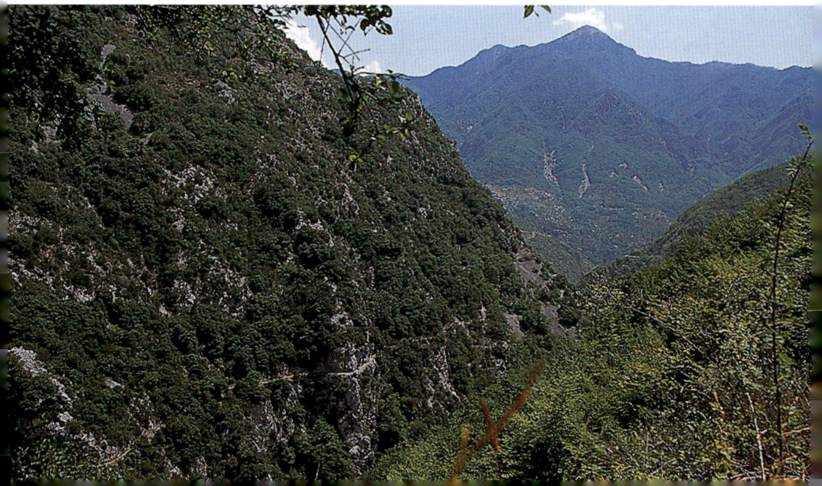

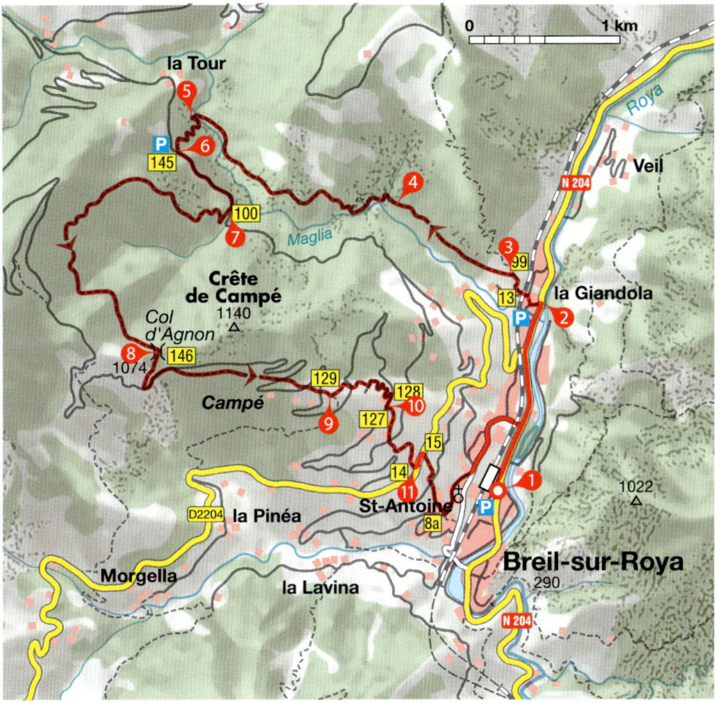

D2204 und gehen leicht bergab zum nahtlos an Breil-sur-Roya anschließenden Weiler **La Giandola (2)**. Auf der linken Seite der Hauptstraße geht ein halbmondförmig geschwungenes Sträßchen weg, auf der im Sommer die Canyonisten parken. Am unteren Ende der Sichel, etwa 50 m von der Hauptstraße, befindet sich eine Treppe (*#13*). Auf ihr gehen wir hoch bis zur Schotterstraße, queren die Bahnlinie und wählen direkt dahinter rechts den Pfad. Einmal über das Sträßchen, beim zweiten Mal berühren wir es nur und gehen bei **#99 (3)** links bergauf (steht wenige Schritte von dem Fahrweg). Ein sehr schöner, zunächst großenteils ebener Weg führt ins Tal hinein. 15 Min. nach *#99* bzw. 2 Min. nach den Brückenpfeilern ohne Brücke zweigt links ein steiler **Pfad (4)** ab (leicht zu übersehen). Wer möchte, kann in wenigen Minuten zum Ausgang der Canyoningstrecke absteigen und nachmittags im Sommer Canyonisten zusehen, die als letztes Stück ihrer Wasserwanderstrecke einen 5 m hohen Wasserfall herunterspringen. Ansonsten führt uns

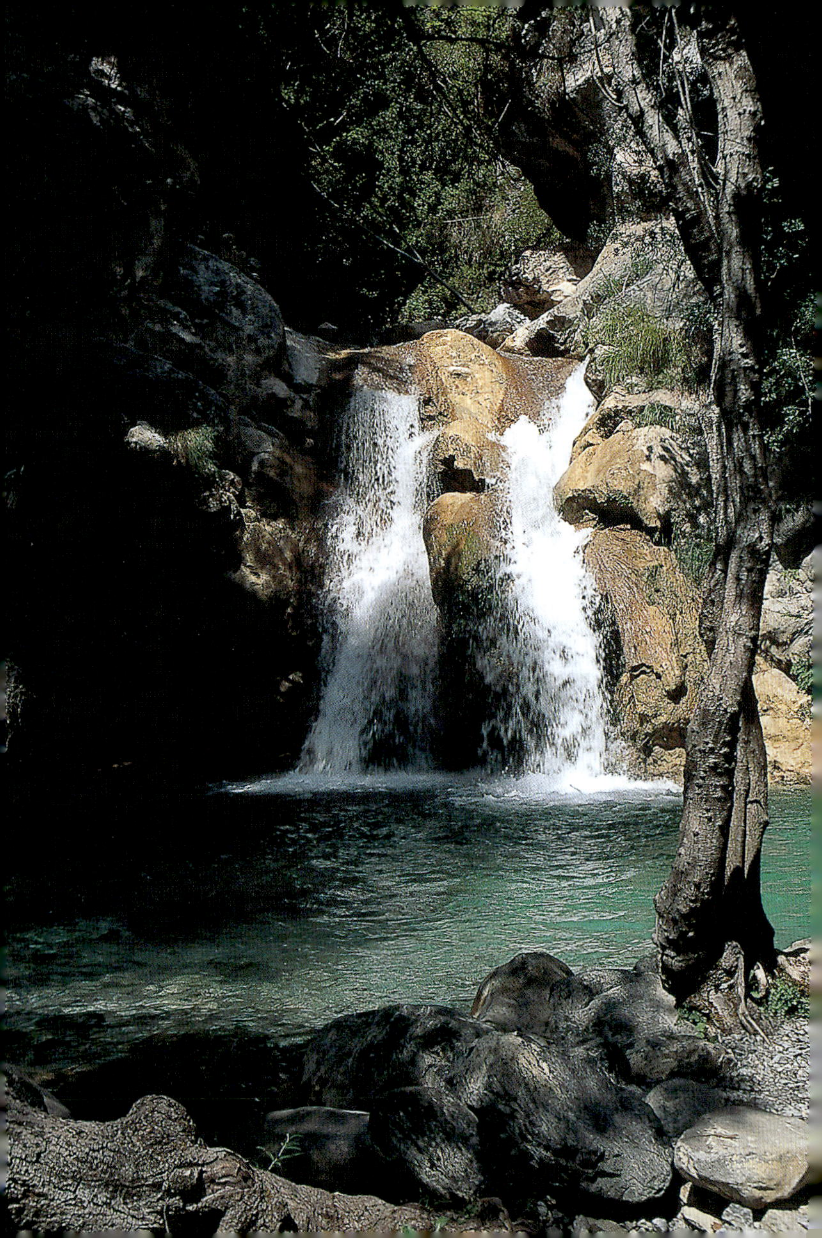

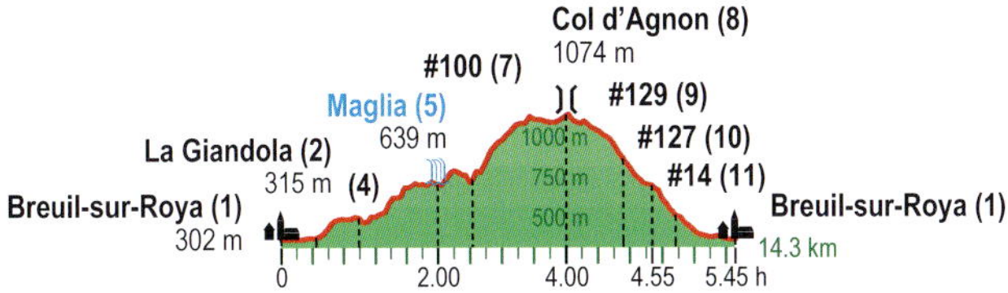

der Weg geradeaus weiter, nach 3 Min. über eine Brücke und in Serpentinen durch Wald bergauf, danach immer wieder mit Blicken in die tiefe Schlucht der Maglia. Nach einer guten Dreiviertelstunde, von der Brücke aus gerechnet, gabelt sich der Weg, und wir nehmen den links wenige Meter abfallenden Pfad, der kurz darauf die hier zahme **Maglia (5)** überquert. Noch 3 Min., und wir sind nahe dem Eingang der Canyoningstrecke. Wir steigen jedoch steil bergauf, gelangen an einen Schotterweg, gehen links und kommen in 5 Min. bei ***#145* (6)** an eine Straße. Auf ihr links und leicht bergab, zunächst auf Schotter, der aber alsbald in Asphalt übergeht. Nach etwa 700 m zweigt ein Pfad rechts bergauf, ***#100* (7)**. Er ist z. T. überwachsen, aber gut begehbar. Am Strommasten (5 Min.) den mittleren und ansteigenden der drei zur Auswahl stehenden Wege nehmen (gelbe Markierung). In einem großen Halbkreis geht es schweißtreibend auf den **Col d'Agnon (8)**, zunächst nur ab und zu unter schattigen Bäumen, später im Wald.

Am Col d'Agnon, 1074 m (*#146*), auf der Gegenseite den Abstieg antreten. Immer wieder werden Blicke frei auf Breil-sur-Roya. Nach 10 Min. stoßen wir auf eine Schotterstraße, auf der wir 300 m links gehen und dann den rechts abbiegenden Pfad nehmen. Der Abstieg durch die Terrassenanlagen könnte leicht zum Irrgarten werden, doch die zahlreichen gelben Markierungen steuern uns sicher hindurch. Wir queren einige Male die Schotterstraße: vom abgehenden Pfad aus gerechnet steht rechter Hand nach 20 Min. ein Wohnwagenhaus, kurz danach passieren wir ***#129* (9)**, Campé. Nochmals 20 Min. später verläuft der Weg einige Serpentinen auf der Schotterstraße, vorbei an einem großen Strommasten (*#128*) und nochmals 150 m auf der Straße, bevor der Weg bei ***#127* (10)** links abknickt. Weitere 20 Min., und wir kommen auf die Landstraße D2204, ***#14* (11)**. Auf ihr geht es nach links. Nach 200 Metern nehmen wir den nach rechts abgehenden Wanderweg (*#15*). Nach 10 Min. gelangen wir auf einen geteerten Weg – wir sind inzwischen im Wohngebiet –, den wir 100 m abwärts gehen bis zur breiten geteerten Straße (*#8a*). Auf ihr laufen wir links, vorbei an der Chapelle St-Antoine, in nördlicher Richtung parallel zum Bahnhof. Wir überqueren die Bahnlinie und sind schließlich nach ein paar Metern wieder zurück beim Bahnhof in **Breil-sur-Roya (1)**.

Der Abstecher zum Ausgang der Canyoningstrecke – der 5 m hohe Wasserfall.

TOP **44**

Vallon de la Bendola (bis 1270 m)

6.45 Std.

Bezaubernde Wege, verzaubertes Bergdorf

Wer das hoch gelegene Saorge das erste Mal vom Tal aus erblickt, dem bleibt der Mund offen vor Erstaunen. Weit oberhalb der sich durch die Schluchten fressenden Roya thronend, ist Saorge eines der schönsten Bergdörfer in den Alpes-Maritimes. Doch unsere atem(be)raubende Wanderung hat noch mehr Höhepunkte aufzuweisen.

Ausgangspunkt: Saorge, 480 m. Parken in Saorge (von Fontan kommend) oder an der Kirche Madone de Poggio (Hauptstraße zwischen Süd- und Nordtunnel in den Gorges de Saorge verlassen, nach 300 m Zufahrtstraße aufwärts). Durchfahrt durch Saorge nicht möglich.
Höhenunterschied: Etwa 1070 m.
Anforderungen: Ausdauer. Gelbe Markierung bis zum *GR 52A*. Bei meiner ersten Tour habe ich den Weg von La Baragne nach *#165* einfach nicht gefunden, sodass ich wieder nach Saorge umgekehrt bin und die Tour von der anderen Seite unternahm. Mit der Beschreibung im Text müsste der Leser sich allerdings zurechtfinden. Frühjahr bis Herbst. Im Sommer heiß. Evtl. auch im Winter schneefrei.
Variante: Bis zum Pont de Castou wie in der Hauptvariante, dann zurück auf dem Schotterweg. Gesamtzeit 2 Std.; nur wenig mehr als 100 Hm.
Unterkunft: Gîte d'étape de Bergiron, etwa 10 Min. hinter dem Monastère von Saorge, Mai–September, 2 Zimmer, 1 Schlafraum für 6 Personen, Tel. 07 67 28 16 90, bergiron.fr.
Karte: TOP 25, Vallée de la Roya.

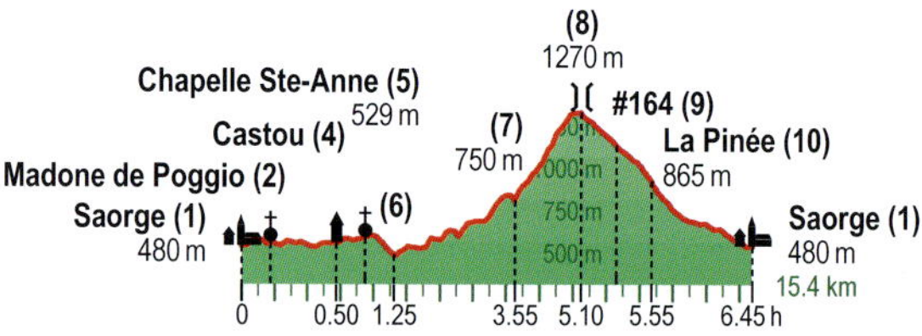

Wer, von Fontan kommend, in **Saorge (1)** geparkt hat, bummelt durch den Ort und hält sich am Ortsende rechts. An der Kirche **Madone de Poggio (2)** geht es ein paar Meter die Straße hinunter bis zur Kreuzung bei ***#161* (3)**. Wir nehmen das Schottersträßchen nach links und gehen an den Ruinen von **Castou (4)** vorbei (knapp 30 Min.). Etwa 50 m danach, am hinteren der zwei Wegzeiger *#168*, nehmen wir den Wanderweg, der etwas oberhalb und parallel zur Straße verläuft. Über eine romantische Brücke (die Kakifrüchte sind fast zum Greifen nah) und zu einer kleinen bewohnten Siedlung. Der Weg führt links an zwei, drei bewohnten Häusern vorbei. Vorher können wir noch einen Abstecher zur wenige Schritte rechts liegenden **Chapelle Ste-Anne (5)**, 529 m, ma-

chen. Am letzten Haus geht es zunächst 2 m rechts ab, dann links weiter. Nach 20 Min. trifft der Weg wieder auf den Fahrweg, gleich dahinter überqueren wir den **Pont de Castou (6)**, 428 m (Straße macht vor der Brücke eine 180-Grad-Kurve). Der Wegzeiger *#167* befindet sich hinter der Brücke.
Gleichmäßig steigt der Wanderweg an, im Wesentlichen dem Bach folgend. An *#166* zweigt der Weg links ab. Nach 2 Min. überqueren wir ein Bächlein, dann folgt ein schön hergerichtetes Haus. Es geht nochmals bergauf, dann wieder runter, und schließlich kreuzen wir den Bach im Vallon de la Bendola. Der Weg macht weiterhin einige Auf und Abs, doch letztlich windet er sich mit einem nochmals kräftigen Aufstieg das Vallon de la Baragne empor. Wir treten aus dem Wald heraus und treffen nach wenigen Metern auf das Haus **La Baragne (7)**, 750 m. War der Weg bisher gut mit gelben Markierungen gekennzeichnet, so fehlen sie nun für einige Zeit. Also wie folgt gehen: Der Weg berührt nahezu das Haus. Vom Haus 25 m nach links und vier bis fünf enge Serpentinen links hoch (nicht geradeaus), an einer Ruine vorbei und bis zu einer fast tennisplatzgroßen Fläche (3 Min. vom Haus). Dahinter geht ein Weg bergan (einfaches Schild mit Pfeil, aber ohne Schrift). Nach wenigen Minuten erreichen wir zwei, drei Häuser mit Sonnenkollektoren (*#165*). Links schräg aufwärts. Nach 3 Min. sehen wir in in etwa 200 m Entfernung eine (5-gliedrige) Häuserkette. Der Weg geht direkt daran vorbei (jetzt wieder gelbe Markierung). Hinter der Häuserkette setzt sich der Aufstieg auf **P. 1270 (8)** fort. Auf dem Abstieg erreichen wir eine Weggabelung bei ***#164* (9)**; wir sind auf dem *GR 52A*. Weiter geht's bergab bis zur Wegkreuzung **La Pinée (10)**, 865 m (Tränke, *#433*). Entweder folgen wir dem *GR* über die Chapelle Sainte Croix oder wir wählen den Weg durch das Vallon de Peïremont; beide treffen sich wieder an *#162*. Zurück nach **Saorge (1)**.

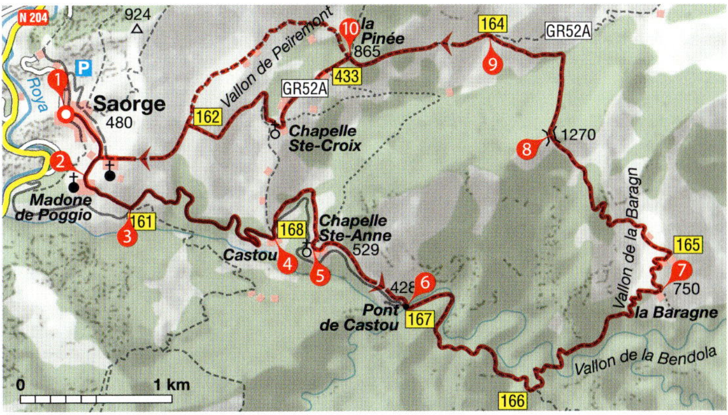

TOP **45**

Vallée des Merveilles und Mont Bégo, 2872 m

2 Tage

Wunderbares und Mystisches im Nationalpark

Was bewog Menschen vor etwa 4000 Jahren, im Gebiet um den Mont Bégo zwischen 2100 m und 2600 m Höhe in Hunderte von Felstafeln knapp 40.000 Gravuren zu schlagen? Die meisten Felsgravuren stellen Horntiere, geometrische Figuren und Waffen dar. Es gibt auch einige wenige menschenähnliche Einzeldarstellungen; die berühmtesten Figuren sind le Sorcier (der Zauberer), le Christ, le Chef de tribu (Stammeshäuptling). Ein systematisches Studium begann erst 1897 und setzt sich bis zum heutigen Tage fort.

Nahezu alle Felsgravuren sind in zwei Zonen konzentriert, der Vallée des Merveilles und der Vallée de Fontanalba. Dem Wanderer stehen drei Möglichkeiten offen, dieses Museum unter freiem Himmel zu besichtigen: (1) alleine auf den autorisierten Wanderpfaden, mittels derer man eine beschränkte Zahl an Gravuren zu Gesicht bekommt; (2) mit einem der lizenzierten Führer, die das ganze geschützte Gebiet betreten dürfen; (3) mit einer der Führungen ab dem Refuge des Merveilles für die Vallée des Merveilles, ab Refuge de Fontanalba oder dem Chalet du Parc National bei den Lacs Jumeaux für die Vallée de Fontanalba. Es besteht auch die Möglichkeit, sich mit dem Geländewagen autorisierter Führer bis zum Refuge des Merveilles oder dem Lac de Fontanalba fahren zu lassen.

Die vorgeschlagene Zweitagestour ist einer der Höhepunkte dieses Wanderbuchs. Sie fügt der für sich alleine schon beeindruckenden Besichtigung der Felsgravuren mit der Überquerung des Mont Bégo einen weiteren Glanzpunkt hinzu.

Ausgangspunkt: Lac des Mesches, 1380 m, 10 km von St-Dalmas-de-Tende. Zahlreiche Parkplätze.

Höhenunterschied: 1. Tag: 730 m Aufstieg. 2. Tag: 800 m Aufstieg, 1530 m Abstieg bis zum Lac des Mesches; falls nur bis zum Tor des Nationalparks gegangen wird, sind es 1150 m abwärts.

Anforderungen: Die Strecke zum Refuge des Merveilles ist für jedermann geeignet. Die Führung in der Vallée des Merveilles dauert 2–3.30 Std. (200 Hm, viele Pausen mit Erklärungen). Auch der Anstieg durch die Vallée des Merveilles zur Baisse de Valmasque und der Abstieg über den Refuge de Valmasque nach Casterino bereiten keine technischen Schwierigkeiten. Der Aufstieg über die Südseite des Mont Bégo ist recht einfach: Fast bis zum Gipfel führt ein guter Weg, lediglich die letzten Meter sind etwas abschüssig. Der Abstieg über die Nordseite ist erfahrenen und schwindelfreien Bergwanderern vorbehalten. Bei Schnee ist die Nordseite gefährlich. Man sollte sich im Refuge des Merveilles nach der Schneelage erkundigen. Mit zwei Autos, eines am Lac des Mesches, das zweite am Tor zum Nationalpark (*#394*, *#395*), spart man 1.30 Std. und 340 Hm sowie das Gehen auf geteerter Straße. Alternativ per Anhalter.

Markierung: Gelb vom Lac des Mesches bis zum Refuge des Merveilles.

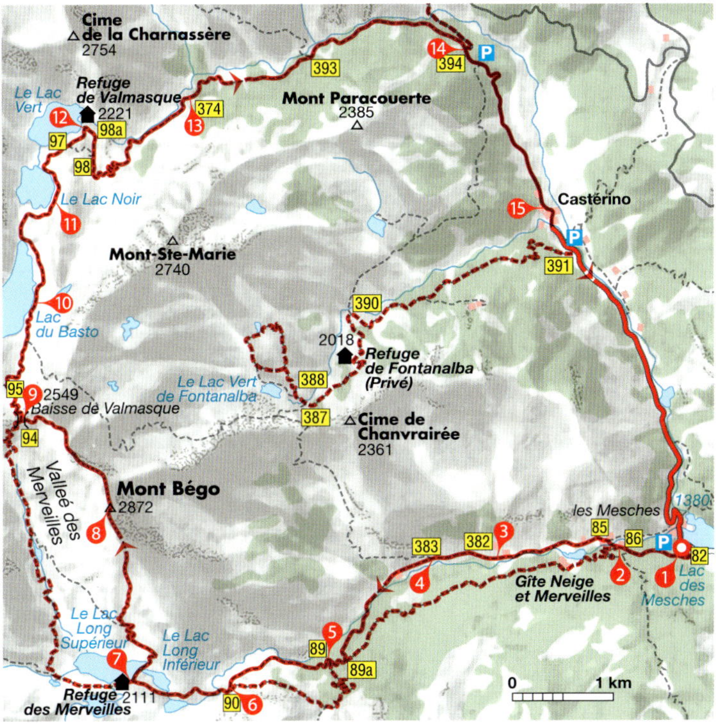

Steinmännchen auf der Südseite des Mont Bégo. Rot-weiß (*GR 52*) vom Refuge des Merveilles bis kurz nach der Baisse de Valmasque (*#95*).

(Un)Wetter: Das Gebiet ist berüchtigt wegen seiner lokalen Gewitter. Mit schöner Regelmäßigkeit bilden sich in den späten Morgenstunden Wolken um den Mont Bégo, die sich nachmittags heftig entladen können. Wetterbericht einholen und früh aufbrechen. Im Herbst kann die Sicht auf dem Mont Bégo von Korsika bis zum Monte Rosa in der Schweiz reichen. Etwa zwei Drittel des Jahres liegt Schnee, auf dem Mont Bégo auch noch bis in den Juni. Wanderperiode Juni bis Oktober.

Varianten: (1) Eintagestour: Lac des Mesches – Refuge des Merveilles und wieder zurück: Gesamtzeit 5 Std., Höhenunterschied 730 m. Zusätzlich noch geführte Tour in der Vallée des Merveilles.

(2) Wie Hauptvariante, jedoch ohne Besteigung des Mont Bégo: 1. Tag: Lac des Mesches – Refuge des Merveilles mit Übernachtung; Gehzeit 2.45 Std.; Höhenunterschied 730 m. Zusätzlich geführte Tour in der Vallée des Merveilles. 2. Tag: Refuge des Merveilles – Baisse de Valmasque via Vallée des Merveilles – Refuge de Valmasque – Casterino – Lac

des Mesches; 6.30 Std.; Aufstieg 450, Abstieg 1180 Hm. Die Tour kann auch an einem Tag gemacht werden. Mit zwei Autos bietet sich wieder an, eines am Tor des Nationalparks abzustellen.
(3) Felsgravuren und geführte Touren gibt es auch im Vallon de Fontanalba. Parken in Casterino. Gehzeit zum Refuge de Fontanalba 1.30 Std., zum Chalet du Parc National bei den Lacs Jumeaux nochmals 30 Min.
(4) Man kann sich auch auf den Refuge des Merveilles fahren lassen (Infos beim Tourismusbüro in Tende; Tel. 04 83 93 98 82, tendemerveilles.com).
Verhaltensregeln: Der Großteil der Wanderung verläuft im Parc National du Mercantour. Die zwei Gebiete mit den Gravuren, die Zone de l'Arpette und die Zone de Zone de Fontanalba, unterliegen besonderem Schutz. Zusätzlich zu den Verhaltensregeln des Nationalparks gilt:
- Wege nur in Begleitung von akkreditierten Führern des Nationalparks verlassen.
- Wanderstöcke im Rucksack verstauen.
- Gravuren nicht berühren.
- Biwakieren nur am Refuge des Merveilles (Lac Saorgine) und am Refuge de Fontanalba.

Musée départemental des Merveilles: In Tende an der Durchgangsstraße am nördlichen Ortsende, Tel. 04 89 04 57 00, museedesmerveilles.departement06.fr/musee-des-merveilles-13336.html; geöffnet ganzjährig, dienstags geschlossen.
Führungen zu den Felsgravuren: Führungen werden in zwei verschiedenen Tälern angeboten: Vallée des Merveilles und Vallée de Fontanalba. Reservierungen sowohl für Führungen (valleemerveilles.com) als auch für die Hütten (siehe unten) über das Internet. Der Website enthält auch YouTube-Videos, wie man Hüttenreservierungen vornimmt. Im Park muss man damit rechnen, dass keine Verbindung zum Mobilfunknetz besteht. Falls die Hütten geöffnet haben, werden Führungen auch schon um 8.00 Uhr angeboten.
Einkehr/Unterkunft: Refuge des Merveilles (FFCAM), Tel. 04 93 04 64 64, 72 Plätze in Schlafsälen im Sommer (Mitte Juni bis Ende September) und 20 im Winter (dann nicht bewirtet); Reservierung über das Internet erforderlich: refugedesmerveilles.ffcam.fr.
Refuge de Valmasque (FFCAM): rustikal, 52 Plätze im Sommer in drei Schlafsälen (Mitte Mai bis Mitte Oktober), 12 im Winter (dann nicht bewirtet), Reservierung über das Internet erforderlich: refugedevalmasque.ffcam.fr.
Refuge Fontanalba, Mitte Juni bis Mitte September, 35 Schlafplätze, Tel. 04 93 04 89 19, refugedefontanalbe.com.
Gîte Neige et Merveilles, Mitte Mai bis Mitte Oktober, auch Zweibettzimmer, Tel. 04 93 04 62 40, neige-merveilles.com.
Reservierungen in den Refuges im Sommer dringend angeraten.
Hotels in Castérino: Les Mélèzes, ganzjährig bis auf Mitte November bis Dezember, 10 Zimmer, Tel. 04 93 04 95 95, hotelrestaurant-lesmelezes.fr; Santa Maria Maddalena, 9 Zimmer und 12 Plätze im Schlafsaal, Tel. 04 93 04 65 93, casterino.com.
Hotels in St-Dalmas-de-Tende s. Tour 46.
Karte: TOP 25, Vallée de la Roya.

1. Tag: Von unserem Ausgangspunkt am **Lac des Mesches** (**1**, 1380 m, *#82*) erreichen wir auf dem Forstweg in 20 Min. den Wegzeiger *#86* unweit dem Gîte Neige et Merveilles, der aus mehreren Gebäuden besteht. Nun können wir zwischen zwei Wegen wählen, die zum Refuge des Merveilles, 2111 m, führen; beide dauern etwa 2–2.30 Std.
(a) »Par la piste«: auf dem Forstweg bleiben und gleichmäßig ansteigend zum Refuge, fast alles im Wald.

(b) »Par le sentier«: häufig am Bach entlang und etwas abwechslungsreicher. Wir gehen über den Bach zum **Gîte** (**2**, *#85*), wenige Meter nach *#85* links bergauf. In einer knappen halben Stunde erreichen wir die **Granges de Valaura (3)** mit ihrem »Westerntor« (*#382*) und passieren ***#383*** (**4**, 10 Min.). Ab und zu setzen wir über Seitenbächlein. 20 Min. nach *#383* überschreiten wir auf einer Brücke den Hauptbach. An *#89a* trifft der Weg auf den Forstweg, zweigt 5 Min. später bei ***#89* (5)** wieder ab, führt steil durch das Val d'enfer (Höllental) mit seinen von Gletschern geglätteten Felsen und trifft an ***#90* (6)** wieder auf den Forstweg, der bis zum **Refuge des Merveilles (7)** führt.

2. Tag: Der erste Teil des südlichen Anstiegs auf den Mont Bégo ist von der Hütte aus zu sehen. Wir gehen unterhalb des Dammes, der Lac Long Superieur und Lac Long Inferieur trennt, zum nordöstlichen Zipfel des Lac Long Superieur. Jetzt nehmen wir nicht den Weg, der nur wenige Meter oberhalb des Ufers parallel zum See verläuft, sondern gehen zunächst in einigen Serpentinen bergauf (weniger klar ersichtlich), dann (gut zu sehen, auch von der Hütte) nehmen wir einen leicht ansteigenden Querweg. An dessen Ende geht es wieder im Zickzack hoch, noch vor den von den Gletschern abgeschliffenen Felsen. Nochmals führt uns ein kürzerer Querweg durch die Felsen hindurch bis zur Weggabelung bei etwa 2300 m (eine knappe Dreivier-

Der Abstieg vom Mont Bégo.

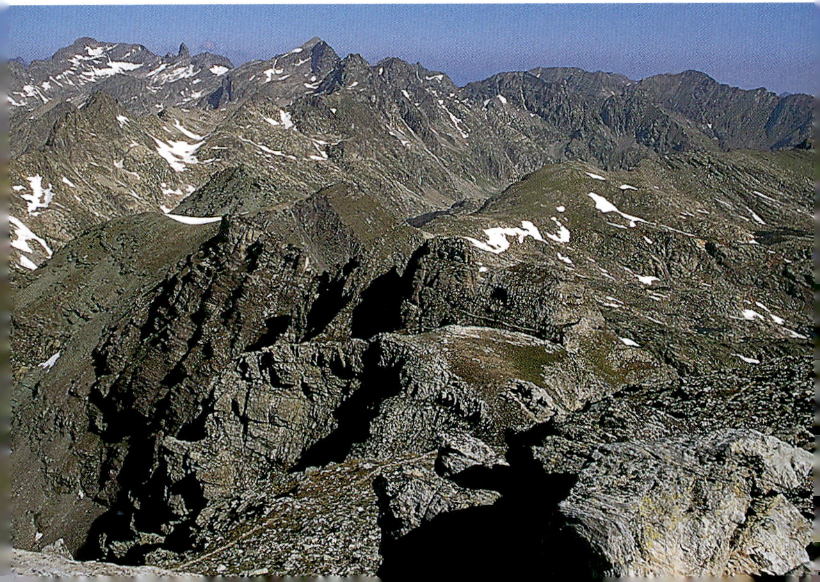

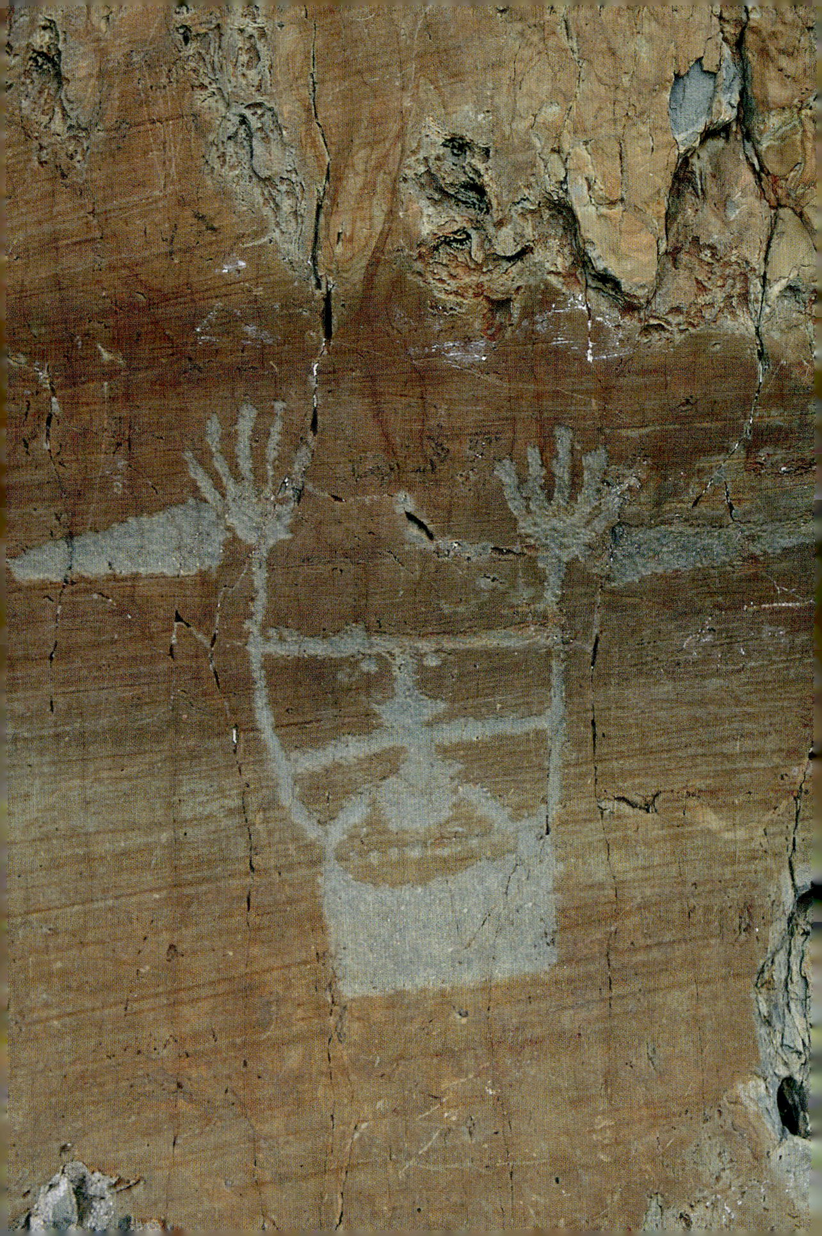

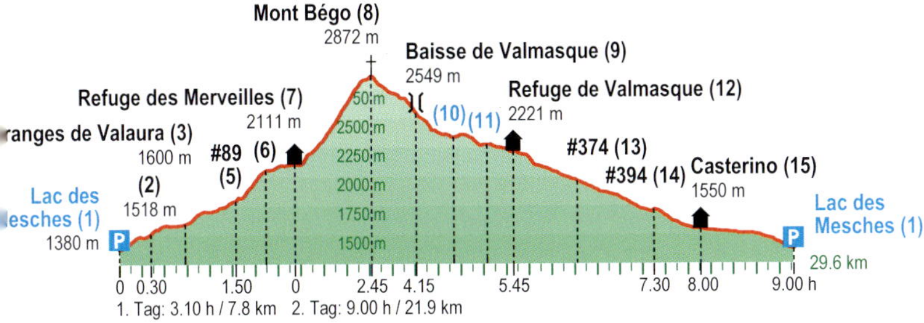

telstunde von der Hütte). Wir nehmen den Weg, der sich bergauf durch die »Wiese« schlängelt. Weg und Steinmännchen sind im weiteren Verlauf gut sichtbar. Ab etwa 2600 m quert der Weg den gerölligen Hang in östlicher Richtung. Auf etwa 2700 m (Lac des Mesches zu sehen) gehen wir an der Weggabelung links. Wenige Minuten später passieren wir einen großen Steinmann und gelangen auf ein Plateau und von dort, zum Teil etwas abschüssig, auf den **Mont Bégo (8)**, von dem wir nun eine prächtige Sicht genießen können.

Beim Abstieg nach Norden gibt es zuerst eine leichte Kletterpassage auf der der Vallée des Merveilles zugewandten Seite, dann wechselt der Weg auf die dem Vallon de Fontanalba zugekehrten Seite (nochmals leichte Kletterei). Der Weg ist jetzt etwas weniger als einen Meter breit und fällt fast senkrecht ab auf der Fontanalba zugewandten Seite. Kurz darauf wechselt der Weg wieder auf die andere Gebirgsseite, und das Gröbste ist damit geschafft. Weniger jäh abfallend geht es weiter, zunächst bergab, dann etwa 50 Hm aufwärts zu einem breiten Plateau. Von hier erreichen wir in weniger als einer halben Stunde die **Baisse de Valmasque** (**9**, *#95*), 2549 m.

Von dort geht es auf dem *GR 52* nach Norden bis *#95* und hier rechts auf den Weg, der vorbei am **Lac du Basto (10)**, 2341 m, **Lac Noir (11)**, 2278 m, und Lac Vert (*#97*) zum **Refuge de Valmasque (12)**, 2221 m, führt. Hier kann es sich durchaus anbieten, eine Nacht in diesem kleinen und freundlichen Refuge zu verbringen, was die doch recht lange Tour des zweiten Tages auf zwei Portionen verteilt.

Vom Refuge zurückkommend an *#98a* links, passieren wir *#98* und kommen im Abstand von wenigen Minuten an zwei Wasserfällen vorbei. An ***#374* (13)** mündet der Wanderweg in einen breiten Weg, der bei ***#394* (14)** zur Pforte des Nationalparks führt, 1719 m. Von hier muss fast alles via **Casterino (15)** bis zurück zum **Lac des Mesches (1)** auf der Straße gegangen werden (oder per Anhalter).

Die berühmteste der Felsgravuren: der »Zauberer«.

46 Rocher de Maima und Rochers de Saint Sauveur (bis 1492 m)

4.15 Std.

Felsenburgen bei Tende

Wer durch Tende schlendert und seinen Kopf hoch gen Westen reckt, sieht eine schwindelerregende Hängebrücke zwei Felsköpfe verbinden. Darüber geht unser Wandervorschlag Gott sei Dank nicht, aber doch ganz dicht vorbei, sodass wir denjenigen, die den Klettersteig von Tende wagen, beim Überqueren der Brücke zuschauen können.

Ausgangspunkt: Tende, 815 m. Parkplatz Bahnhof. Tende liegt an der Bahnlinie Nizza – Breil-sur-Roya – Tende – Cuneo (Italien). Das Office du Tourisme befindet sich keine 100 m vom Bahnhof an der Ortsdurchfahrt.
Höhenunterschied: 750 m.
Anforderungen: Das erste Stück des Abstiegs (ab *#349*) ist steil. Der Abstecher von *#68* zur Chapelle St-Sauveur ist an »wackligen« Stellen mit Seilen gesichert. Technisch jedoch ohne Schwierigkeiten. Gelbe Mark. Frühjahr bis Herbst.
Einkehr/Unterkunft: In Tende: Gîte »Les Carlines«, 21 Schlafplätze, Zimmer/Schlafsaal für 2–6 Personen, Tel. 06 86 48 56 45, gite-tende-mercantour.com; Hôtel du Centre, 16 Zimmer, Tel. 04 93 04 62 19, hotel-du-centre-tende.fr; Le Miramonti (einfach), 6 Zimmer, Tel. 04 93 04 61 82. In St-Dalmas-de-Tende: Auberge »Le Mouton Dort«, ganzjährig, 7 Zimmer, Tel. 04 93 79 18 08, mobil 06 71 90 97 52; Hôtel Restaurant le Prieuré in einem ehemaligen Kloster, Mitglied einer Organisation, die Arbeitsplätze für Menschen mit Behinderungen anbietet, ganzjährig, 27 Zimmer, Tel. 04 93 04 75 70, leprieure.org.
Karte: TOP 25, Vallée de la Roya.

Am Tourismusbüro in **Tende (1)** überqueren wir die Durchgangsstraße und biegen in die Rue Capitaine J. M. Auber ein. Wir halten uns rechts bergauf und gelangen nach 300 m an Wegzeiger *#70*. Nach einem weiteren Anstieg (Richtung Viévola) erreichen wir nach ein paar Minuten *#71*. Wir gehen jetzt auf einem schönen Wanderweg im Wald, mit gelegentlichen Freiblicken in das Tal der Roya. Nach einer knappen Stunde macht der Weg, der bisher dem Tal der Roya folgte, eine 90-Grad-Wendung.
Eine gute halbe Stunde dauert es, bis wir bei ***#361* (2)** eine Weggabelung erreichen. Im Norden ist die hoch gelegene Befestigungsanlage »Fort Central« auszumachen. Der Weg knickt nach Süden, und nach einer weiteren Viertelstunde stehen wir an ***#349* (3)** auf dem höchsten Punkt der Tour, 1492 m.

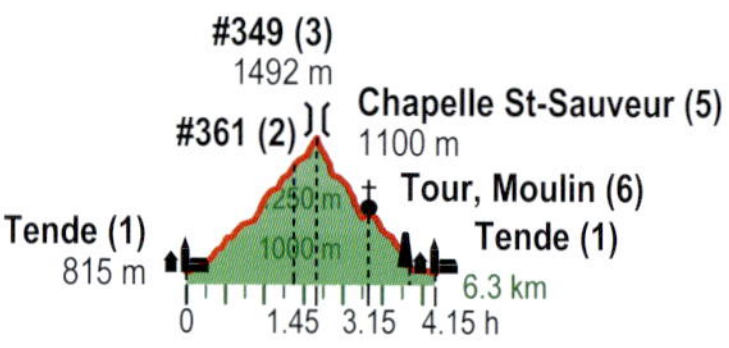

Der Abstieg nach Tende beginnt steil und steuert auf die Felsen Rochers de St-Sauveur zu. Der Weg geht an den Felsen entlang. Links oben wird die Grotte des Hérétiques

sichtbar. An ***#68* (4)** angelangt, geht ein Weg links aufwärts zur **Chapelle St-Sauveur (5)**. Das letzte Wegstück vor der Kapelle verläuft auf in den Fels gehauenen Treppenstufen. Es geht wieder zurück zu *#68* und weiter abwärts, vorbei an *#67*, zum Stadtrand von Tende. Von dem Schloss, das hier stand und 1692 zerstört wurde, befindet sich heute nur noch eine steil zum Himmel ragende Spitze, der Rest eines **Turmes (6)**. Nach einem Bummel durch Tende kehren wir zum **Ausgangspunkt (1)** zurück.
Auch der Besuch des Musée des Merveilles in Tende (siehe Tour 45) bietet sich an.

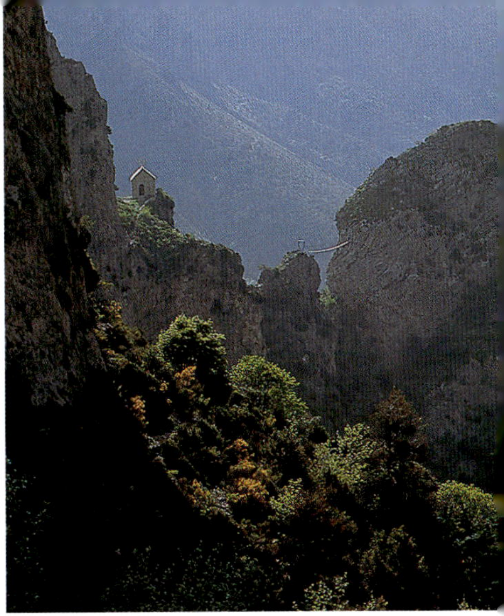

Chapelle St-Sauveur und Hängebrücke.

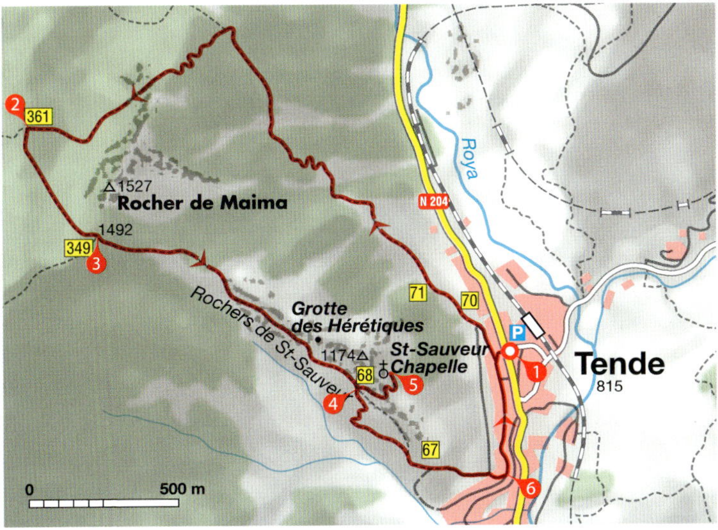

47 Notre-Dame des Fontaines (bis 1042 m)

2.20 Std.

Waldspaziergang mit Kultur

Das schlichte Äußere der Chapelle Notre-Dame des Fontaines täuscht: im Inneren birgt sie wahre Kunstschätze. Ein Feuerwerk aus gut erhaltenen Fresken (Ende des 15. Jahrhunderts), welche die Leidensgeschichte Jesu erzählen, bedeckt die Innenmauern. Kapellenbesuch, Picknick an den Wasserspielen und ein Bummel durch La Brigue ergeben einen erholsamen Tag.

Ausgangspunkt: Parkplatz an der Chapelle Notre-Dame des Fontaines, 860 m, 6,5 km von St-Dalmas-de-Tende bzw. 4 km von La Brigue. La Brigue, ist mit dem Zug erreichbar; der Bahnhof befindet sich 1 km westlich von La Brigue.
Höhenunterschied: 180 m.
Anforderungen: Keine. Gelbe Markierung. In der Regel auch im Winter schneefrei.
Variante: Zu Fuß von La Brigue (Parkplatz am Ortsende, 780 m) zur Chapelle Notre-Dame, 860 m, auf dem Sentier d'Interpretation. Höchster Punkt 950 m; Hin- und Rückweg je 1.30 Std.; Rückweg auf der Straße 1 Std.

Unterkunft: In La Brigue: Hôtel Mirval, 18 Zimmer, Tel. 04 93 04 75 70 (dies ist die Telefonnummer des Hotels le Prieuré; angeben, dass der Anruf das Hotel Mirval betrifft), lemirval.com; Auberge Saint Martin, 9 Zimmer, Tel. 04 93 53 97 15, hotel-la-brigue.fr; Hôtel-Restaurant Fleur des Alpes, 6 Zimmer, Tel. 04 93 04 61 05.
Tipp: Die Chapelle Notre-Dame des Fontaines ist von Juni bis Ende September geöffnet, doch auch sonst lässt sie sich besichtigen. Dazu sollte man sich an das Tourismusbüro in La Brigue wenden, labrigue.fr, Tel. 04 83 93 95 49. Dort auch weitere Wandervorschläge.
Karte: TOP 25, Vallée de la Roya.

Die Brücke »Pont du Coq« zwischen La Brigue und Notre-Dame des Fontaines.

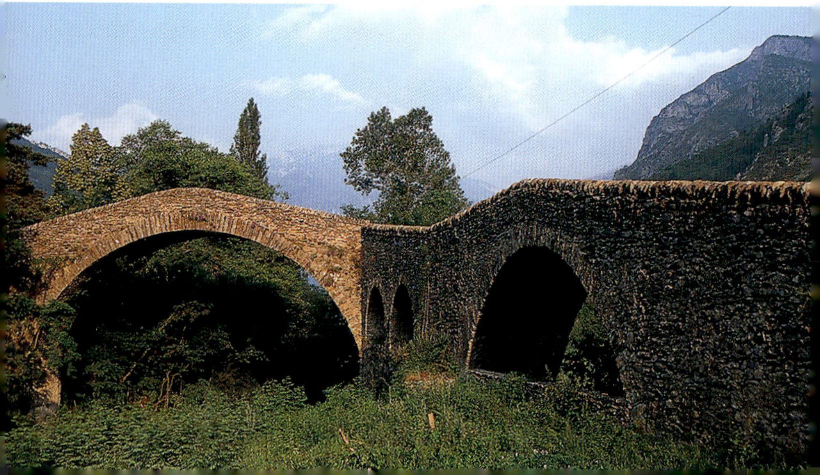

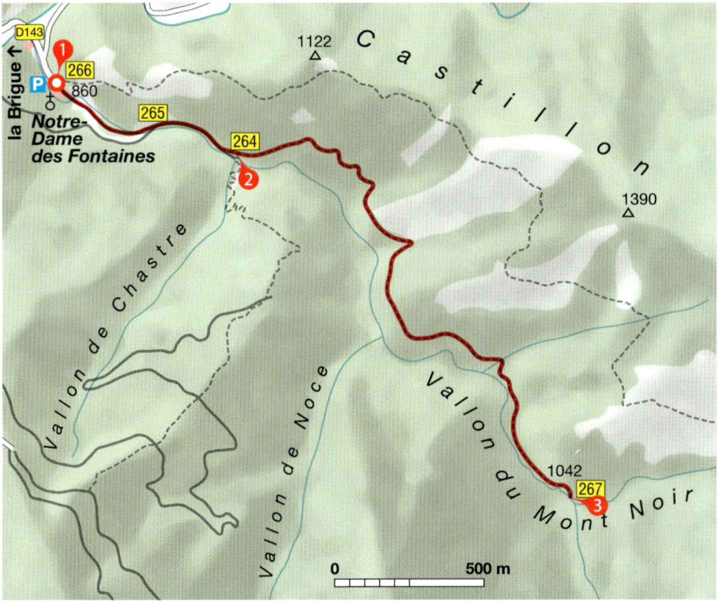

Wir starten an der **Chapelle Notre-Dame des Fontaines (1)** auf der Fahrstraße in südöstlicher Richtung. Nach einigen Minuten macht die Straße eine Haarnadelkurve (*#265*). Wir verlassen die Straße in dieser Kurve und gehen geradeaus weiter. Nach 3 Min. erreichen wir bei ***#264* (2)** die Stelle, an der links ein Wanderweg aufwärtsführt. Das meiste der gesamten Höhendifferenz überwinden wir auf den jetzt folgenden paar Hundert Metern. Danach nähern wir uns, alles im Wald gehend, immer mehr dem Bach im **Vallon du Mont Noir**, 1042 m, bis wir an ***#267* (3)** schließlich auf ihn treffen. Wir sind wieder an einem der »Enden der Welt« angelangt – hier hört der Wanderweg auf und wir machen eine Rast, lauschen den kleinen Bachkaskaden und können vielleicht den ein oder anderen Frosch beobachten. – Zurück zur **Chapelle Notre-Dame des Fontaines (1)** auf demselben Weg.

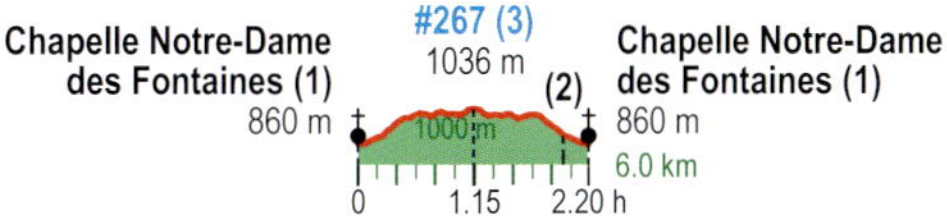

48 Vallon du Réfréi (bis 1806 m)

5.45 Std.

Im Eldorado der Höhlenforscher

Der Bach Réfréi, der in Tende in die Roya mündet, entspringt im Massif de Marguareis am Ende des Tals des Réfréi, dem nordöstlichsten Zipfel des Département Alpes-Maritimes. Unter den Höhlenforschern genießt dieses Kalkmassiv Weltruf aufgrund seiner zahlreichen großen »Schlunde«, die sich bis einige Hundert Meter in die Tiefe erstrecken. Wir aber bleiben auf der Oberfläche und erblicken stattdessen von Menschenhand zu Verteidigungszwecken in gar manchen Felsturm gesprengte »Höhlen«.

Ausgangspunkt: Lac de la Pia, 880 m. Von der Ortsdurchfahrt in Tende zweigt zwischen Tourismusbüro und Bahnhof eine Straße nach Osten ab (Schild »Vallon de la Pia«). Nach genau 3 km von der Ortsdurchfahrt gerechnet, kommen wir an eine Gabelung (*#306*). Entweder hier rechts parken oder nach links in den Schotterweg abbiegen und auf den nächsten 100 bis 200 m das Auto am Wegrand abstellen (z. B. nach der Brücke, aber noch kurz vor dem kleinen See). Der Schotterweg wird anschließend ziemlich eng.
Kurzvariante: Bei *#317* am Castel Tournou nach rechts ab ins Tal und wieder aufwärts zu den Rochers de Servia und weiter wie in der Hauptvariante. Höhenunterschied 570 m; Gehzeit 3.15 Std.
Höhenunterschied: 930 m.
Anforderungen: Technisch keine. Gelbe Markierung. Frühjahr bis Herbst.
Unterkunft: In Tende, siehe Tour 46.
Karte: TOP 25, Vallée de la Roya.

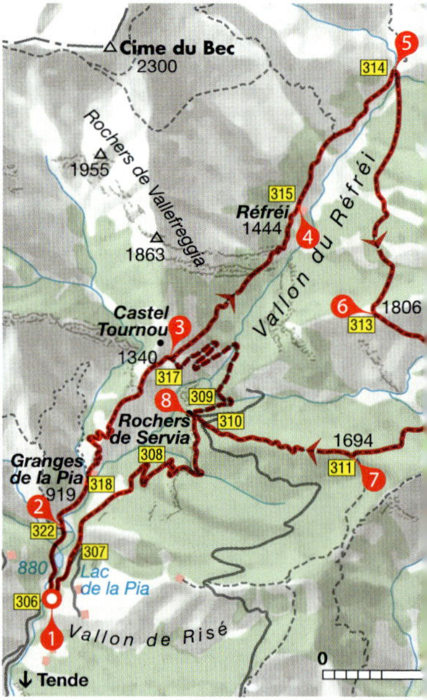

Vom **Lac de la Pia (1)** sind wir nach Passieren des Wegzeigers *#322* in einer Viertelstunde bei den **Granges de la Pia** (**2**, *#318*), 919 m, angelangt, das aus einer Handvoll Häusern besteht. Der Weg fängt an kräftig(er) zu steigen. Der wie freistehend wirkende Felsen Castel Tournou wird sichtbar, wenn wir wenige Hundert Meter von ihm entfernt sind. Während am Col de Tende die Befestigungsanlagen weithin zu sehen sind, muss man hier schon genauer hinschauen: sowohl in den Castel Tournou als auch in die Rochers de Servia auf der anderen Talseite haben die Italiener Gänge in die Felsen gesprengt und sich so eine »natürliche« Befestigungsanlage geschaffen, um das Tal kontrollieren zu können.

Kurz hinter einem Minipass am Castel Tournou steht ***#317* (3)**, 1340 m. Wir gehen weiter geradeaus. Bis zum Talende, das nach einer weiteren Stunde erreicht ist, steigt der Pfad sanft an; auf halbem Wege passieren wir den Weiler **Réfréi** (**4**, *#315*), 1444 m, dessen Sonnenkollektoren auf den Dächern auf Leben schließen lässt. Am Talende gilt es, zwei Bäche zu überqueren. Der erste ist problemlos (der nördlichste Punkt der Wanderung). Der Wegzeiger ***#314* (5)** ist auf der Wiese etwa 50 m von der Stelle der Bachüberquerung aufgestellt. Um wieder in Richtung Süden zu gehen, muss ein zweiter Bach nur wenige Schritte hinter dem Wegzeiger überschritten werden (falls der Bach zu viel Wasser führen sollte, ist es ratsam, sich weiter bachabwärts eine passende Stelle zu suchen).

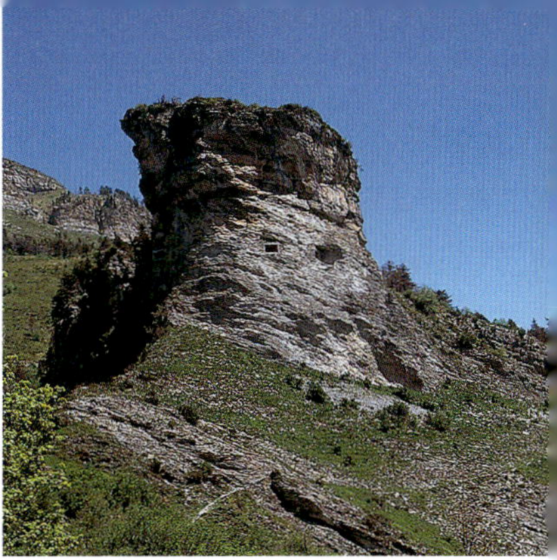

Der Fels Castel Tournou.

Der Weg, teilweise mit Gras überwachsen, führt durch Lärchenwald gleichmäßig ansteigend von etwa 1540 m auf **P. 1806 (6)**, dem höchsten Punkt der Wanderung (*#313*). Danach geht der Pfad jeweils 10 Min. nach Osten, dann nach Süden und schließlich wieder nach Westen, wobei an den Kehrpunkten ein Bächlein überquert wird. Richtig bergab geht's ab ***#311* (7)**, 1694 m, wo wir den Weg nach rechts nehmen. Zunächst zwei Haarnadelkurven, wenig später dann in engen Serpentinen hinunter ins Tal. Wir passieren *#310* und *#309*, beide an der Forststraße gelegen. Ein schöner Blick von den **Rochers de Servia (8)** ins Tal bis nach Tende tut sich auf. Wir gehen links, zunächst auf ebenem Waldweg, dann steil bergab. Der Weg geht in einen Schotterweg über. Nachdem wir *#308* und *#307* passiert haben, kommen wir wieder zu unserem Ausgangspunkt am **Lac de la Pia (1)**.

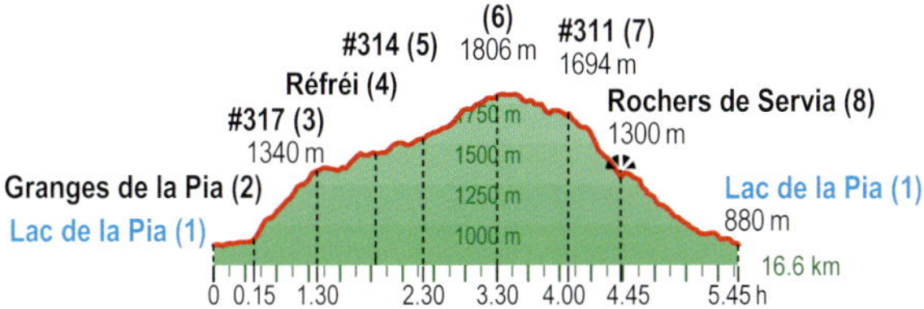

49 Roche de l'Abisse, 2755 m

7.30 Std.

Verlassene Forts – Erinnerungen aus noch nicht so langer Zeit

»Buon Giorno« statt »Bonjour« heißt es auf dieser Tour: Dieser Gipfel ist fest in italienischer Hand, obwohl die Wanderung nahezu ausschließlich auf französischem Gebiet verläuft, wenn auch direkt an der Grenze. Auf dem Weg zu diesem Paradegipfel, von dem wir bei klarer Sicht in die Poebene und bis in die Schweizer Alpen sehen können, kommen wir an mehreren Befestigungsanlagen vorbei. Die Alpes-Maritimes waren seit alters eine Grenzregion. Auf dem Col de Tende befinden sich sechs Verteidigungsanlagen, die 1882–1885 von Italien gebaut wurden und die sich seit 1947 auf französischem Gebiet befinden: Fort Central, Fort Tabourde, Fort Pépin, Fort de la Marguerie, Fort Pernante sowie das Fort de Giaure. Die Forts waren bis Ende des Zweiten Weltkriegs von Italienern besetzt, gegen Ende auch von Deutschen. Der Einsatz der Forts in Kampfgefechten war relativ gering: Es gab einige kurze Gefechte im April 1945, als sich deutsche Soldaten auf dem Rückzug vor den Amerikanern befanden. Heute zerfallen diese Forts.

Ausgangspunkt: Parkplatz, 1804 m, kurz vor dem Col de Tende oder auch am Col de Tende parken. Anfahrt von Tende durch den Grenztunnel auf die italienische Seite, dann sofort links und auf guter Straße zum Pass.
Höhenunterschied: 1000 m.
Anforderungen: Im Gipfelbereich Trittsicherheit. Gelbe Markierung. Sommer, Herbst. Wer beim Fort de Giaure umkehrt, ist 4 Std. unterwegs, Höhenunterschied 500 m; eine Tour zum Fort Pernante dauert 2 Std., Höhenunterschied 320 m.
Unterkunft: In Tende, siehe Tour 46.
Karte: TOP 25, Vallée de la Roya.

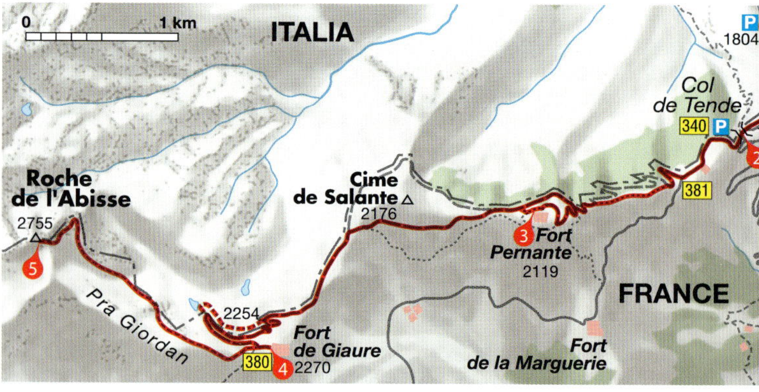

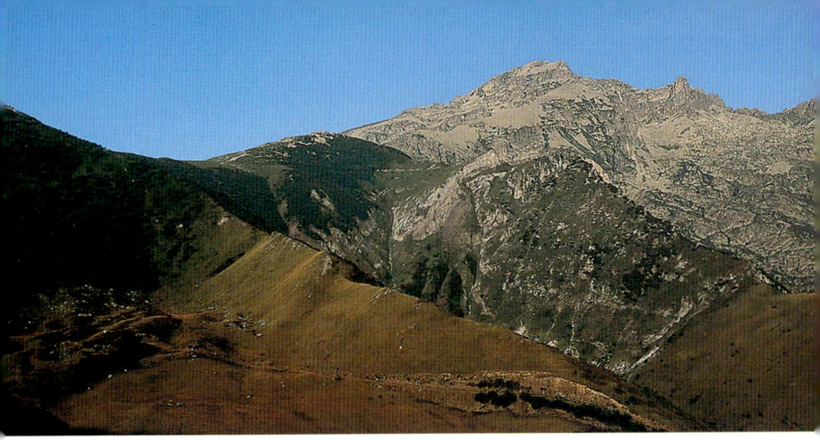

Blick auf die Roche de l'Abisse.

Der **Parkplatz (1)** liegt am Ende der geteerten Straße. Auf Schotterweg gelangen wir zum **Col de Tende** (**2**, *#340*), 1871 m, oder Colle di Tenda. Von Süden kommt eine der serpentinreichsten Straßen hoch: die vor der Fertigstellung des Tunnels im Jahre 1900 viel begangene »route de sel« (Salzstraße), die das Tor zwischen dem Mittelmeer und der Poebene bildete. Vom Col geht es rechts weiter auf der Schotterstraße bis zu *#381*. Hier können wir die Kurven des Sträßchens mittels eines Wanderwegs abkürzen. Wir erreichen das **Fort Pernante (3)**, 2119 m. Am Fort gehen wir in westlicher Richtung etwa 40 Hm bergab, dann weiter auf dem Weg, der links an der Cime de Salante vorbeiführt und danach wieder auf die Schotterstraße stößt. Diese führt nun in einigen Haarnadelkurven über *#380,* 2254 m, zum **Fort de Giaure (4)**, 2270 m. (An der ersten Haarnadelkurve geht ein Pfad rechts ab, »Rocca dell'Abisso«. Das ist eine Alternative, die wir aber auch auf dem Rückweg gehen können.) Vom Fort de Giaure geht es auf einem Wanderweg weiter, zunächst über die grasbewachsene Pra Giordan, dann durch den Steinhang auf den Gipfel der **Roche de l'Abisse (5)**.
Zurück zum **Parkplatz (1)** nehmen wir dieselbe Route.

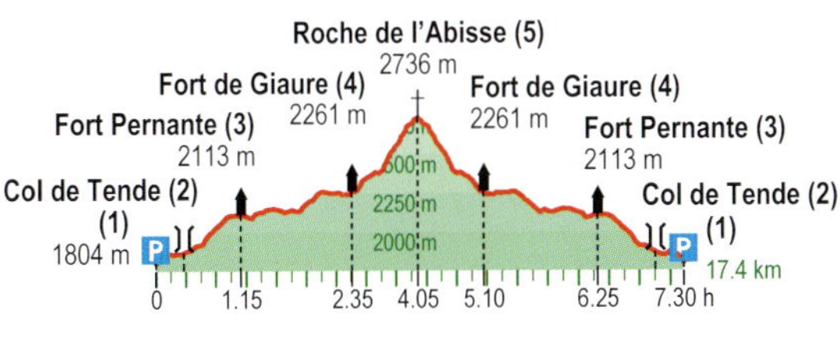

Stichwortverzeichnis

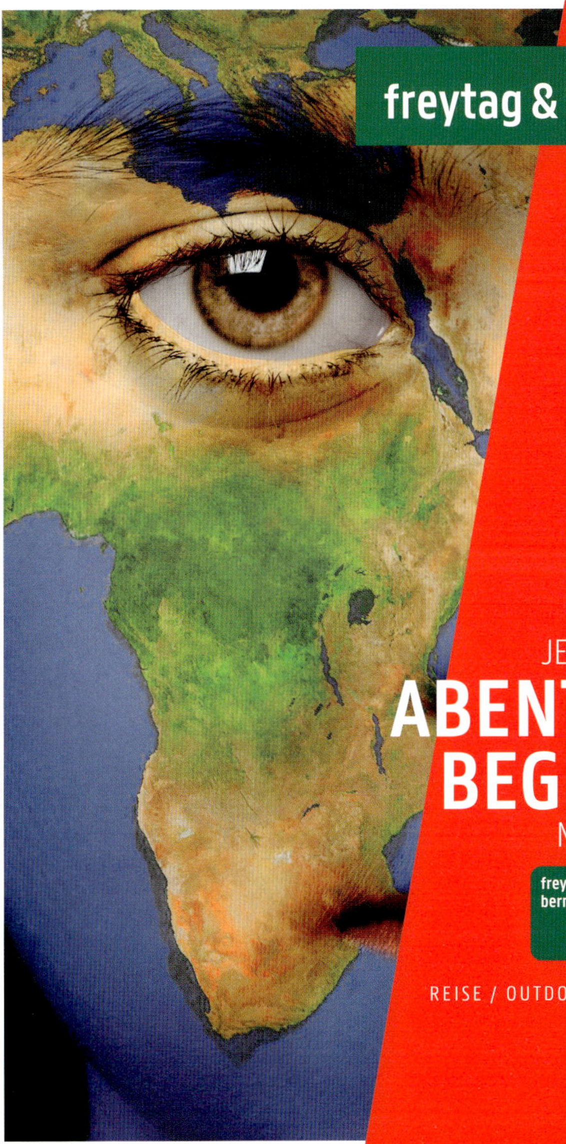

Kleines französisch-deutsches Wörterbuch

l'altitude	Höhe
la baisse	hier: Sattel
la balade	Spaziergang
le belvédère	Aussichtspunkt
la bergerie	Alm (für Schafe), Schafstall
la boucle	Rundwanderung
la brèche	Scharte
le brouillard	Nebel
la buvette	Getränkeausschank
la cabane	Hütte
le caillou	Stein
le cairn	Steinmännchen
la cascade	Wasserfall
le chamois	Gämse
le château	Schloss
la chute de pierres	Steinschlag
le chemin	Weg
la cime	Gipfel, Spitze
le circuit	Rundwanderung
la clue	Schlucht, Klamm, Kluse
le col	Pass
la crête	Grat, Kamm
la descente	Abstieg
l'eau potable	Trinkwasser
un éboulis	Geröll, Schutt
une échelle	Leiter
étroit(e)	eng
la falaise	Felswand
FFCAM	französischer Alpenverein
la fontaine	Brunnen
la forêt	Wald
la foudre	Blitz
le gîte d'étape	Unterkunftshütte
la gorge	Schlucht, Klamm
le *GR*, la grande randonnée	Weitwanderweg
la grange	Scheune
la mairie	Rathaus
la marmotte	Murmeltier
la Méditerranée	Mittelmeer
la météo	Wetter(bericht)
le monastère	Kloster
le mont	Berg
la montagne	Berg
la montée	Aufstieg
le moulin	Mühle
la neige	Schnee
un oratoire	Marterl, Bildstock
le pas	(Gebirgs-)Pass
le panneau	Schild
le pic	(Berg-)Spitze
la piste	Forstweg, Schotterweg
la pluie	Regen
la pointe	hier: Gipfel
le pont	Brücke
le poteau	Pfosten, Wegweiser
le pré	Wiese
raide	steil
la randonnée	Wanderung
le refuge	Schutzhütte, Almhütte
la restanque	Ackerterrasse
le riou	Bach
la rivière	Fluss
la roche	Fels, Felsblock
le rocher	Felsen, Gestein
la route	Strecke, Straße
la rue	Straße
la ruine	Ruine
le ruisseau	Bach
le sommet	Gipfel
la vacherie	(Kuh-)Alm, Kuhstall
la vallée, le val	das Tal
le vallon	das (kleine) Tal
Saint (St), Sainte (Ste)	Sankt, heilig
le sentier	Fußweg, Pfad
la tête	Kopf; hier: Gipfel
la source	Quelle
la tonnerre	Donner
le village	Dorf
le VTT	Mountainbike
le 4x4 (quatre-quatre)	Geländewagen

Bei Steinschlag »caillou!« schreien (= Stein, Aussprache [kajú]) anstelle von »pierre!« (ebenfalls Stein, jedoch Verwechslungsgefahr mit dem Vornamen Pierre).

Umschlagbild:
Das Dorf la Bollène-Vésubie im Tal der Vésubie.

Bild im Innentitel:
Das Bergdorf Roubion.

Alle Fotos vom Autor.

Kartografie:
49 Wanderkärtchen im Maßstab 1:25.000, 1:50.000 und 1:75.000,
www.rolle-kartografie.de,
zwei Übersichtskarten im Maßstab 1:500.000 und 1:800.000

Der Autor bedankt sich sehr herzlich beim Service des randonnées des Conseil Général für die ausgezeichnete Unterstützung und die Hilfeleistungen.

Werk.-Nr.: 4146

Die Ausarbeitung aller in diesem Führer beschriebenen Wanderungen erfolgte nach bestem Wissen und Gewissen des Autors.
Die Benützung dieses Führers geschieht auf eigenes Risiko.
Soweit gesetzlich zulässig, wird eine Haftung für etwaige Unfälle und Schäden jeder Art aus keinem Rechtsgrund übernommen.

5., aktualisierte Auflage 2023

ISBN 978-3-7633-4721-6

MIX
Papier | Fördert gute Waldnutzung
FSC® C147178

Wir freuen uns über jeden Korrekturhinweis zu diesem Wanderführer!
Bitte per E-Mail an: leserzuschrift@rother.de

ROTHER BERGVERLAG · München
D-82041 Oberhaching · Keltenring 17 · Tel. +49 89 608669-0 · rother.de